DENKSPORT DEUTSCH

Daniel Scholten

Wer hat bloß die Gabel zur Frau
und den Löffel zum Mann gemacht?

dtv

Dieses Buch ist auch als E-Book erhältlich
(978-3-423-43067-8).

**Ausführliche Informationen über
unsere Autoren und Bücher
www.dtv.de**

MIX
Papier aus verantwortungsvollen Quellen
FSC® C083411
FSC www.fsc.org

Originalausgabe

Dieses Werk wurde vermittelt durch die Verlagsagentur
Lianne Kolf, München

Umschlaggestaltung: dtv
Layout & Satz: LARIXPRESS GmbH, Bozen
Druck und Bindung: CPI – Ebner & Spiegel, Ulm
Gedruckt auf säurefreiem, chlorfrei gebleichtem Papier
Printed in Germany • ISBN 978-3-423-26134-0

Inhalt

2

3

4

5

Es ist ein lausiger Dienstagmorgen Ende Februar, und Sie gehen wieder in die achte Klasse. Vor Ihnen liegen vier Schultage mit der Matheprüfung am Donnerstag. Ferien sind bis Ostern nicht in Sicht.

Auf dem Weg zur Schule greifen Regenböen von vorne an. Im Klassenzimmer beschlagen die Scheiben im Nu, weil der Hausmeister seit dem Morgengrauen wie ein Irrer heizt.

Auch Ihren Deutschlehrer hat der Regen erwischt. Zu diesem Übel sind ihm auch noch die Gitanes in der Hosentasche abgebrochen, als er sich in der Straßenbahn hingesetzt hat. Ihm steht der Mut an diesem Morgen überhaupt nicht nach den Leiden des jungen Werthers. Er wirft seinen Lederranzen aufs Pult und schreibt schweigend einen Satz an die Tafel, der vom linken Rand bis zum rechten reicht, ruft ein armes Schwein nach vorn und lässt Wortarten und Satzglieder bestimmen.

Die Sache zieht sich bis zur Pause. Der Lehrer nutzt sie, sich beim Zeitungsladen auf der anderen Straßenseite ein neues Päckchen Zigaretten zu kaufen. Seine Stimmung lichtet sich. Redselig beginnt er die nächste Stunde, denn er hat seit dem Aufstehen nur einmal kurz gebrummt und als Geisteswissenschaftler nun enormen Nachholbedarf. Es geht weiter mit dem ganz normalen Wahnsinn, dem Formulieren von Hypothesen unter Einbeziehung eigener Wissensstände – das ist Lehrplansprech für voreilige Schlussfolgerungen – oder dem Kennenlernen altersangemessener Werke bedeutender

Autorinnen und Autoren. Und wer könnte Ihrem Alter als Achtklässler angemessener sein als Wolfgang Borchert und Friedrich Hebbel?

Wie bitte? Ihr Deutschlehrer in der Achten hat gar keine Gitanes geraucht, sondern Pfeife? Und beim Wetter habe ich auch zu dick aufgetragen?

Passen Sie einfach die Einzelheiten Ihrem persönlichen Albtraum an. Aber die Hauptsache müsste stimmen, oder können Sie auf Anhieb sagen, wie viele Satzglieder es gibt und wie sie heißen?

Machen Sie sich nichts daraus. Niemand kann das.

Wozu auch? Wenn Sie solche Deutschstunden eines gelehrt haben, dann dass Grammatik eine akademische Übung ist, bei der Situationen der Sprache mit nichtsnutzigen Namen durchetikettiert werden. Ein sinnloser Zeitvertreib, aber zum Glück so selten, dass man die Grammatikstunden aus der gesamten Schulzeit an einer Hand abzählen kann.

Ihre Liebe zur deutschen Sprache hat offenkundig nicht darunter gelitten. Sie haben Ambitionen und sich wohl schon das ein oder andere Buch gekauft. Vielleicht eines, das Ihnen erzählt, was es im Deutschen so alles gibt und wie es dazu gekommen ist, und das wie ein langer, verregneter Dienstag im Februar klang.

Vielleicht steht Ihnen auch der Sinn nach gutem und schönem Deutsch. Dafür gibt es Ratgeber. Sie führen vor, wie verlottert das Deutsche ist, und geben Tipps, wie man dagegen anredet. Zum Beispiel mit Genitiven und anderen Stilweisheiten, die darauf abzielen, wie Thomas Mann zu klingen.

Gutes Deutsch klingt aber gar nicht nach Thomas Mann. Es lässt sich nicht nachbauen. Es lässt sich nicht wie eine App herunterladen, indem man andere nachahmt oder Stilregeln befolgt, deren Sinn man nicht versteht. Gutes Deutsch klingt, als hätte man es selbst erfunden. Ganz beiläufig, ohne die Ärmel aufzukrempeln und gepflegt zur Feder zu greifen.

Und das geht leichter, als Sie denken! Wir sehen uns die deutsche Sprache an, als begegneten wir ihr zum allerersten Mal.

die

1

Die verschlossene Kiste in unserem Kopf

Nichts ist in unserer Muttersprache, wie es scheint.

Das Schicksal des Amerikaners Samuel Langhorne Clemens wechselte seine Stimmung wie eine Barockoper. Noch in der Kindheit verarmt erlernte er als Jüngling zunächst die Schriftsetzerei, von der er sich bald abwandte. Erst viele Jahre später, am anderen Ende seines Lebens, kehrte er zu ihr zurück, als er in eine kapriziöse Druckmaschine investierte, die nicht drucken wollte und all das Vermögen verschlang, das Samuel mit den Jahren angehäuft hatte.

Wir sprechen von einem hübschen Sümmchen, wie man es nie und nimmer als Setzer erwirbt. Auch nicht als Schaufelraddampfersteuermann. Diese zweite Ausbildung hatte Samuel gerade abgeschlossen, als der amerikanische Bürgerkrieg ausbrach und zuallererst der Dampfschifffahrt auf dem Mississippi den Garaus machte.

Samuel konnte seiner Zukunft schon im Frieden nicht trauen, deshalb wich er dem Krieg nach Westen aus, wo er sich seinen Lebensunterhalt als Reporter verdiente.

Wie Samuel in seinen Klatschreportagen aus den Saloons in Kalifornien berichtete, duftete selbst den Leuten an der Westküste zu sehr nach Revolver. Nach kurzer Weile musste er vor seinen Lesern fliehen. Seine Karriere als Reporter brachte ebenfalls nichts ein – außer dem gesamten Westen Amerikas einen Vornamen: Er hieß von da an Wilder.

Samuel erwarb sein Vermögen, indem er die Augenblicke seines Lebens, in denen er nicht gerade scheiterte oder floh, mit Schriftstellerei füllte, mit den Abenteuern von Tom Sawyer und Huckleberry Finn den guten Jugendroman erfand – bis dahin hatte es nämlich nur schlechte gegeben! –, wiederholt ein Verbot für das Einschieben von Parenthesen in ohnehin viel zu lange Sätze forderte und es zum wichtigsten amerikanischen Autor im neunzehnten Jahrhundert brachte.

Als Dichter nannte er sich Mark Twain.

Obwohl es auch in dieser Karriere turbulent zuging, kann man in der Schriftstellerei eine von zwei Geraden sehen, die Twains Zickzackleben durchzogen. Die andere war eine besitzergreifende und unberechenbare Geliebte, der Twain im Alter von fünfzehn Jahren für den Rest seines langen Lebens erlag.

Über seine allererste Begegnung mit ihr ist nichts bekannt. Die Aufzeichnungen beginnen nämlich erst mit dem Schmied und dem Bäcker. Die beiden waren aus Deutschland eingewandert und hatten sich in Twains Heimatstadt Hannibal niedergelassen. Sie gelten als die Ersten in einer langen Reihe von Menschen, die daran gescheitert sind, Mark Twain seinem sehnlichen Ziel näherzubringen: die deutsche Sprache zu sprechen.

Wie liebreizend kann das Deutsch aus dem Mund eines Schmieds schon geklungen haben, fragt man sich in Anbetracht der Wucht, die unsere Sprache von da an in Twains Leben entfaltete. Auf den folgenden Stationen, als Schriftsetzer, als Reporter und als Schriftsteller, kam er immer wieder mit ihr in Berührung. Später stellte er ein deutsches Hausmädchen nach dem anderen ein, ja, die ganze Familie lernte seinetwegen Deutsch, seine Frau und sogar Little Susie. Twain unternahm ausgedehnte Reisen durch Deutschland, verbrachte viele Wochen in Heidelberg und weilte später als Greis so lange in Wien, bis er jedem Wiener die Hand geschüttelt und beteuert hatte, er sei der treueste Freund der deutschen Sprache.

Woher kam diese Liebe bloß? Das offenbart Twain nach dem Tod seiner Frau. Ihr Grabstein – Sie ahnen es wohl! – trägt eine deutsche Inschrift: »O meine Wonne«. Weil Twain fand, dass sich in keinem Brunnen so tief schöpfen lasse wie im Deutschen.

Wie jeder Mensch und jedes Volk haben auch Sprachen einen eigenen Charakter: Die Sprache der alten Ägypter kann zehn Gedanken in einen Satz einmauern, ohne dass man sich darin begraben vorkommt. Das klassische Griechisch ist in der Lage, eine unendliche Menge von Geistesblitzen an den unmöglichsten Stellen aneinanderzuknüpfen, ohne das Konstrukt so eng festzuzurren, dass sich nicht mehr in alle Richtungen weiterdenken ließe. Keiner Sprache gelingt es wie dem Englischen, das Komplizierteste einfach aussehen zu lassen. It can take a turn on a dime: the cut, to cut, cut. Life, to live, live.

Dem Deutschen wohnt eine ungeheure Ausdruckskraft inne, es kehrt das Innerste nach außen und fördert das Tiefste nach oben:

> Ohrwurm, Lebensgefühl, Niedertracht, Besonnenheit, Wintersorgen, Ehrgeiz, Eifersucht, Liebestaumel, Wollust, Beklemmung, Schwermut, Starrsinn, Schadenfreude, Kummerfalten, Schandfleck, Augenweide, Wanderlust, Schandmaul, Erfolgstraurigkeit, Gartenzwerg, Nachhaltigkeit, Wolkenkuckucksheim, Luftschloss, Hintergedanken, Weltschmerz, Gemütlichkeit, Fernweh, Rettungsgasse

Jeder Ausdruck ein Magenschwinger, nach dem man nicht mehr aufsteht. Und das sind bloß die Zusammensetzungen!

Im frühen 19. Jahrhundert entdeckte der Dichter Ludwig Tieck die Waldeinsamkeit. Es handelte sich um die bis dahin unbekannte Empfindung, in Walddicht und Dämmer mutterseelenallein übers Moos zu wandeln. Natürlich stapfte man bereits im Mittelalter einsam durch den Wald, aber keinesfalls auf der Suche nach einem Lebensgefühl. Wer so etwas im Mittelalter suchte, zog in die Stadt. War man bereits Bürger und drängte es einen im Frühling, wenn die Blumen sprangen (heutzutage *sprießen* sie), hinaus in die Natur, gesaß man gleich vor dem Stadttor auf einen Stein oder einen grünen Leh, genoss den Mai und wartete, ob eine geile Magd vorbeikam. So nannte man damals unverheiratete Frauen mit Esprit. Im Wald hingegen waren alle Sinne so auf unliebsame Begegnungen mit Waldjungfrauen, Waldaffen oder Waldludern gerichtet, dass einen eine Waldreise bestenfalls waldmüde machte.

Erwachen alte Tugenden nach langem Schlummer, werden sie in frische Expressivität gekleidet. Deshalb heißt der Schlaraffe jetzt Hipster und das Widergrullen neuerdings Shitstorm. Das Fremdschämen schickt sich an, als Schlagwort unserer Zeit so erfolgreich zu werden, wie es die Waldeinsamkeit in der Romantik war. Die Urheber und Mitläufer des Fremdschämens glauben aus lexikalischer Unbefangenheit allen Ernstes, sie hätten die Beschämung – so hieß das Fremdschämen bis zum Jahre 2008 – erst erfunden. Und irgendwie haben sie das auch, denn die Beschämung taugt als Schlagwort einer Epoche unerhörter Selbstoffenbarung nicht, da bedarf es immer eines besonders expressiven Ausdrucks. Und darum ist das Deutsche nie verlegen.

Davon war Twain, der selbst gern austeilte, so angetan.

Seine Liebe wurde nie erwidert. Während Twains Frau mit ausgezeichnetem Deutsch brillierte und das Deutsche für Little Susie zur zweiten Muttersprache wurde, klang das, was Twain nach Jahrzehnten der Lernerei zustande brachte, grauenhaft.

Sein Deutsch war so schlecht, dass einige seiner Deutschlehrer lieber unter einem medizinischen Vorwand gestorben sind, als gegen guten Lohn Hand anzulegen.

Germanisten gibt es zwar ohnehin genug, aber um Twain könnte es einem leidtun, wenn er aus seinem Scheitern nicht Kapital geschlagen hätte. In Aufsätzen und Vorträgen schiebt er die Schuld ganz aufs Deutsche. Seine Kritikpunkte lauten:

- bandwurmlange Wortzusammensetzungen;
- Sätze von solcher Länge, dass zwischen Subjekt und Verb die Sonne niemals untergeht, und die vor dem allerletzten Wort keinen Sinn ergeben;
- heillose Unordnung in der Grammatik!

Twain nennt das Deutsche schlampig und unsystematisch, für jede Regel gebe es mehr Ausnahmen als Beispiele. Sein Belastungszeuge ist das grammatische Geschlecht:

> Im Deutschen hat *ein* Mädchen kein Geschlecht, während *eine* Rübe eines hat. Überlegen Sie einmal, welch übersteigerte Ehrerbietung das für die Rübe zum Vorschein bringt und welch einfühllose Respektlosigkeit vor dem Mädchen.
>
> *Mark Twain: The Awful German Language.*
> *In: A Tramp Abroad. Hartford 1880. Seite 607.*

Seine Leser in Amerika fragten sich, was für Zustände auf der anderen Seite des Atlantiks herrschten. Die Rübe *(turnip)* ist in deutschen Landen also eine Sie, die junge Dame *(maiden)* ein Ding?

Das klang so irrwitzig, dass es Twain seinen Landsleuten mit einem anglifizierten Wortgefecht illustrierte, wie es sich bei Ihnen zu Hause wohl heute noch Tag für Tag abspielt:

Gretchen	Wilhelm, where is the *turnip?*
Wilhelm	*She* has gone to the kitchen.
Gretchen	Where is the accomplished and beautiful English *maiden?*
Wilhelm	*It* has gone to the opera.

Es gibt also Bezeichnungen für Frauen, die nicht weiblich (feminin) sind – das Weib etwa oder das Mädchen –, dafür aber Hunderte von femininen Substantiven, die Dinge bezeichnen, die man beim besten Willen nicht mit Frauen verbindet: die Rübe, die Knarre, die Bartrasur, die Abseitsfalle, die Bundesligatabelle.

Der Löffel ist im Deutschen männlich, die Gabel weiblich und das Messer sächlich. Der Mut, die Demut, das Gemüt. Der oder das Moment?

Ist Ihnen je aufgefallen, dass unter den auf *-nis* endenden Wörtern die eine Hälfte sächlich ist?

das Bedürfnis, das Begräbnis, das Behältnis, das Bekenntnis, das Besäufnis, das Bildnis, das Bündnis, das Ereignis, das Ergebnis, das Erlebnis, das Erzeugnis, das Gedächtnis, das Geheimnis, das Gelöbnis, das Geschehnis, das Gleichnis, das Hemmnis, das Hindernis, das Verhältnis, das Versäumnis, das Wagnis, das Zerwürfnis, das Zeugnis

Die andere dagegen weiblich?

die Befugnis, die Beklemmnis, die Betrübnis, die Bewandtnis, die Empfängnis, die Erfordernis, die Erkenntnis, die Erlaubnis, die Ersparnis, die Fäulnis, die Finsternis, die Ödnis, die Verdammnis, die Verderbnis

Eine riesige Schlamperei, der Twain mit einer Genusreform ein Ende setzen wollte:

Viertens würde ich die Geschlechter neu organisieren und nach dem Willen des Schöpfers verteilen. Das ist zumindest dem Respekt geschuldet.

Mark Twain: The Awful German Language.
In: A Tramp Abroad. Hartford 1880. Seite 617.

Obwohl es auch unter uns Muttersprachlern gelegentlich zu Querelen kommt, zum Beispiel bei der Frage, ob es *die* oder *der Butter* heißt (wenn Verwandte aus der Ferne zu Besuch sind) oder *der* oder *das Blog,* hält sich Ihr Reformeifer bestimmt in Grenzen. Das klingt eher nach einem wunderbaren Projekt für unsere Urenkel.

Die Schlamperei ist allerdings nicht zu leugnen, und als Deutscher fragt man sich, wer sie wohl angerichtet hat. Vielleicht ergibt sich für uns eine Möglichkeit, jemand Vorwürfe zu machen.

Dieser Jemand kann jedoch nicht der Erfinder des grammatischen Geschlechts gewesen sein:

Warum entwickeln so viele Sprachen unregelmäßige Genera? Über die Kindheit von Genussystemen wissen wir nicht viel, denn in den meisten Sprachen ist die Herkunft der Genusmarkierungen völlig unklar. Doch die wenigen Anhaltspunkte, die wir haben, lassen die allgegenwärtige Irrationalität ausgebildeter Genussysteme besonders eigenartig erscheinen – denn alle Anzeichen deuten darauf hin, dass die Genera in ihrer Frühzeit absolut logisch verteilt waren.

Guy Deutscher: Im Spiegel der Sprache.
Warum die Welt in anderen Sprachen anders aussieht.
Übersetzt von Martin Pfeiffer. München 2010. Seite 233.

Wer auch immer sich die Sache mit den drei Geschlechtern ausgedacht hat, er hat es nicht ohne Absicht getan.

Kommt Ihnen eine andere Absicht in den Sinn als die, die Welt zunächst in Unbelebtes und Belebtes einzuteilen und das Belebte noch einmal in männlich und weiblich? Schließlich gibt es bei fast allen mehrzelligen Lebewesen Männchen und Weibchen. Was lebt und mit bloßem Auge zu erkennen ist, ist eines von beiden, nicht nur Ihr Hund, sondern auch die Topfpflanze auf Ihrem Fensterbrett.

Es muss also ein goldenes Zeitalter gegeben haben, in dem Steine, Stühle, Nägel und Knöpfe neutral (sächlich) waren, Frauen, Mädchen und Kühe feminin (weiblich), Männer und Stiere maskulin (männlich). Das ist es, was Mark Twain unter gottgefälligem Genus und Guy Deutscher unter der absolut logischen Verteilung verstehen.

Dann aber geschah das Gleiche wie in meiner Schreibtischschublade: Ich leere sie, wische sauber bis in die Ecken, räume alles geometrisch und pragmatisch ein. Der Hefter liegt vorne, weil ich fortan eifriger abheften will, die Schokolade verstecke ich vor mir selbst ganz hinten. Für Notfälle. Drei Tage später ist die Schokolade verschwunden, und meine Schublade quillt über vor losen Zetteln.

Dafür liegen die Äpfel unangetastet in der Küche und gammeln vor sich hin. Als Mensch im 21. Jahrhundert weiß ich, dass die Fäulnis das Werk von Mikroorganismen ist, die meine Vorfahren in der Antike oder der Bronzezeit nicht kannten, weil sie keine Mikroskope besaßen. Das Feuer haben sie wegen seiner züngelnden Flammen für lebendig gehalten, während ich darin eine exotherme chemische Reaktion unter Beteiligung von Sauerstoff wähne.

Es klingt plausibel, dass durch den Wandel der Weltanschauung und den im Alltag nicht zu vermeidenden

Mangel an Sorgfalt ganz langsam, im Laufe von Generationen, eine solche Unordnung entstanden ist, wie wir sie in unserer Grammatik finden.

Wir könnten das erste Kapitel zufrieden beenden, wenn mich nicht die Frage quälte, wer von meinen Vorfahren die Gabel für ein weibliches Geschöpf Gottes und den Löffel für einen Mann gehalten hat. Immerhin trage ich die Gene von diesem Idioten in mir.

Und so lautet unser Plan: Wir reisen in der Zeit zurück bis zu dem Augenblick, wo der Stein wieder sächlich wird. Mit etwas Glück liegen so viele Generationen zwischen mir und dem Idioten, dass von seinen Erbanlagen nichts mehr übrig ist.

Daz geile magedīn

Unsere Sprache ist das Neuhochdeutsche. Wir können damit einige Jahrhunderte weit bis in die Barockzeit zurückreisen, ehe das Deutsche beginnt, komisch zu klingen, aber gerade noch verständlich ist:

> Heidt hadt mir der Hoffmeister sagen losen
> das er Mit den koch nit kann auß komen,
> das er nichtß kann und nie mer alß 2 Speisen kocht
> undt so vill der bei verdient das sündtlich ist.

Das stammt nicht aus Facebook, sondern aus dem Tagebuch der Wiener Gräfin Johanna Theresia von Harrach aus dem 17. Jahrhundert. So klang Frühneuhochdeutsch aus der Feder von Menschen, denen das gewaltige Sprachvermögen von Martin Luther fehlte.

Weh euch Phariseer /
das jr gerne oben ansitzet in den Schulen /
Vnd wolt gegrüsset sein auff dem Marckte.

D. Mart. Luth.:
Biblia: das ist: die ganze Heilige Schrift: Deudsch.
Wittemberg 1545. Seite C. XI.
Lukas-Evangelium 11,43.

Wer möchte da noch Pharisäer sein? Wir springen weiter ins Mittelalter und landen im Jahre 1200.

Ez wuohs in Burgonden	Es wuchs in Burgund
ein vil edel magedīn	ein solch edles Mädchen auf,
daz in allen landen	dass es in allen Ländern
niht schœners	nichts Schöneres
mohte sīn	geben konnte.

Ein schönes *maged·īn (Mägd·lein)* ist kein übler Anfang für eine Geschichte, zumal dieses nicht nur wunderschön, sondern auch noch *vil edel* ist. So nannte man Prinzessinnen, ehe es dieses Wort im Deutschen gab. Wie sie wohl heißt?

Chriemhilt geheizen	Kriemhild geheißen,
si wart ein schœne wīp	sie wurde eine schöne Frau,
dar umbe muosen	derentwegen mussten
degen vil	viele junge Kerle
verliesen den līp	Leib und Leben verlieren.

Und zwar deshalb, weil die süße Kriemhild demnächst ausrasten und so lange wüten wird, bis sie selbst und alle Burgunder am Ende des Nibelungenlieds in ihrem eigenen Blut baden.

In diesem Vers finden sich zwei Frauenbezeichnungen, die auch Mark Twain als Beispiel erkoren hatte: das *Mädchen* (aus *Magd-* und *-chen*) und das *Weib.* Sie umfassen die beiden Lebensabschnitte einer Frau im Mittelalter. Für uns ist eine Magd eine weibliche Hilfskraft auf einem Bauernhof, einst bezeichnete man damit schlicht unverheiratete Frauen. Weil sich die gemeinen bis zur Heirat auf einem fremden Hof verdungen, ist *Magd* später zur reinen Bauernhilfskraft verkommen.

Nach der Heirat wurde sie ohne jeden abfälligen Beiklang ein *wīb.* Dass aus dem langen *ī* der Zwievokal *ei* wurde, ist übrigens ein Kriterium, nach dem man das Mittelhochdeutsche des Hochmittelalters vom Neuhochdeutschen, das wir seit siebenhundert Jahren sprechen, unterscheidet. Eines von vielen natürlich, denn wo man im Mittelalter *swanzende juncfrouwen* findet, spricht eine Fünfzehnjährige heutzutage von Abshaken. Beim Swanzen (sich schlängelnd bewegen) und Abshaken handelt es sich um denselben bei jungen Damen in allen Zeiten beliebten Zeitvertreib: argloses Tanzen – und nicht, woran Sie denken!

Magedīn und *wīb* treten im Nibelungenlied und im Minnesang dauernd auf und sind wie ihre heutigen Nachkommen Neutra: *daz schœne wīb* (das schöne Weib), *daz geile magedīn* (das lebensfrohe Mädchen).

Zu jener Zeit sprach man in England, woher Twains Muttersprache stammt, gerade Mittelenglisch. Dort stand das System mit drei Geschlechtern, wie es sie heute noch im Deutschen, aber nicht mehr im Englischen gibt, in Auflösung. Wir kommen gerade rechtzeitig, uns anzusehen, welches Geschlecht die Wörter *maiden* (das dem mittelhochdeutschen *magedīn* genau entspricht) und *wife* (Weib) haben. Sie sind so sächlich wie im Deutschen.

Tiefer in die Vergangenheit

Und damit nicht genug! Die englische Rübe *(turnip)*, for example, die Twain als Beispiel für ein gottgefälliges Genus *(it)* auffuhr, entstand als Vokabel erst im 16. Jahrhundert aus *turn* (drehen) und dem für alles Rüben- und Gurkenartige gebräuchlichen Wort *nēpe*. Ein *turnip* ist ein Wurzelgemüse, das aussieht wie auf einer Drehbank gedrechselt. Aber das Basiswort *nēpe* war das gesamte Mittelalter hindurch ein maskuliner Rüberich.

Das älteste Deutsch, von dem wir wissen, ist anderthalb Jahrtausende alt und stammt aus dem 6. Jahrhundert. Es findet sich in Runen auf Gewandnadeln und Gürtelschnallen eingeritzt und besteht aus Glückwünschen und Beteuerungen, wie lieb man einander hat. Darin ist die Liebe so weiblich wie heute und der Lauch, damals ein Glücksbringer, so männlich wie der Schnittlauch vor Ihrem Küchenfenster.

Noch älter ist die Sprache der Goten aus dem 4. Jahrhundert nach Christus. Sie sprachen das älteste Germanisch, das uns schriftlich überliefert ist. Machen wir es kurz: Der *stains*, das Sächlichste, was man sich selbst als Gote vorstellen kann, ist so männlich wie unser *Stein*. Das *skip* ist wie bei uns sächlich, obwohl ein *Schiff* sogar für Seeleute mit englischer Muttersprache, in der es gar kein Genus mehr gibt, eine She ist:

> Manager of the Line Insisted *Titanic* Was Unsinkable
> Even After *She* Had Gone Down.
> *The New York Times am 16.4.1912*

Damit endet unsere Zeitreise nicht. Was Sie gestern im Supermarkt zur Verständigung benutzt haben, ist noch viel älter als die Goten. Das Germanische mit all seinen Einzelsprachen ist selbst nur einer von dreizehn Zweigen der indogermanischen Sprachfamilie. Erinnern Sie sich, dass wir auf der Suche nach dem Idioten sind, der die ganze Unordnung verursacht hat? Wie es aussieht, ist er nicht nur mit mir, sondern auch mit Ihnen verwandt.

Wir reisen von den Goten noch ein halbes Jahrtausend zurück in der Zeit und landen im alten Rom. Die Senatoren auf dem Forum tragen zu ihrer Toga den maskulinen *calceus,* einen Schuh, der aussieht wie die Outdoorpantoffeln des Papstes und unserem geschlossenen Schuhwerk am nächsten kommt.

Zu Hause trägt man dagegen gern die feminine *solea,* eine besondere Art des sächlichen *sandaliums* beziehungs-

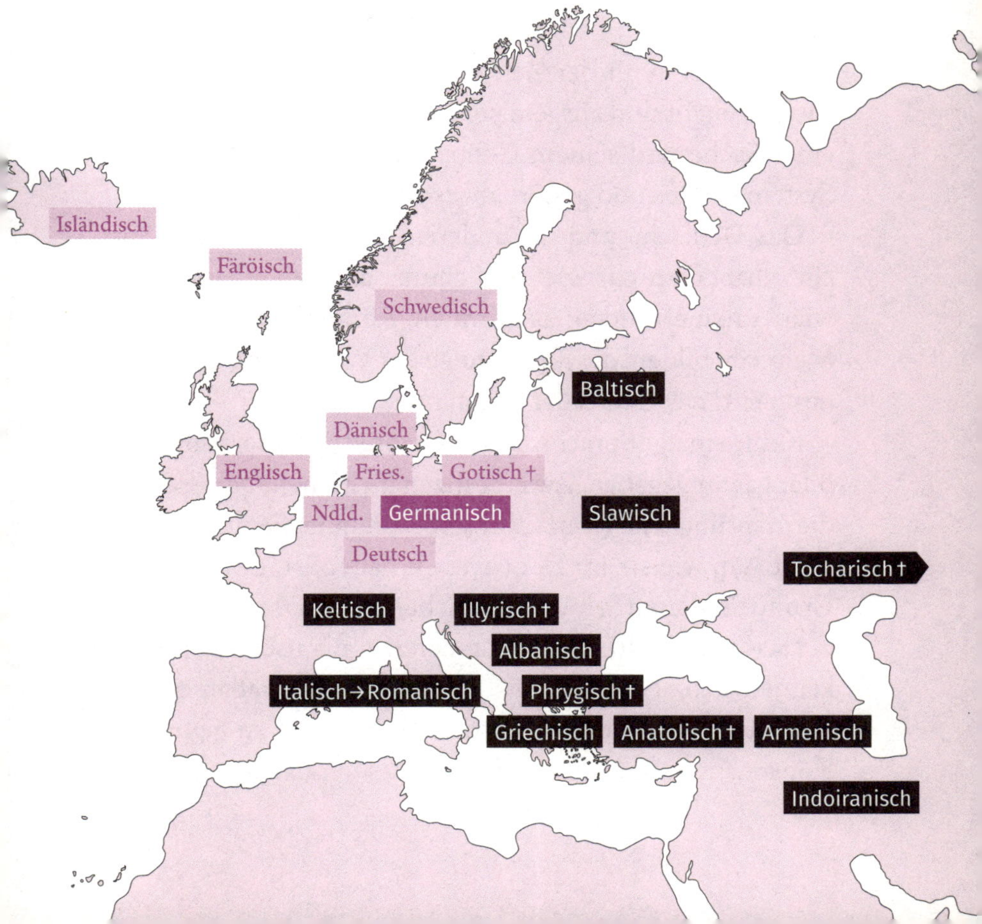

weise der weiblichen *crepida,* wie man Sandalen auch noch nennt. Bauern und Sklaven stapfen in derben und maskulinen *pērōnes* durchs Leben, Soldaten marschieren in femininen *caligae.*

Und Frauen? Tragen die im alten Rom etwa keine Schuhe? Aber natürlich! Den maskulinen *soccus.*

Apropos soccus! Der Socken oder die Socke?

Heilloses Durcheinander

Schöpfen wir Atem! Zweitausend Jahre haben wir zurückgelegt, ohne dass sich die Unordnung auflöst. Sie verschlimmert sich eher.

Hat denn in all der Zeit niemand denselben Einfall wie Twain gehabt und ausgemistet? Wenn zwischen dem Wesen einer Sache und seinem Genus kein Bezug besteht, ist das System sinnlos und gehört abgeschafft.

Das Deutsche und die anderen indogermanischen Sprachen haben so gut wie alles einmal abgeschafft und später wieder neu erfunden: Zeitformen, Konjunktive, wie wir die Mehrzahl bilden, die Reihenfolge der Wörter im Satz. Nur eines nicht: das Genus der Substantive.

Keine einzige Sprache hat das chaotische System angetastet oder gar aufgegeben. Zwar besitzen nicht mehr alle Sprachen die ursprüngliche Dreizahl aus Maskulinum, Femininum und Neutrum, wie sie im Deutschen erhalten ist, doch liegt der Grund für diesen Schwund nicht beim Genus selbst.

Das Italienische und die anderen romanischen Sprachen kennen kein Neutrum. Es ist bereits im Spätlateinischen mit dem Maskulinum verschmolzen, weil zu jener Zeit Konsonanten am Ende jedes Wortes verklangen. Unglücklicherweise erkannte man diese beiden Geschlechter an einem solchen Endkonsonanten. Das Femininum endete auf einen Vokal und blieb unversehrt.

	LATEINISCH		ITALIENISCH
Maskulinum	lupu·s *(Wolf)*	→	il lup·o
Neutrum	centru·m *(Mittelpunkt)*	→	il centr·o
Femininum	caus·a *(Sache)*	→	il cos·a

Zusammenfall von Maskulinum und Neutrum im Italienischen. Der ungrammatische Bindevokal u wurde im Kontrast zum femininen ·a zur Endung ·o umgedeutet.

Im Englischen trat dagegen der Worst Case ein. Zunächst verblassten im frühen Mittelalter wie im Deutschen all die bunten Vokale am Wortende, die im Italienischen *(la pizz·a, il for·o, il tiramis·ù)* noch so prächtig klingen: *bluoma → Blume, boto → Bote, turi → Türe, ouga → Auge.*

Auf diesen bunten Wortausgängen gründete das Beugungssystem der Substantive und damit auch das Genus. Allerdings hatte sich inzwischen der Artikel entwickelt. An ihm erkennt man das Genus auch, weshalb wir ihn in der Grundschule Geschlechtswort nennen: *der Bot·e, die Blum·e, das Aug·e.*

Die deutschen Artikelformen *der, die, das* sind einander unähnlich und vor Lautschmelze gefeit, im Englischen dagegen lauteten die Formen plötzlich *the, the, that* und mancherorts sogar *thet.* Die sächliche Form wurde schnell vor Hauptwörter jeden Geschlechts gestellt, die mit einem Vokal begannen, weil es sich so angenehmer sprechen ließ. Auch wir schätzen einen harten T-Laut aus Bequemlichkeit an Stellen, wo er eigen·t·lich nicht hingehört. Diese Praxis ist in Phrasen wie *that one* oder *that other* erhalten, sonst hat sich *that* zu dem gemausert, was es heute ist: *Would you pass me that newspaper? Könnten Sie mir die Zeitung geben?*

Das war das Ende für das Genus im Englischen. Die Fürwörter *he, she, it* wurden neu zugeteilt, und zwar nach dem natürlichen Geschlecht. Twains Muttersprache hat wie alle anderen Sprachen vom Genus nur so viel preisgegeben, wie sie musste. Von einer besonnenen Reform oder dem Willen des Herrn kann keine Rede sein.

Der Yonis und das Lingam

Wir setzen unsere Suche nach El Dorado fort und reisen noch ein halbes Jahrtausend tiefer in die Vergangenheit. Aus Reiseflughöhe betrachten wir die Sprache der alten Griechen: Dinge wie *oĩkos* (Haus) oder *krātḗr* (Krug) sind männlich, die *máchaira* (Messer) ist weiblich, die Schnur sächlich *(schoiníon),* wenn sie nicht weiblich ist *(seirá). Krátos,* die Macht und Herrschaft, ist sächlich, die daraus erwachsene *dēmokratía* dagegen ausgerechnet weiblich, wo doch im alten Athen nur Männer mitmachen durften.

Die Unordnung reicht im Griechischen unverändert bis zu seinen frühesten Belegen in mykenischer Zeit im 14. Jahrhundert vor Christus zurück.

So tief in die Vergangenheit ragt auch die Sprache der Veden aus dem alten Indien. Der bekannteste Veda ist der

Rigveda, ein Hymnus an Götter, die heute kaum noch in Indien angebetet werden und Teil des urindogermanischen Pantheons waren. Zum Beispiel Agnís, der Gott, der die Flammen züngeln lässt, wenn Sie samstags im Garten grillen.

Auch im Vedischen stoßen wir auf das bekannte Chaos. Die indische *dvar* ist so weiblich wie unsere *Tür* und die griechische *thýra.*

Die Sprache des Rigvedas liegt in seiner Entwicklung noch vor dem Sanskrit, einer später erschaffenen Kunstsprache, in der zum Beispiel das Kamasutra verfasst wurde, ein praktischer Leitfaden, wie man eine Frau anfasst, ohne sie dabei umzubringen.

Von den beiden Protagonisten im Kamasutra ist die Scheide der Frau *(yónis)* maskulin, der Penis des Mannes *(lingam)* ein Neutrum.

Hier, 3500 Jahre vor unserer Zeit, endet unsere Reise. Wir stehen am Anfang der Geschichte und blicken in das Dunkel der Vorzeit. Irgendwo da drinnen muss die Unordnung entspringen. Nur wie weit wäre es noch bis dorthin?

Unter Reisefotografen gibt es eine Weisheit: Auf der Suche nach einem Motiv hetzt man vorwärts, dabei liegen die Motive für außergewöhnliche Bilder immer hinter einem. Deshalb sollte man beim Vorwärtsmarschieren von Zeit zu Zeit einen Blick über die Schulter werfen.

Was erblicken wir dabei? Im Norden, im Süden, im Westen und im Osten, heute wie am Beginn der ersten Schriftquellen vor 3500 Jahren ist die Unordnung beim grammatischen Geschlecht überall gleich schlimm.

Nicht nur gleich schlimm im Ausmaß, sondern auch von gleicher Beschaffenheit: *die Tür, die thýra, die dvar.* So verblüffend gleich ist sie, dass diese Chäa – jetzt kennen Sie endlich die Mehrzahl von *Chaos,* die braucht man ja sonst kaum – nie und nimmer unabhängig voneinander entstanden sein können. Sie sind Nachkommen eines einzigen Urchaos.

El Dorado

Auf unserer Zeitreise sind wir hinter dem frühesten Deutsch zu einer Rundreise abgebogen. Wären wir geradeaus weitergeflogen in die Dunkelheit und hätten ein Italiener, ein Grieche und ein Inder die gleiche Reise von ihrer jeweiligen Muttersprache aus unternommen, dann träfen sich unsere Routen mitten im Herzen der Dunkelheit in einem Punkt.

Diesen Punkt nennt man Urindogermanisch.

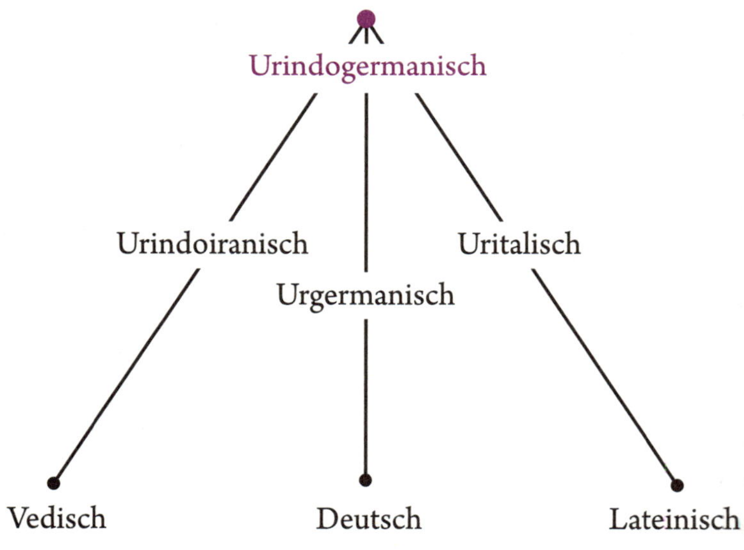

Es ist der Urahn aller indogermanischen Sprachen und war einst eine echte Sprache, die von echten Menschen eine Zeitlang gesprochen wurde. Diese Zeit endete spätestens vor fünftausend Jahren. Eine ungeheuerlich lange Zeit, die man sich am ehesten verdeutlichen kann, indem man sie durch das eigene Alter dividiert. Das Leben eines Vierzigjährigen passt 125-mal hinein.

Wenn sich das Geschlechterchaos in allen indogermanischen Sprachen findet, muss es aus dem Urindogermanischen ererbt oder früher entstanden sein.

Der Mensch spricht nach aktuellem Forschungsstand mit Gewissheit seit hunderttausend Jahren, wahrscheinlich seit zweihunderttausend Jahren und vermutlich noch viel, viel länger. Dagegen reicht das Urindogermanische auf keinen Fall weiter als zehntausend Jahre in der Zeit zurück. Irgendwo in dieser Zeit von gut 100 000 Jahren muss El Dorado liegen, das goldene Zeitalter.

Das klingt plausibel. Allerdings haben goldene Zeitalter neben ihrer Farbe eine weitere unabdingbare Eigenschaft: Es gibt sie nicht und es hat sie nie gegeben.

Obwohl die Sprecher des Urindogermanischen, die wir fortan aus Bequemlichkeit etwas unsauber Urindogermanen nennen, schon so lange tot sind und zu Lebzeiten kein Wort geschrieben haben, hat die Indogermanistik ihre Sprache mit einer Genauigkeit und Verlässlichkeit rekonstruiert, die einem den Atem raubt.

Bekanntlich läuft jedoch im Leben nie alles so, wie man es sich vorstellt. Davon macht auch die Rekonstruktion des Urindogermanischen keine Ausnahme.

Es gibt Passungenauigkeiten. Solche Unannehmlichkeiten sind nicht zu vermeiden, wenn man eine einst lebendige Sprache rekonstruiert. So ungelegen sie einem anfangs kommen, erweisen sie sich am Ende als Hilfe, weil sie aus dem Projektionspunkt Urindogermanisch eine Fläche machen, auf der sich Strukturen erkennen lassen.

Das Deutsche besitzt drei Geschlechter: *der Mann, die Frau, das Ding; er, sie, es.* Allerdings nicht überall: Das Fragepronomen *wer, was* besitzt nur zwei Formen. Eine feminine Form *wie* (wie in *der, die, das)* gibt es nicht. Bei *ich* und *du* gibt es gar kein Geschlecht.

Warum auch, werden Sie einwenden. Wenn ich jemand mit *du* anspreche, sehe ich ihm doch an, ob es sich um einen Mann oder eine Frau handelt. Der Angesprochene weiß es ohnehin. Man spricht ja auch einen blonden Menschen nicht anders an als einen mit schwarzen Haaren.

Das kommt Ihnen logisch und natürlich vor, weil Sie es nicht anders kennen. Im Arabischen ist es dagegen ganz logisch und natürlich, einen Mann mit *anta* anzureden und eine Frau mit *anti.* Erklären Sie einmal einem Türken, warum wir zwischen *er* und *sie* unterscheiden. Für ihn sind alle Menschen, Lebewesen und Dinge einfach *o,* für die Grönländer *una,* für die Finnen *hän,* für die Ungarn *ő* und für die Basken *hura.* Diese nichtindogermanischen Nachbarsprachen haben nicht nur kein Genussystem, sie unterscheiden auch bei den Fürwörtern nicht zwischen *er, sie* und *es.*

Liegt es denn nicht in der Natur des Fragens nach einer unbekannten Person, dass es neben *wer* keine weibliche Form *wie* gibt? Wer hat von meinem Tellerchen gegessen, fragt der Zwerg, ehe er Schneewittchen begegnet. Es hätte genauso gut der böse Wolf sein können. Ein guter Einwand, der jedoch nicht erklärt, warum das Einheitswort *w·er* wie *d·er, dies·er, welch·er* maskulin ist, die unbekannte Person aber grundsätzlich genauso gut eine Frau sein kann wie ein Mann. Und es gibt noch viel mehr, was dieser Einwand nicht erklärt.

Lateinische Adjektive haben gewöhnlich drei Formen: *bon·us* (guter), *bon·a* (gute), *bon·um* (gutes). Es gibt aber auch ungewöhnliche: *commūni·s* (gemeinsamer), *commūni·s* (gemeinsame) und *commūne·Ø* (gemeinsames; mit *e* aus *i*; die Null steht für Endungslosigkeit). Männlich und weiblich werden nicht unterschieden, genau wie bei unserem *wer*, das man auch im Lateinischen findet: *quis*.

Bei genauem Hinsehen stellen wir auch bei unseren Personalpronomen *er*, *sie*, *es* fest, dass *sie* darin fremd aussieht. Die feminine Form ist erst nachträglich von einem anderen Wortstamm gebildet worden.

Diese Trümmer haben eine überraschende Botschaft: Die drei Geschlechter sind nicht zugleich entstanden. El Dorado hat es nie gegeben. Damit fällt die ganze Idee, Männliches mit maskulinen, Weibliches mit femininen und Dinge mit neutralen Wörtern zu bezeichnen. Sie muss fundamental falsch sein.

Ein Experiment

Doch wo liegt der Irrtum? Wie alle großen Irrtümer liegt er auf der Hand. Wir können ihn mit einem Experiment entdecken. Das ist die Versuchsanordnung:

MASKULINUM	FEMININUM	NEUTRUM
der Mann	die Frau	das Ding
der Junge	die Braut	das Gerät
der Onkel	die Tante	das Seil
der Löffel	die Gabel	das Messer
der Zahn	die Zunge	das Auge
der Apfel	die Birne	das Obst
der Eimer	die Wanne	das Becken

Das Versuchskaninchen sind Sie! Ihr Auftrag lautet: Wo wird beim Wort *Mann* das Männliche ausgedrückt, wo bei *Frau* das Weibliche, was ist an *Ding* sächlich? Legen Sie bitte den Finger auf die entsprechende Stelle.

Liegt er auf dem Artikel? Dort liegt er falsch. Der macht *Mann* nicht männlich. Dann müsste auch *der Eimer* männlich sein.

Aber darin besteht ja die Unordnung, werden Sie jetzt klagen. Na schön, bauen wir die Tabelle um und wiederholen das Experiment. Ihr Auftrag bleibt derselbe: Was macht den *Mann* männlich?

SPALTE 1	SPALTE 2	SPALTE 3
der Apfel	die Birne	das Auge
der Eimer	die Braut	das Becken
der Junge	die Frau	das Ding
der Löffel	die Gabel	das Gerät
der Mann	die Tante	das Messer
der Onkel	die Wanne	das Obst
der Zahn	die Zunge	das Seil

Die Bedeutung des Wortes allein. Nicht die Grammatik, weder der Artikel vorn noch gegebenenfalls die Endung hinten, sondern der Rest in der Mitte, der Wortstumpf, oder fachmännisch: das Lexem. Die Bedeutung des Wortes selbst macht *Mann* männlich, weil *Mann* für den Mann steht. Und den Eimer zu einem Ding.

Ich kann Sie nur in die Irre führen, wenn ich *Mann, Frau* und *Ding* oben einsortiere und den Spalten falsche Namen gebe. Könnte ich Ihr Gedächtnis löschen und würde ich den Eimer an die Spitze rücken, würden Sie fragen: Welcher von meinen Vorfahren hat den Mann für einen Eimer gehalten?

Der Fehler steckt also in den Namen: Maskulinum, Femininum und Neutrum.

Sie gehen auf den griechischen Philosophen Protagoras zurück, der im 5. Jahrhundert vor Christus lebte und der Menschheit viele tiefschürfende Erkenntnisse beschert hat: dass man Götter nicht sehen kann, dass man über eine Sache das eine oder auch das andere sagen kann, dass es im Griechischen drei bestimmte Artikel gibt: *ho* (männlich), *hē* (weiblich) und *tó* (Lebloses). Die dürfe man nicht durcheinanderbringen.

Wenn uns also Begriffe täuschen, die Protagoras erfunden hat, wie konnte Protagoras selbst in die Irre gehen?

Mit einem Trug, der nicht nur ihn fängt, sondern jeden Menschen und der den falschen Begriffen Maskulinum, Femininum und Neutrum erst ihre Wucht gibt.

Der ungesunde Menschenverstand

In unserem Gehirn sind Erkenntnismuster am Werk, die wir den gesunden Menschenverstand nennen. Gesund ist er, weil er uns minütlich vor einem unglücklichen Ende bewahrt.

Nehmen wir an, jemand möchte sich abends eine Bulette braten und holt das Hackfleisch aus dem Kühlschrank, das er am Vormittag gekauft hat. Es schimmert nicht wie erwartet rötlich, sondern gräulich. Der gesunde Menschenverstand sagt ihm: Wenn das Fleisch nicht so aussieht, wie er es erwartet hat, dann sollte er es nicht mehr essen.

Der andere Weg führt durch die Wissenschaft. Er könnte erforschen, ob das Fleisch noch essbar ist. Zunächst sollte er beim Augenarzt untersuchen lassen, ob er nicht kurzfristig farbenblind geworden ist. Ist das Fleisch nach der Kalibrierung seiner Sehkraft immer noch gräulich, wirft er sich der

Toxikologie in die Arme und hantiert in der Küche mit Pipetten und Petrischalen herum. Aber was nützt einem Erkenntnis, wenn man verhungert ist?

Der Menschenverstand ist dort gesund, wo sich die vertraute Welt im Alltag wiederholt. Gräuliches Fleisch ist oft verdorben und führt zu einer Lebensmittelvergiftung. Die lässt sich zwar als Patient im Krankenhaus überstehen, schwerlich aber in der Feuchtsavanne Afrikas. Wenn unser gesunder Menschenverstand lieber das Risiko eingeht, gutes Fleisch wegzuwerfen, als nach dem Verzehr von schlechtem Fleisch selbst zu gutem Fleisch für Hyänen und Löwen zu werden, liegt er im Mittel richtig, wo es ums eigene Überleben geht.

Jenseits dessen liegt er mit seinen Bewertungsroutinen über Ursache und Wirkung immer falsch. Wissenschaft ist daher nichts anderes als ein Bündel an Methoden, den gesunden Menschenverstand auszuschalten.

Liegen auf dem Mars drei Steine dämlich beieinander, erkennen wir darin ein Gesicht. So stark wie das Gesichtsschema ist unser Erkennen von Gegensätzen: frisch oder verdorben? Plus- und Minuspol. Licht und Dunkel.

Tatsächlich gibt es in der Welt aber gar keine wesenhaften Gegensätze. Die Dunkelheit ist nicht das Gegenteil von Helligkeit; es gibt Licht, und an der einen Stelle ist mehr davon, an der anderen weniger. Ein Lichtgefälle.

Weder gibt es einen Plus- noch einen Minuspol, sondern nur ein Gefälle von geladenen Teilchen wie Elektronen oder Ionen. In einem Leiter fließen sie dorthin, wo es weniger von ihnen gibt. (Die Elementarladungen und die Merkmale von Quarks wollen wir übergehen, aber rechnen Sie damit, dass sich auch auf diesem Urgrund nicht einzig und allein zwei spezifische Gegensätze gegenüberstehen.)

Unser Verstand erkennt draußen in der Natur Belebtes und Unbelebtes. Das Belebte teilt er in Männchen und Weibchen ein und gewinnt so drei Kategorien.

In der Grammatik finden sich für die Namen von allem, was es in der Welt gibt, ebenfalls drei Kategorien. Unser Verstand kann nicht anders, als sie übereinanderzulegen.

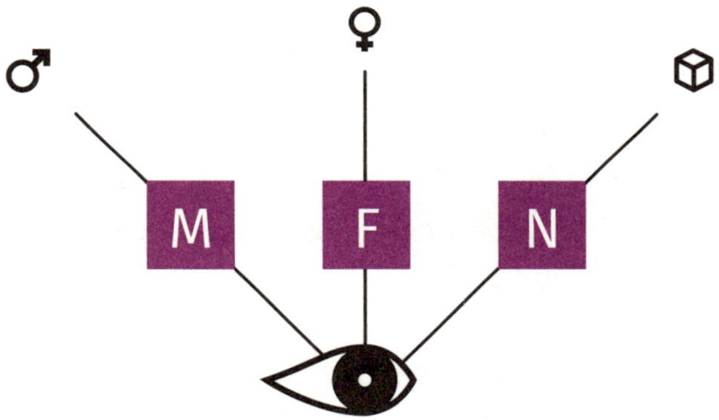

Das Weib, das Mädchen und das Frauenzimmer

Tatsächlich sind die Bezeichnungen für weibliche Geschöpfe im Deutschen feminin, sowohl Ableitungen wie *Diebin, Bundeskanzlerin, Cousine, Souffleuse* und *Garderobiere* als auch Frauenbezeichnungen, die nicht abgeleitet aussehen, zum Beispiel *die Mutter, die Tochter, die Schwester, die Tante, die Oma, die Nichte, die Amme, die Braut, die Hure, die Nonne, die Witwe.*

Wo Frauenbezeichnungen nicht feminin sind, handelt es sich um eine Trope, also um eine uneigentliche Verwendung eines Begriffs für eine Frau.

So kann ein Mann seine Frau seinen Schatz (Maskulinum) nennen, sie kann ihn als ihre große Liebe (Femininum) bezeichnen. Verkleinert die Frau den Schatz zu einem Schätzchen (Neutrum), wird daraus ein Kleinod, das ihr allein gehört und von dem nur sie weiß. Das steigert den Wert.

Nach diesem Schema sind Ehefrauen für Rheinländer generell Neutra und nicht, weil sie ihre Frau mit Haushaltsgeräten wie einem Staubsauger verwechseln würden:

Das Hertha tut mich gerade noch ein Bütterken, nichwa, Hertha? – Ja, Hugolein, gleich krisseset!

Nun wundert es uns, wie Mark Twain so lange in Deutschland weilen konnte, ohne zu bemerken, dass auch *das Mädchen* eine solche Trope und alle Verkleinerungen auf *-chen* im Deutschen Neutra sind.

Neben solchen Metaphern gibt es noch eine andere Trope, die man Metonymie nennt. Hierbei vergleicht man etwas nicht mit etwas anderem, sondern mit sich selbst, und zwar mit einem Teil oder dem größeren Zusammenhang. Wenn wir in den Nachrichten hören, das Weiße Haus habe mal wieder einem Land den Krieg erklärt, dann ist damit natürlich nicht das Gebäude gemeint oder der Gärtner oder der First Dog, sondern der Präsident, der im Inneren des Weißen Hauses residiert.

Auch *Pharao* ist eine Metonymie: Ägyptische Schreiber haben mit *per aa* (Haus großes → Palast) den König umschrieben, der eigentlich *nisu* genannt wurde. Diesen Ausdruck mieden sie, weil seine Erwähnung den Schreiber dazu zwang, ihm alle rituellen Titel und Glückwünsche anzufügen: König von Ober- und Unterägypten! Sohn der Sonne! Stier seiner eigenen Mutter! Leben, Heil, Gesundheit! Und endlos so weiter. Wo Papyrus doch so wertvoll war!

Im Dritten Reich stand *Prinz-Albrecht-Straße* für nichts anderes als das Hauptquartier der Gestapo und damit für Furcht und Schrecken. Obwohl dort bestimmt auch die ein oder andere liebe Oma wohnte.

Im Mittelalter traten vornehme Frauen nicht allein auf, sondern mit weiblichem Gefolge. Weil es in denselben Räumen wie die Dame lebte, sprach man vom Frauenzimmer und meinte damit die Frau darin, auf die es einzig ankam.

So bezeichnen wir heute ein Mitglied eines Vorstands als Vorstand, schließen also von der Instanz auf ein Mitglied. Das Geschlecht der Bezeichnung bleibt dabei stets unverändert und wird nicht an das biologische Geschlecht des Bezeichneten angepasst. Die abgeleitete Form *Vorständin* sucht man deshalb in Konzernen vergeblich. Auf so etwas kommt man nur aus ideologischen Motiven.

Eine Metonymie ist schließlich *das Weib.* Sein Ursprung liegt mit hoher Wahrscheinlichkeit in einem Ausdruck für die Gebärmutter.

Alle Bezeichnungen für Frauen sind also feminin, wenn sie keine Metaphern oder Metonymien sind. Das macht die beiden Dreifaltigkeiten Mann, Frau, Ding und Maskulinum, Femininum, Neutrum für unseren gesunden Menschenverstand zu einem eitel Karfunkelstein.

Wir dürfen es Mark Twain nicht verübeln, dass er daraus den Schluss zog, das Femininum sei erfunden worden, um die Frau in der Grammatik widerzuspiegeln, und das Maskulinum folglich für den Mann. Denn ein weiteres archaisches Schema unseres Verstandes erblickt immer und überall Motive. Reißt Sie nachts ein Geräusch aus dem Schlaf, das vom anderen Ende Ihrer Wohnung kommt, werden Sie auf Anhieb an einen Eindringling oder vielleicht sogar an ein Gespenst denken, dabei ist nur der Regenschirm im Flur umgekippt.

Es hätte aber auch ein Löwe sein können, der Ihnen auflauert! Ihr Verhalten reicht nämlich weit vor die heutige Lebensweise des Menschen zurück zu der Zeit vor über hunderttausend Jahren, als unsere Vorfahren noch die afrikanische Savanne durchstreiften. Es reicht sogar Millionen Jahre zurück zu der Zeit, als der Bewegungsapparat des Menschen noch nicht so aufs Weglaufen optimiert war, und eigentlich noch viel weiter bis zu den Anfängen des Nervensystems schlechthin. Die älteste Routine des Menschen lautet: Wenn etwas ein Motiv hat, dann kann dieses Motiv nur darin bestehen, dass es einen fressen will. Deshalb ist es klug von unserem gesunden Menschenverstand, überall ein solches Motiv zu wähnen. Zur Not auch eines ohne Körper, denn nichts anderes ist ein Gespenst.

Obwohl wir heute kaum noch gefressen werden, wirkt der gesunde Menschenverstand weiter. Er lässt Kinder unter die Bettdecke kriechen, damit sie nicht von Monstern unter dem Bett gefressen werden. Er macht uns Erwachsenen die Vorstellung schwer, dass das Universum ohne Schöpfer oder erste Ursache einfach so entstanden ist. Er macht es uns schwer, dem Augenschein zu misstrauen, obwohl wir immer wieder erleben, wie sehr einen der Augenschein hinters Licht führen kann.

Die Spalten in unserem Experiment waren ziemlich kurz. Trüge man *alle* Hauptwörter des Deutschen ein, würden sie um einige hundert Meter wachsen und offenbaren, dass die Personenbezeichnungen darin nur eine winzige Minderheit ausmachen. Wieso sollen gerade sie den Bezugsrahmen für die Legion an Sachbezeichnungen vorgeben? Wie kommen all diese Sachbezeichnungen zu ihrem maskulinen und femininen Genus, wenn hinter diesem als Motiv Weiblichkeit und hinter jenem Männlichkeit steckt?

Germania

War das zu viel Erkenntnistheorie? Dann habe ich eine Schauergeschichte für Sie. Stellen wir uns vor, die deutsche Sprache wäre eine Halbgöttin, die leibhaftig und mit wallendem Haar oben auf der Loreley thronte, und Mark Twain wäre bei seinem Aufenthalt in Heidelberg die Gunst gewährt worden, zu ihr hinaufzuklettern und ihr eine einzige Frage zu stellen.

"O precious Germania!", hätte er mit schlotternden Knien vor ihr stehend gesagt. "The girl is a thing, the turnip is female? Why are sex and gender such a mess?"

Germania rührt sich nicht. Twain begreift, sie kann kein Englisch. Tatsächlich steht es noch schlimmer: Germania weiß nicht einmal, dass es die englische Sprache oder überhaupt eine andere Sprache neben ihr gibt, wie wir in einem späteren Kapitel herausfinden werden.

Twain wiederholt seine Frage auf Deutsch: »Das Mädchen ein Ding, die Rübe weiblich? Warum ist das Geschlecht bei dir ein solches Durcheinander?«

Er erwartet, Germania werde seufzen und dann mit rauer Stimme auf ihr enormes Alter verweisen, das man bei ihrem jugendlichen Aussehen leicht verkenne.

Germania gibt eine andere Antwort: Geschlecht, fragt sie mit der Stimme und der Neugier eines Mädchens, was solle das sein?

Erst bleibt Twain die Spucke weg, dann erklärt er ihr, beim Menschen und anderen Lebewesen gebe es Mann und Frau. Alles andere seien Dinge. Wie eben auch in der Sprache.

Germania betrachtet Twain irritiert. Menschen, Lebewesen, Mann und Frau, was solle das sein?

Während sich Twain den Kopf zerbricht, wie er all dies

erklären soll, entschwebt Germania. Sie hat schließlich eine Menge zu tun.

Später wird Twain in seinem Stammgasthaus in Heidelberg bei einem Bier erzählen, Germania sei eine schöne Dame, nur leider reichlich verwirrt.

Insgeheim hat er den Verdacht, dass sie aneinander vorbeigeredet haben und er selbst es ist, der etwas Wichtiges nicht begreift.

Die Kiste in unserem Kopf

In Wirklichkeit gibt es Germania nicht. In Wirklichkeit ist Germania eine immaterielle Instanz unseres Denkens, die durch die Großhirnrinde und andere Bereiche unseres Gehirns erzeugt wird.

Nennen wir diese Instanz das Sprachzentrum. Hier werden Sätze konstruiert und dekonstruiert – ohne dass wir es bemerken, denn unser Bewusstsein bekommt von dem meisten, was sich in unserem Gehirn abspielt, nichts mit. Das Sprachzentrum verarbeitet Sätze in einer Geschwindigkeit, die kein Computer je erreichen wird. Es ist der Computerindustrie um drei Millionen Jahre voraus. Die Sprechfähigkeiten Ihres Computers gleichen dem von einem Orang-Utan. Oder meinte ich vielleicht Orangen in Utah?

Auch Mark Twain ist als Figur in meiner Schauergeschichte eine Instanz unseres Denkens. Die nennen wir unseren Verstand. Hier machen wir uns Gedanken über Gott und die Welt, teilen sie in belebt und unbelebt ein, gelangen zu der Ansicht, dass das Menschengeschlecht aus Frauen und Männern besteht, und stellen Fragen, wie sie sich Twain gestellt hat.

Zwar gibt es zwischen den beiden Instanzen eine Schnittstelle, die es uns ermöglicht, unsere Gedanken in Worte zu fassen oder umgekehrt darüber nachzudenken, was uns andere erzählen, doch darüber hinaus bleibt unserem Verstand jeder Einblick ins Sprachzentrum verwehrt. Das gilt auch umgekehrt: Germania hat keinen Schimmer, was eine Frau ist. *Frau* ist für sie nicht mehr als eine Folge aus zwei Konsonanten und einem Zwievokal: /frau/. Dafür weiß sie, warum die Mehrzahl *Frauen* und nicht *Fraue, Fraus* oder *Frauer* lautet. Unser Verstand weiß es nicht.

Das fällt dem Menschen schwer zu glauben. Weil die Sprache in seinem Kopf steckt, bildet er sich ein, sie zu durchblicken.

Ein einfacher Test beweist das Gegenteil: Ohne nachzudenken, können Sie all die Wörter auf dieser Buchseite aussprechen und betonen wie jeder andere Leser. Offenkundig gehen Sie dabei nach Regeln vor, die in Ihrem Kopf stecken. Sie können diese Regeln zwar anwenden, aber nicht formulieren.

Weil sie in einer Kiste stecken, deren Inneres verborgen ist. Die Kiste hat einen Schlitz, in den man etwas hineinstecken kann und aus dem man wieder etwas zurückerhält.

Sprachwissenschaft ist nichts anderes als der Versuch, das Innere der Kiste nachzubauen, ohne je hineinschauen zu können, indem man so lange Eingaben mit Ausgaben vergleicht, bis sich eine Spur ergibt und schließlich die Rekonstruktion das Gleiche ausgibt wie die Originalkiste. Oft gelingt das aber nicht. An der Betonung des Deutschen forscht man seit Jahrzehnten ohne Erfolg. Es ist bisher keine Beschreibung der Betonung für alle Wörter des Deutschen gelungen. Was man Ausländern im Deutschunterricht andreht, ist Pfusch, der leidlich funktioniert, bis das Gehirn des Ausländers ein deutsches Sprachzentrum gebildet hat, das die

Angelegenheit übernimmt. Es gerät aber nie so perfekt wie das seiner Muttersprache.

Zu dieser Schwierigkeit kommt ein Übel, das nicht nur Mark Twain und Guy Deutscher zugestoßen, sondern dem menschlichen Verstand schlechthin eigen ist: Wenn sich eine Sache als anders erweist, als wir es erwartet haben, halten wir nicht unsere Erwartung für falsch, sondern die Sache.

Wir Menschen denken so, weil es uns im Alltag nutzt. Solange es um Hackfleischangelegenheiten geht. Wenn uns etwas Unerhörtes begegnet, verkennen wir sein wahres Wesen und lassen die Routine in unserem Kopf einfach weiterlaufen.

In der neunten Klasse hatte ich einen Physiklehrer, der aussah wie Sigmund Freud und einen weißen Laborkittel trug. Auf dem Pult lag stets ein zum Zerbersten dickes Schlüsselbund griffbereit, das er durchs Klassenzimmer warf, wenn ein Schüler mit seinen Gedanken abschweifte oder zum Fenster schielte.

Gab ein Schüler das Ergebnis einer Berechnung bekannt, fragte der Lehrer: »Kartoffeln, oder was?« Und der Schüler fügte hinzu: »Kilojoule durch Voltmeter im Quadrat, Herr Lehrer!«

Dann grunzte der Lehrer zufrieden. Er gab sich große Mühe, uns beizubringen, dass physikalische Einheiten kein Ballast waren, sondern dem Ergebnis einer Berechnung erst ihren Sinn gaben.

Die Schlampigkeit von Schülern war dem Lehrer solche Routine, dass er von ihnen nichts anderes erwartete. Als ein Schüler ein Ergebnis von zwanzig Stundenkilometern bekanntgab, bekam er nicht die Kartoffel zu spüren, sondern das Schlüsselbund. Denn es handelte sich um einen vorsätzlichen, ja, einen dreisten Fall von Schlampigkeit.

Nicht Stundenkilometer habe es zu heißen, sondern Kilometer durch Stunde. Die Geschwindigkeit sei der Quotient von Strecke durch Zeit und nicht das Produkt.

Rückblickend war das mein erster Tag als Sprachwissenschaftler. Ich fragte nämlich, ob *Sonnentage* das Produkt aus *Sonnen* und *Tagen* sei, also *Sonnen* mal *Tage.* Weil das Schlüsselbund nicht mehr auf dem Pult lag, sondern an der Rückwand des Klassenzimmers, fuhr ich forsch fort: Sind *Sonnentage* nicht alle Tage, an denen die Sonne scheint, also der Quotient?

Ist eine Haushaltsabgabe das Produkt aus Haushalt und Abgabe oder nicht eher die Abgabe pro Haushalt? Ist der Jahresetat das Produkt aus Haushalt mal Etat, oder nicht eher ein Etat per annum, für ein Jahr?

Der Physiklehrer hatte den Fehler begangen, seine algebraische Routine auf die Sprache zu übertragen: Wenn *ab* gleich $a \times b$ ist, dann ist *Stundenkilometer* gleich *Stunden* × *Kilometer.* Er verkannte, dass die Wortbildung Regeln folgt, die in ihrer Präzision der Algebra in nichts nachstehen, aber anders sind, als er erwartet hatte.

In der Sprache ist nichts, wie es scheint. Wir können sie nicht aus unserem Verstand durchblicken, sondern müssen sie erforschen. Das Forschungsergebnis fällt immer erstaunlich anders aus, als man erwartet hat.

Diese Maxime gilt für alle Fragen, die wir in diesem Buch ergründen werden, nicht nur für sprachkundliche, sondern auch für stilistische und orthografische. Sollten Sie einmal mit einem Detail der deutschen Sprache hadern, dann sollten Sie davon ausgehen, dass etwas anderes dahintersteckt, als Sie unterstellen.

Behalten Sie das bitte im Hinterkopf – noch eine mysteriöse Instanz unseres Denkens: der Hinterkopf! –, wenn wir jetzt erforschen, wie das grammatische Geschlecht entstanden ist und bis heute im Deutschen funktioniert. Und machen Sie sich auf eine Überraschung gefasst.

Die Urindogermanen

Die Erfinder der drei Geschlechter waren Menschen, die vor über fünftausend Jahren gelebt haben. Nicht nur die Datierung, sondern auch alles andere, was wir über sie wissen, haben wir allein durch die Rekonstruktion ihrer Sprache erfahren, dem Urindogermanischen.

Über die Urheimat des Indogermanischen ist viel und wild gerätselt worden. Heute hat sich der Suchkreis so weit eingeengt, wie es ohne Artefakte möglich ist. Sein Zentrum liegt auf Wolgograd, das unsere Großeltern noch als Stalingrad kannten.

Heimat des Urindogermanischen
bis vor über 5000 Jahren

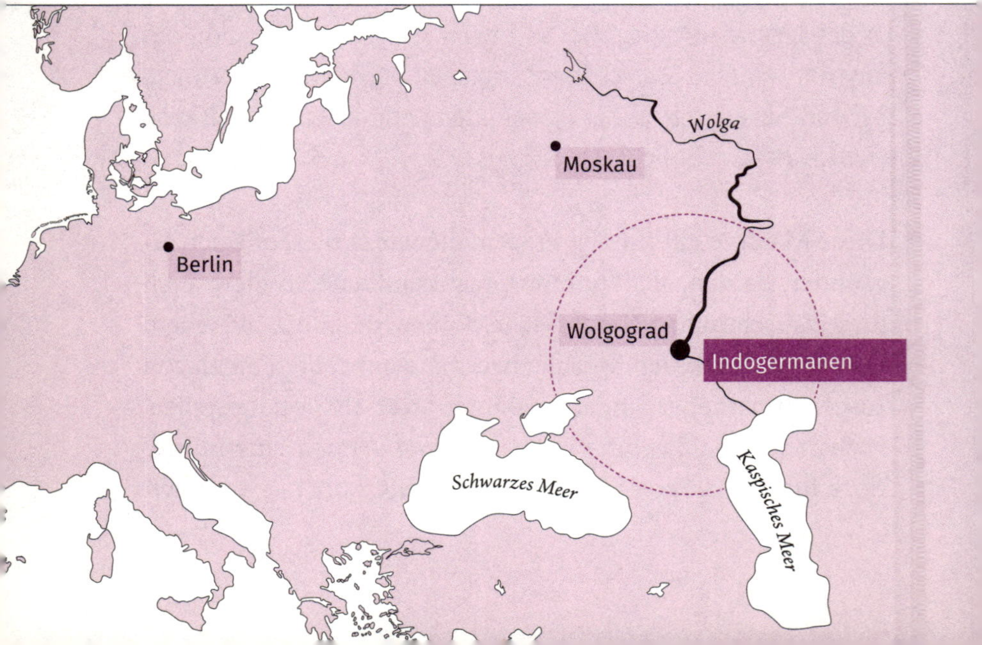

Die Urindogermanen waren halbnomadische Viehhalter, die von Zeit zu Zeit ihre Zelte oder Hütten abbrachen und in dem in der Abbildung gezogenen Kreis herumvagabundierten. Sie lebten nicht wie wir in Kleinfamilien, sondern in größeren Clans, was wir aus dem Familienvokabular schließen, in dem *pəchtér* noch nicht wie heute den leiblichen Vater bezeichnete und *méchter* noch nicht die leibliche Mutter, sondern den Clanchef und das dominante Weibchen. Auch *Schwester* bezeichnete damals noch schlicht eine weibliche Angehörige des Clans, und ebenso war es bei *Bruder* und den vielen anderen Personennamen, die auf *·ter* enden.

Beim Genussystem handelt es sich nicht um eine vorsätzliche Erfindung, sondern um einen mehrstufigen Prozess, den der Mensch damals nicht bewusst wahrgenommen hat.

WLKWÓ·S, DER WOLF Grammatisches Geschlecht hat etwas mit Substantiven zu tun, mit Namenwörtern also, mit Namen für die Dinge, die es in der Welt gibt. Sie wurden in der frühesten für uns noch sichtbaren Phase des Urindogermanischen nicht gebeugt, wie wir es heute im Deutschen tun, also in Fälle gesetzt oder in den Plural: *der Ball, des Balls, die Bälle.* Jedenfalls nicht so, wie es wenig später der Fall war und bis heute ist.

Diese allerältesten Wörter endeten vornehmlich auf *·r* – nicht nur die Verwandtschaftsausdrücke, die wir gerade angesehen haben, sondern auch Begriffe für Dinge wie *Feu·er* oder *Wass·er.* Welche Rolle dieses *·r* spielte, liegt im Dunkeln.

Dann kamen plötzlich neue Substantive auf, und sie kamen in Scharen. An ihnen ist ein Verhalten zu beobachten, das auch heute noch unsere Deklination ausmacht: Wo das Substantiv als Subjekt in einem Satz auftrat, das heißt als Satzgegenstand oder worüber man etwas sagt, erhielt es die Endung *·s.*

Sie ist die typische Nominativendung im Indogermanischen, man findet sie in lateinisch *amīcu·s* (Freund), in griechisch *phílo·s* (Freund) und in *Asterik·s* und *Obelik·s.* Auch bei den Goten hieß der Stein noch *stain·s.* In den westgermanischen Sprachen hingegen, dem Deutschen, dem Englischen, dem Niederländischen und dem Friesischen, ist diese Endung seit langem geschwunden: urgermanisch *daga·s* → gotisch *dag·s,* aber althochdeutsch schon *tag* und daraus *der Tag.*

Im Lateinischen ist die Endung *·(u)s* das typische Zeichen für maskuline Substantive und Männernamen, die Endung *·a* das Zeichen für Feminina und Frauennamen, wie man an dem verruchten Römer Clōdius und seiner skandalösen Schwester Clōdia Quarta sieht.

Nicht immer allerdings: Ein *cani·s bonu·s* ist ein braver Hund, eine *cani·s bon·a* eine brave Hündin. Die *Sphink·s* von Ödipus ist feminin, weil sich die Griechen ein garstiges Ungeheuer nur in Gestalt ihrer eigenen Ehefrau vorstellen konnten. Der *Sphink·s* von Gizeh stellt dagegen König Cheops, vor dessen Pyramide das Monument steht, in Gestalt eines Löwen dar.

Zurück zum Urindogermanischen: In dieser zweiten Phase gibt es noch keine Geschlechter. Alle Substantive endeten auf *·s,* wenn sie als Subjekt fungierten, ganz gleich was sie bezeichneten. Das wirft die Frage auf, warum diese Kennzeichnung plötzlich notwendig wurde. Engländer und Italiener leben ganz formidabel ohne solche Schnörkel an ihren Substantiven und wissen stets auf Anhieb, welches Substantiv in einem Satz das Subjekt ist und welches das Objekt.

Das verdanken sie dem starren Satzbau, in dem das Subjekt immer an derselben Stelle erscheint. Bei den Urindogermanen haben wir Grund zu glauben, dass sich beim Satzbau kurz zuvor etwas getan hatte: Sätze mit nur einem Substantiv wurden mit Sätzen mit mehreren Substantiven zu einem neuen Satzschema vereint.

Bei einem Satz mit mehreren Substantiven wurde das Subjekt gekennzeichnet, zum Beispiel *ghósti·s* (Fremder), woraus unser *Gast* entstanden ist, *chówi·s* (Schaf), *chrtkó·s* (Bär), woher lateinisch *ursu·s* und griechisch *árkto·s* stammen. Nach dem ist die Arktis benannt, weil sie von Griechenland aus in Richtung des Sternbilds des Großen Bären liegt. Weitere Beispiele sind *séuchnu·s* (Sohn), *wichró·s* (Kräftiger), woraus lateinisch *vĭr* (Mann) entstanden ist. In unserem *Werwolf* steckt es ebenfalls, einem Wesen, das zur einen Hälfte aus Mann, zur anderen aus Wolf besteht. Auch der Wolf begann einst als s-Wort: *wlkwó·s.*

Zwischen Mann und Frau hat man bei s-Wörtern nicht unterschieden. Wir stecken gerade knietief in Grammatik und wissen bereits, dass das Sprachzentrum des Menschen solche Kategorien nicht versteht. Deshalb sind auch Frauenbezeichnungen s-Wörter, zum Beispiel lateinisch *genetrik·s* (Erzeugerin) oder gotisch *qen·s* (Frau). In England wird nur noch die Königin in dieser Weise als Frau *(Queen)* bezeichnet, alle gewöhnlichen Engländerinnen sind inzwischen Weibsmenschen *(women).*

Im Deutschen wurde die alte *quena* schon vor einem Jahrtausend von *Weib* und *Frau* verdrängt, man findet sie nur noch beim *Gynäkologen,* in dessen Namen sie in der griechischen Variante vorne drinsteckt: *gyné* wie in *misogyn* (frauenfeindlich) oder *androgyn* (männlich-weiblich). In Schweden ist die Frau dagegen heute noch *kvinna,* in Island *kona* und in Russland *ženja.* All diese Wörter gehen auf das Urwort *gwen* (Frau) zurück.

JUGÓ·M, DAS JOCH Einige Wörter bezeichneten allerdings Dinge, die damals nicht Akteur einer Handlung sein konnten, die sich auf etwas anderes als Objekt richtete.

Eine Leber zum Beispiel. Sie ist eines der uralten r-Wörter: *jékwr.* Was kann eine Leber schon großartig unternehmen, sie sitzt schließlich fest! Urindogermanen bekamen sie nur beim Ausweiden von Tieren zu Gesicht.

Eine Leber kann schwellen, rötlich glänzen, glibbern oder lecker schmecken. Das sind alles Aussagen, die kein zweites Substantiv im Satz erfordern. Wo eine Leber in einer Aussage mit einem anderen Substantiv vorkommt, muss sie zwangsläufig das Objekt sein:

- Frau zerschneidet/brät/isst Leber!

Die Leber kann unmöglich die Frau essen. Weshalb das Leberwort aus schierem Mangel an Gelegenheit nie in der s-Form erscheint.

Auf keinen Fall darf man an dieser Stelle herumphilosophieren und den Urindogermanen ein Motiv unterjubeln, wie es früheren Forschern passiert ist. Das hat den s-Wörtern die englische Bezeichnung Animates eingehandelt. Sie unterstellt, die Endung wäre absichtlich an Wörter angehängt worden, die etwas Belebtes bezeichnen. Eine Analyse des urindogermanischen Wortschatzes entlarvt diese Annahme als Unsinn.

Die s-Wörter treten nur mit der Endung auf, wenn sie Subjekt sind. Wo sie nur erwähnt oder ausgerufen werden, fehlt sie. Daraus ist im Lateinischen der Anrufefall (Vokativ) entstanden:

- Marcu·s est amīcu·s meu·s. Marcus ist mein Freund.
  Marce·0, amīce·0 mi·0! Marcus, mein Freund!

Das Zeichen ·0 steht hier und generell für Endungslosigkeit.

Noch eine andere Gruppe von Wörtern tritt nie als s-Wort auf, und mit ihnen nimmt das Genus seinen Anfang: Es sind Substantivierungen von Verben, die das Ergebnis einer Tätigkeit bezeichnen.

Ein Beispiel: Die Verbalwurzel *jeug·* bezeichnete das Verknüpfen, Verbinden und Anschirren als Tätigkeit. Statt eine Personenendung an diese Wurzel anzuhängen und eine echte Verbform wie *ich verknüpf·e* daraus zu machen, konnte man auch die Endung *·m* anhängen und erhielt das Substantiv *jugó·m.* (Ignorieren Sie bitte, wenn Vokale erscheinen und wieder verschwinden.) Es bezeichnete das Ergebnis des Verknüpfens, Verbindens und Anschirrens, also die Verknüpfung, die Verbindung oder das Geschirre.

Solche Bildungen kamen nicht als s-Form im Subjekt vor, weil sie erst als Objekt zu dem wurden, was sie waren. Sie fanden sich nur in Sätzen, die ihre Entstehung beschrieben.

▸ Ich brate einen Braten.

Auch unser Perfekt ist so entstanden:

▸ ich habe ein Geschirrtes → ich habe geschirrt
ich habe ein Gebackenes → ich habe gebacken

Im Sprachzentrum der Urindogermanen ergab sich eine simple Regel: Wo ein m-Wort erklang, war es das Objekt des Satzes.

Ist es verwunderlich, dass bald auch die s-Wörter in der m-Form erschienen, wo sie als Objekt gebraucht wurden? Wenn *der* Wolf ein Schaf frisst, heißt er *wlkwó·s,* wenn der Wachhund *den* Wolf vertreibt, heißt der Wolf *wlkwó·m.*

DER WEG ZUM DINGSBUMS Die reinen m-Wörter wie *jugó·m* bezeichneten das abstrakte Ergebnis einer einzelnen und bestimmten Handlung: die Verknüpfung, das Geschirre im Einzelfall.

Bald machten die Urindogermanen zivilisatorische Fortschritte. Das führte dazu, dass das Ergebnis solcher Handlungen nicht mehr nur abstrakt war, sondern nicht selten zugleich in einem Gegenstand mündete – sei es ein Werkzeug oder ein Produkt wie der *Braten* im deutschen Vergleichsbeispiel von soeben, den wir heutzutage auch als Subjekt verwenden können: *Der Braten schmeckt lecker und entzückt meine Zunge.*

Genau das war bei *jugó·m* der Fall. Was abstrakt eine Verknüpfung als Ergebnis des Verknüpfens ist, ist als Gegenstand ein Joch: urindogermanisch *jugó·m* → urgermanisch *juka·n* → deutsch *Joch*. Es handelte sich dabei um eine Schlinge, mit der man Rinder anschirrt.

Sobald *jugó·m* den Gegenstand bezeichnete, wollte man es auch einmal als Subjekt verwenden. Nahe läge da, es in dieser Rolle zu einem s-Wort *jugó·s* zu machen. Dann bliebe alles schön ordentlich: die s-Form als Subjekt, die m-Form als Objekt.

Das war aber nicht möglich, denn erst die m-Form hatte aus einer Verbalhandlung ein Substantiv gemacht, das das Ergebnis der Handlung beschrieb. Hätte man das *·m* wieder weggenommen, wäre damit das Ergebnis verschwunden.

Es blieb den Urindogermanen nichts anderes übrig, als die m-Form für das Subjekt zu verwenden, und das tat man bald darauf auch bei den uralten r-Wörtern:

	S-WÖRTER	M-WÖRTER	R-WÖRTER
Subjekt	wlkwó·s	jugó·m	jékw·r
Objekt	wlkwó·m	jugó·m	jékw·r
	Wolf	*Joch*	*Leber*

Von diesem Augenblick an gab es keine Einheitsdeklination mehr, sondern zwei Deklinationsklassen: eine Standardklasse und eine spezielle für die vielen m-Wörter und die wenigen alten r-Wörter, die erst zusammen mit den m-Wörtern subjektfähig geworden waren.

Die Standardklasse (s-Wörter) wird später in einem perfiden Irrtum Maskulinum genannt werden – nach lateinisch *mās*, das ursprünglich nur den Penis bezeichnete und auch in *masturbieren* (sein Glied rubbeln) und vielleicht in *Mast* als Stange steckt, dann aber metonymisch auf den unerheblichen Rest ausgeweitet wurde, der noch am Penis dranhängt und so den Mann oder männliche Tiere als Männchen bezeichnet. Im Spanischen wurde daraus *Macho,* ein sprechender Penis.

Dabei haben nur ganz wenige Mitglieder der Penisklasse einen Penis. Auch das sächliche Geschlecht oder Neutrum umfasst nur Sachen, die wie das Joch nach ihrem Herstellungsprozess benannt sind oder wie *Feuer* und *Wasser* in die allerfrüheste Zeit zurückreichen. *Der Stein, der Knopf* und *der Löffel* sind wie die meisten Sachen keine m-Bildungen und deshalb maskulin.

Jetzt liegt zutage, auf welche Abwege uns unser Verstand bringt. Die Wirklichkeit ist nicht aus Menschenmotiven gemacht. In unserem Genom gibt es kein Nasen-Gen mit der Aufgabe, ein Riechorgan zu erschaffen. Es hat keinen Schimmer, was eine Nase ist und welchen Dienst sie uns leistet. Es besteht aus Nukleotiden, und wir sind das Produkt chemikalisch determinierten Verhaltens dieser Nukleotide. Wenn wir in unserem Gesicht eine Nase erkennen und sie mit dem Zweck des Riechens verbinden, findet das allein in unserem Verstand statt.

Auch die Elemente der Sprache folgen blind einem formalen Pfad. Darum benutzen die neutralen Substantive heute noch in allen indogermanischen Sprachen für Subjekt und Objekt dieselbe Form:

	STANDARD	NEUTRUM
Deutsch	de·r Freund	da·s Joch
	de·n Freund	da·s Joch
Lateinisch	amicu·s (Freund)	iugu·m (Joch)
	amicu·m (den Freund)	iugu·m (das Joch)
Griechisch	phílo·s (Freund)	zygó·n (Joch)
	phílo·n (den Freund)	zygó·n (das Joch)
Gotisch	stain·s (Stein)	juk·∅ (Joch)
	stain·∅ (den Stein)	juk·∅ (das Joch)

Für die Fürwörter gilt das Gleiche:

	STANDARD	NEUTRUM
Deutsch	e·r	e·s
	ih·n	e·s
Lateinisch	i·s	i·d
	eu·m	i·d

Hier hat das Neutrum allerdings nicht die Endung *·m,* weil Fürwörter nicht das Ergebnis einer Handlung sind. Ihre Endung lautet *·d.* Im Lateinischen ist sie so erhalten, im Germanischen wurde sie zunächst zu *·t:* englisch *i·t,* niederdeutsch *e·t kütt, wie e·t kütt* (es kommt, wie es kommt). Im Hochdeutschen gab es eine weitere Verschiebung zu *·s: e·s, da·s, wa·s.*

ZURÜCK ZUM KAMASUTRA! Ausgerechnet der Begriff *Genus* passt nicht in unser Schema. Es endet zwar auf *·s,* ist jedoch im Deutschen und auch im Lateinischen neutral. Hier ist *·s* gar keine Endung, sondern ein Wortbildungselement (Suffix), das wie einst *·m* fest zum Wortstamm gehört und dasselbe verrichtet wie die Klammerform *Ge·… ·t* in *Ge·schlech·t.*

Geschlecht ist, was vom selben Schlag ist. Lateinisch *genus* ist, was aus demselben Ursprung entstanden ist. Dieselbe Wurzel *gench·* (entstehen) steckt auch in dem m-Wort *Kind* (was entsteht → Nachwuchs), in englisch *kind* (Art) wie in *mankind* (Menschengeschlecht) und *Genesis* (die Entstehung).

Wie falsch die Annahme von einem Männer- und einem Frauengenus ist, zeigen uns die beiden Protagonisten aus dem indischen Kamasutra:

	STANDARD	NEUTRUM
Indisch	yóni·s (Scheide)	linga·m (Penis)
	yóni·m	linga·m

Die weibliche Scheide *yóni·s* ist ein s-Wort und im Indischen maskulin. Sie ist wie das Joch von der Wurzel *jeug·* (anschirren, verbinden) abgeleitet, bezeichnet als s-Wort aber nicht das Ergebnis der Handlung, sondern den Täter: Die Scheide ist ein Festhalter. Sie hält nicht nur den Penis fest, sondern als Mutterschoß auch den Fötus.

Rechts daneben das Peniswort *linga·m:* Es ist ein m-Wort und im Indischen Neutrum, weil es das Ergebnis der Handlung des Zeichnens ist, also ein Zeichen und in diesem Fall das Merkmal, an dem man einen Mann erkennt.

Um reinen Zufall handelt es sich hingegen, dass bei uns im Deutschen *Scheide* weiblich und *Penis* männlich ist. Der wird ja auch als *das Glied* bezeichnet, und eine Scheide kann auch eine Wasserscheide sein, denn *Scheide* ist das Abstraktum zu *scheiden* und bedeutet grundsätzlich ›Scheidung, Trennung, Abschied‹.

Die Geschlechtsmerkmale von Mann und Frau stehen nie in denkerischem Bezug zum grammatischen Geschlecht. Für sie gibt es überhaupt keine originären Namen, sondern nur Umschreibungen.

Tabuisiert wird das Geschlechtsteil im Alltag mit benachbarten Körperteilen wie dem Hintern *(Stippelfött, Hundsfött* und *Fotze)* oder ähnlich geformten Körperteilen wie dem Finger *(der elfte dūme)* oder den Lippen des Mundes: schwedisch *puss* (schmatzendes Küsschen) und englisch *pussy.* Ein Fotzenspengler ist im Bairischen kein Gynäkologe, sondern ein Kieferorthopäde.

Maskulina ergeben sich, wenn das Geschlechtsteil als Akteur auftritt. Nur selten handelt es sich bei diesem Akteur um einen Provokateur: *der elfte dūme, mīn geselle.* Der führt meist eine arglose Handlung aus: Der Yonis hält fest, der lateinische *cunnu·s* ist wohl ein Dicker in Bezug auf die Schamlippen und kann in anderen Sprachen für den Hintern stehen.

Neutra ergeben sich in gehobener Sprache, wo durch Abstraktion tabuisiert wird: *das Gemächt* sowie englisch *cunt* (›Geschlecht‹ für die Scheide), das auch im Deutschen bis vor kurzem als *Künne* die Geschlechtsorgane von Mann und Frau bezeichnete. Wie gediegen dieser Ausdruck war, ermisst man an englisch *mankind* für das Menschengeschlecht. Auch alle Feminina sind sprachlich Abstraktionen: *die Scham.*

Das perfekte System

Ehe wir Zeuge der Geburt des Femininums werden, wollen wir uns klarmachen, was da gerade im Urindogermanischen entstanden ist. Das System funktioniert nämlich nach wie vor unverändert in unserer Sprache, dem Deutschen. Es ist asymmetrisch wie das Licht beschaffen. Es gibt nicht Licht im Gegensatz zum Dunkel, sondern nur Licht. An der einen Stelle ist mehr davon, an der anderen weniger.

Es gibt ein Standardgenus, in das alle Substantive von ihrer Entstehung an geraten, wenn sie nicht die Bedingungen für die spezielle Klasse der m-Wörter (Neutra) erfüllen: Sie müssen das Ergebnis einer Handlung bezeichnen oder eine Sache, die dabei als dingliches Produkt entsteht.

Das Leid ist, was man leidet. Das Dach ist, was man deckt. Das Geschlecht ist, was vom selben Schlag ist.

Aus der urindogermanischen Verbalwurzel *werdh·* mit der Bedeutung ›sagen‹ lässt sich das m-Wort *werdho·m* ableiten. Es bezeichnet das Ergebnis des Sagens: urindogermanisch *werdho·m* → deutsch *Wort;* lateinisch *verbu·m.* Das Wort ist, was man sagt.

Das *factu·m* ist im Lateinischen, was *gemacht (făcĕre)* wird. Ins Deutsche entlehnt bleibt *das Faktum* zwar sächlich, weil wir in unserem Verstand wissen, dass m-Wörter im Lateinischen sächlich sind, und uns nicht lumpen lassen wollen. Sobald die Endung aber schwindet, sind die Bedingungen für das Neutrum im Deutschen nicht mehr erfüllt. Unser Sprachzentrum kennt das lateinische Verbum *făcĕre* (machen) nicht und kann *Fakt* nicht für das Ergebnis einer Handlung halten, wie es die Römer taten. Das Wort purzelt ins Standardgenus: der Fakt.

Im Lateinischen ist *templu·m* ein m-Wort. Es bezeichnet zunächst das abstrakte Ergebnis der Handlung des Abteilens und Absteckens. Was da abgesteckt wurde, war ein heiliger Bezirk, in dem Götter lebten und verehrt wurden. Im Frühmittelalter wurde die Vokabel von lateinkundigen Mönchen ins Deutsche entlehnt, und zwar als Neutrum, weil es auch im Lateinischen sächlich war.

Das hielt so lange, bis es zum ersten Mal in den Mund eines Deutschen ohne Lateinkenntnisse geriet. Im Althochdeutschen erfüllte *tempal* die Bedingungen für das Neutrum nicht. Das Ergebnis kennen Sie: der Tempel.

So erging es zahlreichen Neutra, die aus dem Lateinischen ins Deutsche entlehnt wurden:

- speculum (was man späht) → der Spiegel
  pūnctum (was man sticht) → der Punkt
  pīlum (Stampfding, Mörser → Speer) → der Pfeil
  vallum (was man mit Pfählen abschirmt) → der Wall
  scandălum → der Skandal
  villāre (zum Herrenhof Gehörendes) → der Weiler

Gaumenfreuden aus fernen Ländern waren bei den Römern auch Produkte und deshalb Neutra:

- vīnum → der Wein
  cumīnum → der Kümmel
  cinnamum → der Zimt
  sēsamum → der Sesam

Sie werden nach der Entlehnung ins Deutsche und dem Abfallen der Endung zu Maskulina. Das gilt selbstverständlich auch für den Liebling unserer Zeit, den Kaffee! Obwohl sein Name über das genuslose Türkische in unsere Gefilde vorgedrungen ist, ist er im Dreieck zwischen Reykjavík, Sizilien und Moskau allerorten maskulin.

Im Lateinischen waren Neutra auf *-ārium* beliebt, mit denen sich Dinge benennen ließen, die einem gewissen Zweck dienten. Gerieten sie früh im Mittelalter in den deutschen Alltagsgebrauch, wurden aus ihnen Maskulina:

- vīvārium (Biotop, Fischteich, Aquarium) → der Weiher
  cellārium → der Keller
  spīcārium (Instrument für Ähren) → der Speicher
  sōlārium → der Söller (obere Etage eines Hauses
  mit Sonnenlicht)
  bicārium → der Becher
  mortārium → der Mörser

Umgekehrt wurde französisch *le cliché* im Deutschen *das Klischee,* weil es die Voraussetzung für das Neutrum erfüllt: Ein Klischee ist, was abgegriffen wird.

Das asymmetrische System

Ein System ist für uns nicht mehr zu verkennen. Bei der klassischen Annahme war das noch ganz anders. Für sie ist das Genus der Substantive völlig durcheinander und in Unordnung. Zu diesem Eindruck gelangt man, wenn der ungesunde Menschenverstand eine falsche Ordnung unterstellt.

Er nimmt an, dass alle drei Geschlechter spezifisch wären: Ins Maskulinum gehörte ursprünglich alles, was männlich ist, ins Femininum, was ausdrücklich weiblich ist, und ins Neutrum alle ausdrücklich toten Dinge.

Ein solches Genussystem ist nicht möglich. Es würde ja voraussetzen, dass sich die hundert Millionen Sprecher des Deutschen für jedes neue Wort erst jeder für sich im Verstand überlegten, von welcher Natur das Bezeichnete ist, und sich dann einhellig untereinander auf ein Genus einigten. Dabei können sich diese hundert Millionen Menschen nicht einmal darauf einigen, gemeinsam in einem Staat zu leben, und die Bundesdeutschen nicht einmal darauf, wo in Deutschland der beste Fußball gespielt wird oder wer das Land regieren soll.

Wir kämen zu nichts anderem mehr und würden dauernd im Zerwürfnis enden. Scharenweise lägen neue Wörter ohne Genus brach. Es hat aber in der Wirklichkeit nie ein Substantiv ohne Genus gegeben.

Auch das biologische Geschlecht ist asymmetrisch, andernfalls wären wir schon vor anderthalb Milliarden Jahren ausgestorben. So alt ist die Sache mit Mann und Frau nämlich schon. Sie entstand mit den Vielzellern und dient nur einem Ziel: bei der Anpassung an die Lebensbedingungen nicht ins Hintertreffen gegenüber den Einzellern zu geraten.

Einzeller und Viren sind bei der Fortentwicklung ihrer Art auf den Zufall oder natürliche Auslese angewiesen. Wenn zwei Viren dieselbe Zelle befallen, heißt es in Katastrophenfilmen, *das* Virus sei mutiert – zumindest wenn es jemand in einem weißen Kittel sagt, der gern à la latinoise spricht, denn im Lateinischen ist *vīrus* ein Neutrum wie *genus: vīrus* (was fließt → Schleim → Gift).

Germania ist es egal, welches Genus ein Wort in der Ursprungssprache hatte. Für sie liegt das Kriterium für das Neutrum im Dunkeln, deshalb gehört das Wort in der Allgemeinsprache ins Standardgenus: *der Virus.*

Bakterien sind auf törichte Hygienemaßnahmen angewiesen, zum Beispiel darauf, dass Sie sich Ihre Hände desinfizieren und dabei nur solche Bakterien übrig bleiben, die gegen das Desinfektionsmittel resistent sind.

Die Seltenheit solcher Ereignisse machen Einzeller durch ihre ungeheure Menge und ihre Geschwindigkeit bei der Vermehrung wett. Ehe wir eine Bulette aufgegessen haben, werden die Bakterien in unserem Darm schon von ihren Enkeln abgelöst.

Ein Menschenweibchen kann in seinem Leben nicht mehr als dreißig Kinder zur Welt bringen, und das auch nur, wenn es sein Leben in der Horizontalen verbringt und sich dabei mit Situps in Form hält. Wir Vielzeller brauchen also einen Weg, uns bei unserer langsamen Vervielfältigung mit jeder Generation möglichst stark zu verändern und mit dem steten Wandel der Lebensbedingungen Schritt zu halten.

Geschlecht ist nichts anderes als eine Fallunterscheidung in Individuen mit großen und solchen mit kleinen Eizellen. Die großen sind aufwendig und liebevoll ausgestattet, lassen sich deshalb aber nur in begrenzter Menge herstellen und sind schwerer zu transportieren. Die Träger großer Eizellen (Frauen) sind deshalb immobil und harren an Ort und Stelle auf die Ankunft eines Trägers kleiner Eizellen (Männer). Die sind nicht nur kleiner, sondern auch einfacher in der Ausführung, so dass sie sich in unendlicher Fülle herstellen und überall verteilen lassen.

Kleine und große Eizellen müssen einander für die Befruchtung finden. Die Erbanlagen einer Population werden so am besten durchmischt.

Wie entscheidet sich, ob eine befruchtete Eizelle zur Frau oder zum Mann wird? Es wird zum Glück keine Entscheidung zwischen den beiden Geschlechtern getroffen. Im Leben geht bekanntlich immer etwas schief. Warum nicht auch gleich am Anfang? Es müsste hin und wieder ein Mensch ohne Geschlechtsorgane das Licht der Welt erblicken, der untenherum wie eine Playmobilfigur aussieht. Das ist nie vorgekommen.

Jede befruchtete Eizelle ist eine Frau und wird als Frau zur Welt kommen, wenn nicht ein spezielles Kriterium erfüllt ist: Im Genom findet sich eine SRY-Sequenz. Es handelt sich um den Bauplan für einen Hoden, eine mobile Fabrik, die später ständig kleine Eizellen herstellen wird.

Entsteht ein Hoden, wird die Herstellung großer Eizellen noch im Mutterleib abgebrochen. Aus der Frau entsteht ein Mann. Wenn dabei etwas schiefgeht, erblickt ein Mensch mit den Merkmalen beider Geschlechter das Licht der Welt. Solchen Menschen begegnen Sie auf dem Weg zur Arbeit jeden Tag.

Beim Menschen ist die Frau das Standardgeschlecht und der Mann das Spezifikum. In der Grammatik sind die s-Wörter (Maskulinum) das Standardgenus und die beiden anderen spezifisch.

Wie neue Wörter ihr Genus erhalten

Stoßen wir auf ein Substantiv, von dem wir nie gehört haben und mit dem wir nichts anfangen können, erhält es das Standardgenus: *der Unimog* oder *der Blunschli.* Wenn Sie nicht wissen, was ein Blunschli ist, fragen Sie einen Wiener. Die haben immer einen in der Tasche und zeigen ihn auf Verlangen gerne vor.

So verhielt es sich auch bei *Jogurt,* das aus dem genuslosen Türkischen entlehnt ist und nicht die spezifischen Kriterien von Neutrum und Femininum erfüllt. Das Wort bleibt im Standardgenus.

In der Fülle entlehnen wir jedoch aus Sprachen, die wir selbst beherrschen und bewundern. Einst bewunderten wir das Lateinische, dann das Französische und heute das Englische. Solche Entlehnungen sind motiviert. Sie werden von Individuen als Willensakt ins Deutsche verpflanzt, um ein existierendes Wort durch eine Entlehnung aufzupeppen.

Wem ordinäres *Papier* nicht reicht, der schöpft *Paper* aus dem Englischen. *Paper* ersetzt *Papier* in der Bedeutung, wie wir es im Singular mit unbestimmtem Artikel *(ein Papier)* oder im Plural gebrauchen: »Ihre Papiere bitte!« Beim Paper kommt es allein darauf an, was auf dem Papier steht. Es ist eine schriftliche Darlegung.

In solchen Fällen tritt ein neues Wort an die Stelle eines bestehenden und übernimmt dabei sein Genus:

- im 19. Jahrhundert: *ein Papier → ein Exposé*
- im 20. Jahrhundert: *ein Papier → ein Paper*

Dieses Genus ist Teil des Willensaktes und motiviert. Dagegen ist das Sprachzentrum zunächst machtlos. Seine Mechanismen greifen erst, wenn das Motiv schwindet. Es wartet geduldig darauf, so wie die Gravitation geduldig darauf wartet, dass bei einem Flugzeug die Triebwerke ausfallen. Wenn dann nicht die spezifischen Kriterien für das Neutrum oder das Femininum erfüllt werden, endet das Wort wie *der Tempel* im Standardgenus.

DER ODER DAS BLOG? Welcher Teil unseres Gehirns steuert unsere Füße, wenn wir eine lange Treppe hinabrennen? Unser Verstand stellt sich die Frage meist auf den letzten Stufen und entreißt in diesem Augenblick dem unbewussten Gehzentrum im Gehirn die Kontrolle. Im nächsten Augenblick straucheln wir.

Auch das unbewusste Atemzentrum überschreibt unser Verstand manchmal, zum Beispiel im Yogaunterricht, wo man uns zeigt, wie wir unseren unharmonischen Atemrhythmus mit Übungen harmonisieren können. Nach wenigen Minuten breitet sich in uns das erhabene Gefühl aus, das der Dalai Lama den ganzen Tag spüren muss! Hoffentlich nicht, denn das erhabene Gefühl ist über wenige Minuten hinaus absolut tödlich. Zum Glück besitzt unser Körper einen Notschalter, mit dem er unseren Verstand ausschalten kann und den Austausch von Kohlendioxid und Sauerstoff der qualifizierten Instanz zurückgibt. Leider gibt es keinen Notschalter, der uns ohnmächtig werden lässt, wenn wir dabei sind, uns um Kopf und Kragen zu reden!

Wer dem Verstand folgt, liegt meist falsch.
Denn wer ist schon allwissend?
Wer dem Sprachzentrum folgt, kann nicht irren.
Deutsch ist, wie das Sprachzentrum ungestört spricht.

Ein junges Beispiel ist *Blog.* Dieser Begriff wurde zur Jahrtausendwende von Deutschen entlehnt, die dank Internet in der Welt zu Hause sind, und ist in diesen Kreisen bis heute ein Neutrum: *das Blog.*

In diesem Fall wirkt ein besonderer Irrtum: Die Urheber nehmen an, im Englischen wären alle Substantive, an deren Stelle das Pronomen *it* stehen kann, Neutra und deshalb als Neutra einzudeutschen.

Dieses Motiv ist so stark, wie es falsch ist. *Das Blog* kann sich nicht nach dem Genus im Englischen richten, weil es dort kein Genus gibt. Seitdem es verschwunden ist, richten sich *he, she* und *it* nach dem natürlichen Geschlecht. Im Gegensatz zum deutschen Genus.

Stellt man diesen Einwand zurück, bleibt das Neutrum dennoch falsch. Die heutigen Einheitsendungen – *car, car's* (Genitiv), *five cars* (Mehrzahl) – sind die Endungen des ehemaligen Maskulinums. Aus formaler Sicht sind heute alle Substantive im Englischen maskulin. Das verwundert uns nicht: Nur das Standardgenus kann Standardendungen liefern. Als das Genus auszusterben begann, trieben alle Hauptwörter dorthin.

Nur in der Wissenschaft ist es üblich, fremdländische Begriffe als fremdländische Vokabeln zu zitieren. Wohlgemerkt: zitieren und nicht benutzen!

Wer in der Wissenschaft über das Parteiensystem in Frankreich parliert, wird von *dem Front national* und *dem Parti socialiste* sprechen (mit Originalaussprache und beim Schreiben mit Originalorthografie und Kursivierung), weil es im Französischen *le front* (die Front) und *le parti* (die Partei) heißt. Den Lesern solcher Texte bereiten das Französische und das Originalgenus keine Schwierigkeiten.

Außerhalb der Wissenschaft, wo man sich wie im Journalismus an die Allgemeinheit richtet, hat diese Praxis nichts zu suchen. Konsequent durchgeführt würde das nämlich so aussehen:

- Heute haben sich the President of the United States of America mit президент Российской Федерации im Rathaus Reykjavíkur auf Íslandi getroffen. Etwa dreihundert Reykvíkingur demonstrierten vor dem Gebäude.

Die Einwohner von Reykjavík nennen sich mit derselben Authentizität Reykvíkingur, mit der sich die französische Rechtspartei le Front national nennt. Und wo soll man mit dem Wechseln in fremde Sprachen aufhören? Etwa schon beim russischen Präsidenten und der Hauptstadt Islands? Hat denn der Bürgermeister von Shanghai kein Recht, seinen Namen in einer deutschen Zeitung in chinesischen Schriftzeichen geschrieben zu sehen?

Auf unseren ungesunden Menschenverstand wirkt diese Praxis zwar weltgewandt, tatsächlich ist sie aber hinterwäldlerisch, weil wir uns damit jedesmal, wenn wir in die Fremde blicken, besondere Umstände machen. Da wir Deutsche im Herzen Europas leben und seit jeher mit Fremdem umgehen, ist das Deutsche auf diesen Umgang optimiert: Die Aussprache und Grammatik des Deutschen kann jedes beliebige Wort aus einer fremden Sprache augenblicklich eindeutschen und in einem Satz verwenden, ohne dass seine Sprecher dabei nachdenken oder Sachwissen anwenden müssen: *die Front national.* Wie das geht, werden wir uns in einem späteren Kapitel ansehen. Hier reicht uns die Beobachtung, dass Journalisten die Fremdgrammatik nur zu dem Zweck anbringen, mit Weltgewandtheit und Bildung zu glänzen.

Wenn ein neuer Papst gewählt wird, sprechen die Zeitungen zwei Wochen lang von nichts anderem als dem Konklave. Wer dieses Wort zum ersten Mal hört, wird es feminin verwenden *(die Konklave).* Das ist es, was unser unfehlbares Sprachzentrum davon hält. Journalisten möchten aber ihre Bildung unter Beweis stellen: Weil das Wort im Lateinischen ein Neutrum ist, sprechen sie von *dem Konklave,* in der Mehrzahl allerdings von *Konklaven,* ohne zu bemerken, dass das der weiblich Plural ist *(eine Konklave → zwei Konklaven);* der neutrale Plural würde *Konklavien* lauten, so wie wir auch von Materialien und Prinzipien und nicht von Materialen und Prinzipen sprechen.

Dummerweise ist das Lateinische aber gar nicht die Quelle der deutschen *Konklave* mit K. Sie stammt aus dem Italienischen, wo es ausgerechnet das Neutrum nicht gibt. Wenn man im selben Text noch *das Pontifikat* nach seinem Sprachgefühl als Neutrum gebraucht, ist der Gaukel ganz dahin, denn im Lateinischen ist *pontificātu·s,* die Würde eines Pontifex oder später eines Bischofs, maskulin.

Wer auf sein Sprachzentrum hört, kann sich nicht lächerlich machen. Es schert sich nicht darum, woher ein Wort stammt und wie es entstanden ist.

Sobald jemand *Blog* oder *Konklave* in einem deutschen Satz verwendet und angemessen großschreibt, handelt es sich um ein deutsches Wort, das ganz und gar der deutschen Grammatik unterliegt.

HE TALKS THE TALK, BUT DOES HE WALK THE WALK?

Sehen wir uns an, was unser Sprachzentrum mit Wörtern macht, die aus dem genuslosen Englischen entlehnt werden:

der Thread *der Flow* der Hack der Like
der Sprit der Hoax der Pin der Code
der Pagerank *der Joke*
der Job **der Hype** *der Split* der Store
der Chip der Safe DER GIG
der Request der Crash *der Assist*
DER THRILL **der Hit** der Tray der Boot
der Cache *der Punch* DER FUN *der Leak* der Flash
der Hoax *der Overkill* **der Score**
der Scalp **der Spin** *der Dip* der Tweet
der Touch
der Track

und viele, viele mehr.

Heute kommen solche Wörter in Scharen zu uns, in einigen Milieus werden sie zu Dutzenden geschöpft und sind dort immer maskulin, im Pokerspiel zum Beispiel *(der Flop, der Raise, der Call, der Turn, der River, der Fold, der Jinx)* oder in der Werbebranche: *der Claim, der Lead* (Projektführung), *der Clutter* (was an Werbung auf den Konsumenten niederprasselt), *der Win, der Lag* (Zeitabschnitt zwischen der Veränderung einer Größe), *der Brand* (die

Marke), *der Chunk* (Schlüsselinformation bei der Kaufentscheidung).

Manchmal erfüllen Entlehnungen das Kriterium für das Neutrum, alle Wörter auf *-ing* zum Beispiel: *der Cast,* aber *das Casting.* Das Neutrum kann nämlich nicht nur das Ergebnis einer Handlung ausdrücken, sondern auch die Handlung selbst: *das Vorsprechen, das Casting.*

Der Grund dafür liegt im Wesen von Handlungen. Die meisten deutschen Verben benennen eine Tätigkeit, bei der ein Ergebnis hervorgebracht wird, das sich vom Anfang unterscheidet: Wer einschläft, ist zu Beginn der Handlung wach, am Ende schläft er. Wer kommt, ist erst weg und am Ende da. Wenn etwas verknüpft wird, war es vorher unverknüpft. Bei solchen Verben bezeichnet die m-Form im Urindogermanischen das Ergebnis: *jeug-* → *jugó-m.*

Bei anderen Verben wird nichts hervorgebracht. Wer schläft, schläft von Anfang bis Ende fortwährend und bricht die Handlung dann einfach ab. Wir fühlen uns zwar vor dem Schlafen müde und danach ausgeruht, aber dieser Wandel findet nicht auf der Ebene der Sprache statt und steckt nicht in dem Wort *schlafen.*

Auch solche Verben bildeten spätestens von da an m-Formen, wo m-Formen als Subjekt auftraten: *ret-* (sich drehen) → *rotó-m* (was sich dreht oder was gedreht wird) → *das Rad.*

Auch *Casting* und alle anderen *ing*-Formen benennen eine Handlung und sind wie der deutsche Infinitiv und andere Verbalsubstantive Neutra.

▸ Errāre hūmānu-m est. [Das] Irren ist menschlich.
Das Wandern ist des Müllers Lust.

Der *Smoking* gehört nicht dazu. Er sieht zwar aus, als würde geraucht, aber tatsächlich handelt es sich um einen Anzug. Deshalb gehört er im Deutschen wie *der Pudding* ins Standardgenus: *der Smoking.*

Wie *Casting* verhalten sich Entlehnungen, die wie *das Back-up* aus einem Verb, einem Bindestrich und einem Adverb bestehen. Auch sie beschreiben Handlungen: *Machen Sie regelmäßig ein Back-up, sonst erleben Sie ein Spin-of Ihres letzten bösen Wake-ups!*

Auch hier passt unser Sprachzentrum wieder gut auf: Der *Hang-over* sieht aus wie eine Handlung, ist aber ein schlimmer Zustand wie der bodenlose Fall. Deshalb ist er maskulin.

Der Situp ist zwar im Englischen das Verbalnomen zu *to sit up* (sich aufsetzen), aber im Deutschen nur als Fitnessübung für den Bauch bekannt. Wenn die englische Verbalsyntax nicht (mehr) zutage tritt, sollte ohne Bindestrich geschrieben werden, denn sein Zweck liegt darin, die Syntax aus zwei Wörtern *(sit up)* zu einem einzigen Wort zu verbinden.*

---

*Jeder Strich von der Länge eines Leerzeichens (-) hat immer die Funktion, etwas zu verbinden, was zusammengehört, aber aus äußeren Umständen nicht einfach zusammengeschrieben werden kann. Zum Beispiel am Ende einer Zeile: Hier verbindet der Strich, was durch den Zeilenumbruch getrennt wird.

Der längere Strich (—) tut übrigens das Gegenteil: Er trennt, was nebeneinandersteht, aber nicht zusammengehört. Er trennt zwei Gedanken (Gedankenstrich), als Streckenstrich trennt er zwei Orte *(Hamburg — München)* und als Minuszeichen trennt er zwei Zahlen. Semiotisch ist 3 — 2 als ›zwei getrennt von drei‹ zu verstehen. Hat man drei Äpfel und trennt zwei ab, hat man bloß noch einen.

Der Situp ist maskulin, weil ihn unser Sprachzentrum nicht als Aufsetzen begreift, sondern als Aufsetzer. Und nicht selten wird er von einem Ächzer begleitet.

DER SCHLUSS UND DAS SCHLOSS Das Schließen ist die Handlung des Schließens als Vorgang. Er endet in einem Ergebnis, das wir Schloss nennen. Das Schloss ist, was geschlossen oder verschlossen ist.

Der Schluss ist dagegen derjenige, der diese Handlung ausführt: Er ist ein Schließer. Erinnern wir uns daran, was wir ganz zu Beginn über s-Wörter herausgefunden haben: Sie dienen als Subjekt von Handlungen. Sie sind Aktanten und Akteure.

Diese Erkenntnis fällt uns leicht, wo der Akteur eine Person ist: Zum lateinischen *regĕre* ›lenken‹ gibt es das s-Wort *rēg·s (rēx)* ›Lenker‹, das wir gewöhnlich als ›König‹ übersetzen. Zu *dŭcĕre* ›führen‹ gibt es *dŭc·s (dŭx)* ›Führer‹.

Wo die Person fehlt, tut sich unser Verstand schwer, den Schluss als den zu verstehen, der schließt, oder gar den Fall als den, der einen fällt. Kein Wunder, wir blicken geradewegs durch den Outputschlitz ins Halbdunkel der verschlossenen Kiste und auf die Logik des Sprachzentrums: Ein Bäcker bäckt, doch welche Person verbirgt sich in *Fehler, Treffer, Schubser, Schluchzer, Schnäuzer* oder *Versprecher?*

Der indische Yonis ist einer, der festhält; der Ahorn ist wegen der Form seiner Blätter ein Spitzer: urindogermanisch *chék·r·no·s* ›Spitznischer‹ → urgermanisch *ahurnas* → *Ahorn.*

Der Halt ist einer, der hält (Subjekt). Das Gehalt ist dagegen, was gehalten wird. Es bezeichnet das Objekt und das Produkt des Erhaltens.

Der Rat berät. Der Vorgang und das Ergebnis des Beratens war einst das *gi·rat·i* ›Beratung‹. Beratung ist Hilfe und

Unterstützung. Doch welche Hilfe erwartete man im Mittelalter von Ratsleuten noch weit vor guten Ratschlägen? Dass sie Ausrüstung beitrugen! Pferde, Schwerter und Männer. Werfen Sie einmal einen Blick in die Ausrüstung Ihrer Küche. Sie ist voll von Geräten! Sollten Sie Appetit haben, mischt Ihnen Ihr Mischer gern ein Gemisch.

Wörter und Worte

Das Neutrum ist einer Beschränkung der m- und r-Wörter entsprungen: Sie traten zunächst nicht als Subjekt von Handlungen mit einem Objekt auf, solange sie Dinge bezeichneten, die nicht handeln konnten. Wasser etwa, ein altes r-Wort, konnte tief sein, fließen oder kochen, aber keinem etwas antun.

Das Femininum ging aus einer weiteren Beschränkung des Wassers hervor: Es kam nicht in der Mehrzahl vor, wie wir Mehrzahl heute verstehen: als Vielzahl aus zählbaren Einzelteilen – ein Auto, zwei Autos, drei Autos.

Im Deutschen bilden viele Wörter keinen Plural, *die Liebe* nicht, *der Hass* oder *die Herrschaft*. Auch *die Demokratie* bezeichnet die Demokratie im Abstrakten, *zwei Demokratien* dagegen zwei Staaten mit demokratischer Verfassung.

Wässer gibt es nur in der Werbepoesie von Getränkefirmen. Sie verstehen darunter allerdings Sorten von Tafelwasser und sprechen auch in der Einzahl nicht von Wasser, sondern von *einem* Wasser. In der Allgemeinsprache hat *Wasser* keinen Plural. Als Plural kennen wir nur ein oder zwei Gewässer.

Gewässer und andere Wörter, die mit der Klammerform *Ge·... ·(e)* gebildet sind, bezeichnen ebenfalls eine Form der Mehrzahl, nur ist es keine Vielzahl von einzelnen Dingen:

Gerede ist, was alles geredet wird. *Getränk* war ursprünglich, was man alles in ein Gefäß schüttete (tränkte). Und *Gefäß* ist, was alles gefasst wird.

Gebrüder sind nicht nur mehrere Brüder, wie sie in vielen Familien in der Mehrzahl vorkommen und sich nicht viel zu sagen haben. Um Gebrüder zu sein, müssen die Brüder wie die Gebrüder Grimm aneinanderkleben wie das Wasser in einem Gewässer und als Gespann auftreten. Brüder sind eine Mehrzahl, Gebrüder sind ein Kollektiv, das nach außen als Einheit auftritt.

Wenn wir von drei *Wörtern* sprechen, meinen wir drei einzelne Wörter. Daneben sprechen wir von *Worten.* Auch *Worte* bestehen aus Wörtern, sie verhalten sich jedoch nicht einzeln, sondern ergeben zusammen eine Aussage. Sie treten hier als Einheit auf, wie die einzelnen *Blätter* im Garten als das Laub.

Entstanden ist der Einzelteilplural auf *·er,* den nur das Deutsche kennt, im Mittelalter beim Vieh: bei den Rindern, den Hühnern, den Lämmern und anderen Viechern.

Rasch kamen die *Kinder* dazu. *Kind* ist, was als Nachwuchs entsteht (urindogermanisch *gench·* ›werden, entstehen‹), und bezeichnete ursprünglich als Neutrum den Nachwuchs als Kollektiv. Mit dem Einzelteilplural *Kinder* ließen sich die einzelnen Individuen des Nachwuchses als Mehrzahl darstellen.

Wir gebrauchen den Einzelteilplural bei vielen neutralen und einigen maskulinen Substantiven: *Hölzer* sind mehrere einzelne Dinger aus Holz oder Holzsorten, ebenso Gräser und Dächer. Dagegen sind *Gehölze* Kollektivbestände aus niedrigen Bäumen.

Unter *Schildern* verstehen wir mehrere einzelne Schilder, unter *Schilden* dagegen eine Schar aus Schildern, die als Einheit Schutz bieten. *Länder* sind mehrere einzelne Länder, *Lande* dagegen eine Landschaft, die kulturell oder sonst wie eine Einheit bildet. Wir sprechen von *Tüchern,* der Tuchhändler dagegen von *Tuchen,* denn er verkauft sie nicht einzeln, sondern von der Rolle. Zwei *Mal(e)* sind zweimal dasselbe, zwei *Denkmäler* sind zwei verschiedene.

Stehen bei Männern die *Dinge* schlecht, also alle Umstände als Einheit, helfen manchmal nicht einmal mehr zwei dicke *Dinger,* zwei saftige Steaks zum Beispiel oder die Möpse einer Frau. So weit kommt es allerdings selten. Apropos Männer! Alle *Mann* (aus *Mann·e*) an Bord!

ALLE FLIESST Eine solche Kollektivform war den uralten r-Wörtern eigen. Unser deutsches *Wasser* ist aus dem Singular hervorgegangen *(wód·r),* das griechische Wasserwort *hýdōr* dagegen aus der Kollektivform *(wedō·r).* Man findet es in vielen Fremdwörtern, im *Hydranten,* im *Hydrat* und in der *Hydraulik.* Aus Angst vor *Dehydrierung* nippen viele unserer Zeitgenossen ständig an einer Wasserflasche und werden dabei zur *Hydra,* einem Wasserwesen, das in unserer Sprache zu *Otter* geworden ist.

Auch m-Wörter wie *jugó·m* (was man verbindet) brachten eine Kollektivform hervor. Sie bezeichnete nicht mehr das abstrakte Ergebnis einer Einzelhandlung (das Geschirre), sondern die Handlung im Allgemeinen: Schirrerei im Großen und Ganzen und mit allem Hin und Her oder einfach die Schirrung. Um aus *jugó·m* die Kollektivform abzuleiten, wird *·m* durch *·a* ersetzt: *jug·a.*

Schließen Sie nun einmal die Augen und gehen Sie die Frauen in Ihrem Bekanntenkreis durch. Auf welchen Laut enden ihre Namen?

Barbara, Petra, Anna, Gerda, neuerdings auch *Luisa* oder gar *Delfina.* Schon der erste belegte deutsche Frauenname Tusnelda, die Ahnherrin aller Tussis, endet auf *·a,* und ebenso der zweitälteste deutsche Frauenname Ida.

Id·a und *jug·a* klingen nicht nur am Ende gleich, es handelt sich etymologisch um dieselbe Endung. Auch an *Pizza* klebt sie. Sie ist die typische Endung von Frauennamen und femininen Substantiven, die im Italienischen *(Italia, la pizza)* erhalten, im Deutschen allerdings verblasst ist: *bluoma → Blume, Susanna → Susanne.* Ebenso im Englischen: *lov·e (Lieb·e), whil·e (Weil·e), bridg·e (Brück·e), nos·e (Nas·e).*

Doch so weit sind wir noch nicht. In *jug·a* ist *·a* die Kollektivendung der m-Wörter, die als Abstraktionen keinen Einzelteilplural bilden. Wie sich das Laub im Garten als Blattkollektiv verhält, so tun es auch die *jug·a* (Schirrerei, Verknüpferei, Verbinderei oder Schirrung, Verknüpfung, Verbindung). Die a-Form beschreibt eine komplexe Einheit. Wo sie als Subjekt vorkommt, steht das Verb deshalb im Singular.

Das ist Jahrtausende später noch im alten Griechenland so: *Pánt·a rhé·ei* heißt buchstäblich: Alle fließt. Gemeint sind alle Dinge. Das Subjekt steht im Neutrum Plural *(pánt·a),* das Verb im Singular *(rhé·ei).* Im Griechischen *sind* die Blätter nicht bunt, sie *ist* bunt.

Nun esst ihr Brot, Wasser aber trinkt ihr

Auf diesem Entwicklungsstand des Urindogermanischen geschah etwas: Die Gemeinschaft zerbrach in zwei Gruppen.

Von diesem Ereignis haben wir erst vor einem Jahrhundert erfahren. Vor dem Anbruch zum 20. Jahrhundert herrschte in der Sprachwissenschaft die gleiche Stimmung wie in der Physik. Man glaubte, die Welt im Großen und Ganzen erforscht zu haben, und riet jungen Leuten davon ab, sich mit diesen Wissenschaften einzulassen. Schließlich gab es nichts mehr zu entdecken.

Wie die Physik von Albert Einstein heimgesucht wurde, wurde auch die Sprachforschung von einer Entdeckung heimgesucht: Zehn Eselstunden östlich von Ankara, mitten im Nichts von Anatolien, stach eine deutsche Expedition einen Spaten in den Boden und stieß auf Tonscherben. Viele Tonscherben. So viele, dass man bis heute nicht mit dem Ausgraben fertig ist.

Zwar war man bereits früher in orientalischen Texten auf ein Volk gestoßen, das im Assyrischen Hatti, im Ägyptischen Heta und im Alten Testament Hattīm genannt wurde, doch war nicht einmal klar, dass sich hinter diesen Namen ein und dasselbe Volk verbarg. Denn Hatti, wie sich das Großreich der Hethiter, das es auf seinem Höhepunkt im 13. Jahrhundert vor Christus an Ausdehnung und Macht mit Ägypten aufnehmen konnte, einst selbst nannte, war nach seinem plötzlichen Untergang um 1200 in Vergessenheit geraten.

Nun stand man mitten im Zentralarchiv von Hattusa, der Hauptstadt des Großreichs Hatti, mit Tausenden oft gut erhaltenen Scherben, die mit Keilschrift beschrieben waren. Die Keilschrift war damals seit einem Jahrhundert entziffert, auch die Sprache der Sumerer, die sie einst erfunden hatten, sowie alle Sprachen, die sich nach den Sumerern der Keilschrift bedient hatten.

Gut gerüstet gingen die Forscher an die Lektüre der Tafeln und wurden auch bald fertig. Mit der einzigen Erkenntnis, dass sie kein Wort verstanden. Offenkundig hatte man sich mit dem Fund eine unbekannte Sprache eingehandelt. Beim Abwägen der Möglichkeiten zog man alles, nur eines nicht in Betracht: Indogermanisch. Indogermanisch passte nicht zum Fundort und zum hohen Alter der Tafeln.

Dann blieb Friedrich Hrozný, ein Orientalist aus Prag, bei seinen Entzifferungsversuchen an einem Satz hängen, der ihm irgendwie plattdeutsch vorkam:

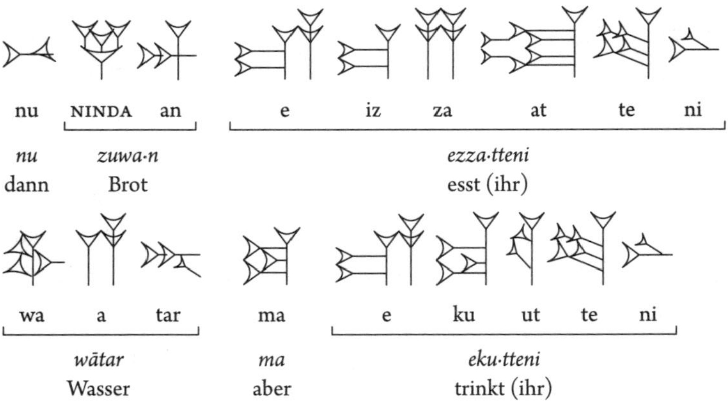

Die erste Zeile unter der Keilschrift ist die Transliteration der einzelnen Keilschriftzeichen. Die Keilschrift ist eine Silbenschrift, die zwar das Sumerische passabel darstellt, Sprachen mit anderer Silbenstruktur jedoch stark entstellt. Erst die zweite Zeile zeigt den Wortlaut des Hethitischen.

Es handelt sich um eine Anweisung für Priester; sie schildert den Lohn für ein gottgefälliges Leben.

Das in Versalien gesetzte Wort NINDA ist nicht in Silben geschrieben, sondern ein sumerisches Bildzeichen für ›Brot‹, das bei den Sumerern *ninda* hieß. Ohne zu wissen, in welcher Sprache der Satz geschrieben war, war Hrozný klar, dass dieses Wort ›Brot‹ bedeuten musste, so wie Ihnen bei der Lektüre einer ungarischen Gebrauchsanweisung klar wäre, dass das Zeichen *&* nur für ›und‹ stehen kann.

Ihnen bliebe allerdings verborgen, wie Ungarn dieses Zeichen aussprechen. Hinter NINDA verbirgt sich die hethitische Vokabel *zuma·s* (Bissen), ein s-Wort von der Wurzel *gjewch·* ›kauen‹, von der unser *kauen* und englisch *to chew* herstammen. Ein *zumas* ist also ein Beiß(er) oder eher ein Kau, und meist gab es damals Brot zu kauen.

Hrozný fiel auf, dass das Wort dahinter, nämlich *ezzatteni,* dem deutschen *essen* verblüffend glich. Was liegt bei Brot näher, als es sich in den Mund zu stecken?

Wo er schon einmal bei diesem unerwarteten Gleichklang war, machte er in der nächsten Zeile weiter: *wātar.* Wer trocken Brot isst, wird früher oder später nach *Wasser* lechzen oder englisch und niederdeutsch *water.*

▸ [Handelt nach dem Willen der Götter]
dann esst ihr Brot
Wasser aber trinkt ihr

Beim Hethitischen blieb es nicht. Mit ihm wurden sieben Schwestersprachen entdeckt. All diese einst in Anatolien gesprochenen Sprachen bilden einen eigenen Zweig des Indogermanischen: das Anatolische.

Die anatolischen Sprachen:
Hethitisch, Luwisch und Palaisch erscheinen im zweiten Jahrtausend. Die anderen Sprachen gehören zur zweiten Generation und treten erst im ersten Jahrtausend vor Christus auf. Mit ihnen stirbt das Anatolische kurz nach der Zeitenwende aus.

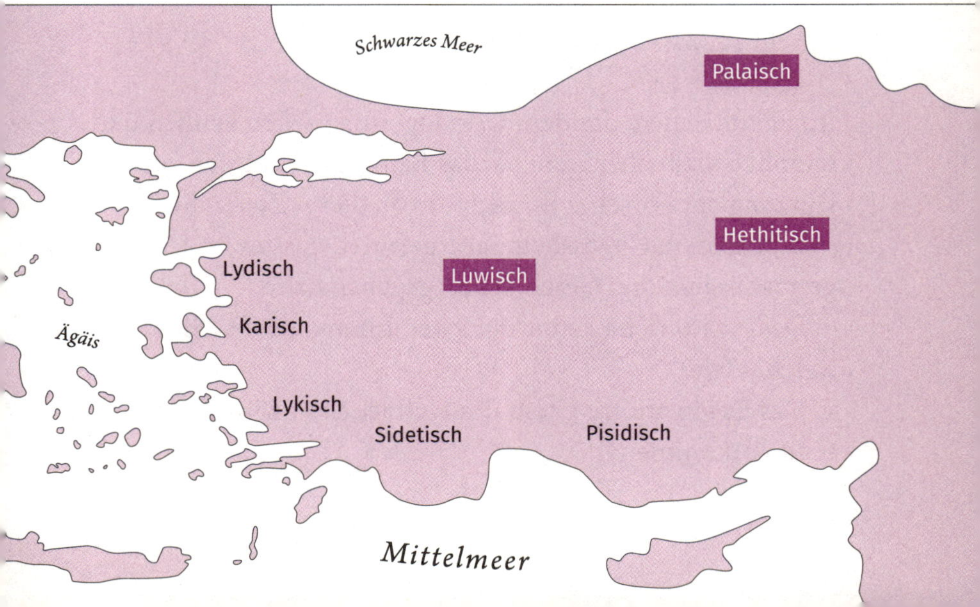

Das Hethitische, das Palaische und das Luwische, deren Belege vereinzelt bis zum 20. Jahrhundert vor Christus reichen und im 17. Jahrhundert voll einsetzen, sind wesentlich älter als die bis dahin bekannten ältesten Sprachen, die Sie bereits aus unserer Zeitreise kennen: das Mykenische als früheste Form des Griechischen sowie das Vedische in Indien und das Awestische in Persien.

Ich habe Ihnen das Anatolische bei unserer Zeitreise verschwiegen, damit Sie die Überraschung der Forscher von damals nacherleben können. Sie fiel größer aus, als ihnen lieb war. Das Hethitische fällte alle großen Gewissheiten über das Urindogermanische.

Eine dieser Gewissheiten bestand darin, dass es im Urindogermanischen neben Einzahl und Mehrzahl eine Zweizahl gegeben hatte, die bei Pärchen wie Augen und Ohren vorkam. Man findet Relikte dieser alten Zweizahl nämlich in allen Tochtersprachen. So auch im Deutschen: Das alte Pronomen *ez* mit der Bedeutung ›ihr beide‹ klebt noch an bairischen Verben in der zweiten Person Plural:

- Schaugt·s, dass weidakimt·s!
  Seht zu, dass ihr wegkommt!

Im Hethitischen, das dem Urindogermanischen zeitlich und räumlich viel näher steht als das Bairische, fand sich zur Bestürzung der Forscher keine Spur von dieser Zweizahl.

Eine andere Gewissheit hatte gelautet, dass es im Urindogermanischen drei Geschlechter gegeben hatte.

Das Anatolische kennt nur zwei. Einmal dürfen Sie raten, welches fehlt.

Das Deklinationssystem des Hethitischen wird Ihnen vertraut vorkommen:

	STANDARDGENUS	NEUTRUM
Subjekt	atta·s (Vater) amma·s (Mutter) zuma·s (Bissen Brot)	juga·n (Joch)
Objekt	atta·n amma·n zuma·n	juga·n

Dazu fehlt dem Anatolischen auch das weibliche Pronomen. Es benutzt für Menschen ohne Interesse am biologischen Geschlecht die s-Form, die dem deutschen *er* entspricht.

Hier die beliebtesten anatolischen Mädchennamen aus dem Jahre 1312 vor Christus:

▸ Alihuntarri·s (Meerjungfrau), Walawala·s (Amazone), Niwa·s (Nesthäkchen), Malli·s (Honey), Titawashi·s (Die mit den Möpsen), Hahaluwan·s (Blondie), Parsanawija·s (Leopardin)

Alle Mädchennamen sind s-Wörter. So traten sie natürlich nur als Subjekt in einem Satz auf. Wo sie einfach als Namen gerufen wurden, fehlte die Endung, wie wir vorhin beim Erwähn- und Anrufefall, dem Vokativ, gesehen haben. Meist offenbaren bei hethitischen Namen erst Bedeutung oder Zusammenhang, ob sich dahinter Mann oder Frau verbirgt. Die im hethitischen Pantheon sehr wichtigen Windgötter *Tarhunna·s* (der vorwärtsstürmende Eroberer) und *Pihassassi·s* (der in den Bäumen raschelt; er wurde von den Griechen als Pégăsos entlehnt) sind geflügelte Männer auf Pferden, *Kamrusepa·s* (der Geist in der Flamme) steht wie die römische Vesta für den häuslichen Herd als Kern der Familie und ist eine Frau.

Alle Frauennamen, alle Frauenbezeichnungen und selbst das Wort für Frau *(MUNUS·a·s)* waren bei den Anatoliern und den Urindogermanen s-Wörter. Das ist ein nicht auszuräumender archäologischer Beweis dafür, dass das Maskulinum nichts mit dem Mann zu tun hat. Ein anderer ist dieser:

- Angela Merkel ist der achte Bundeskanzler
  der Bundesrepublik Deutschland.

Diese Aussage würde auch so lauten, wenn zufälligerweise all ihre Vorgänger ebenfalls Frauen gewesen wären.

Die Geburt des Femininums

Wie im Griechischen *(Pánt·a rheĩ)* erscheint auch im Hethitischen bei der Kollektivform des Neutrums das Verb im Singular:

- Jug·a lagaru!
  Die Joche soll sich neigen!

So bleibt es bis zum Untergang des anatolischen Zweiges. Bei den in der Urheimat zurückgebliebenen Urindogermanen ging die Entwicklung dagegen weiter: Drei Autos können ein Fuhrpark sein, doch meist sind sie einfach nur drei Autos. Drei *jug·a* sind kein Jochpark, sondern bloß drei Joche. Je häufiger das Ergebnis einer Handlung in einem Gebrauchsgegenstand mündete, desto öfter wurden a-Wörter mit dem Plural des Verbs verknüpft, wie es im Lateinischen und bei uns üblich ist.

► Iug·a sunt magn·a.
Die Joch·e sind groß.

Wo ein a-Wort noch etwas Abstraktes bezeichnete, blieb das Verb im Singular.

► Pecūni·a nōn ole·t.
Geld stink·t nicht.

Weil a-Wörter nun überall im Satz auftraten, mussten sie gebeugt werden, zum Beispiel in den Genitiv. Die a-Wörter mit Verb im Singular erhielten die übliche Genitivendung des Singulars, die anderen mit dem Verb im Plural die Genitivendung des Plurals. Von diesem Moment an gab es im Indogermanischen drei Genera.

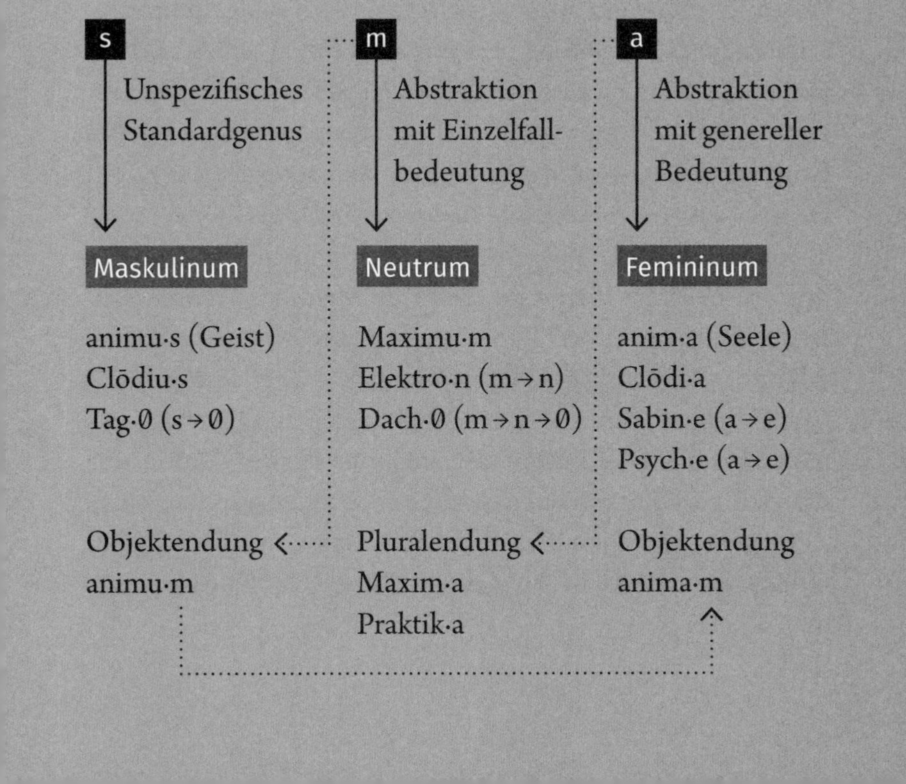

Die s-Wörter bilden den Stock für das unspezifische Standardgenus, irrtümlich Maskulinum genannt. Dazu kommen noch alle anderen Wörter wie *Vater* und *Mutter,* die nicht als Abstraktion abgeleitet und typische Subjekte sind.

Die m-Wörter begründen das Neutrum als Abstraktion von Handlungen. Dazu kommen Wörter, die ursprünglich nie als Subjekte auftraten und keine s-Form entwickelt haben *(Wasser, Feuer).* Heutzutage werden neue Wörter Neutra, wenn sie semantisch wie Abstraktionen von Handlungen anmuten *(das Klischee)* oder formal welche sind, zum Beispiel die Grundform unserer Verben *(das Schlafen, das Leben, das Casting).*

Die s-Stämme *(genus·Ø),* die wie s-Wörter aussehen, aber keine sind, hätten vielleicht ein weiteres Genus hervorgebracht, wenn sie so häufig wie die m-Wörter gewesen wären. Sie sind gerade genug, uns im Alltag auf die Nerven zu gehen! Immer dann, wenn Sie ein Lehnwort aus dem Lateinischen oder Griechischen proper in den Plural setzen und damit auf der Schnauze landen, ballen diese Kerlchen ihre Faust zum Sieg. Der Plural von *Genus* lautet eben nicht *Geni* wie bei *Numerus → Numeri* und der Fülle der Wörter auf *·us,* sondern *Genera* (aus *genesa*). Weitere Beispiele sind *Opus (Opera)* und *Tempus (Tempora).* Bei griechischen Fremdwörtern hat man nur das neutrale Genus zu beachten, denn sie werden entweder gar nicht in den Plural gesetzt *(das Pathos, das Ethos)* oder mit der deutschen Pluralendung *(das Epos → die Epen).*

All diese s-Stämme sind Kollektiva: Das Opus ist, was man alles tut. Das Tempus ist, was man spannt. Damit war die Zeit gemeint, so wie wir auch im Deutschen von einer Zeitspanne sprechen. Das Pathos ist, was man alles erleidet. Das Ethos ist, woran wir gewöhnt sind. Das Epos ist, was man alles sagt.

Unsere Pluralendung *·er* rührt etymologisch von diesem s-Suffix her: Die Lautentwicklung des Deutschen führte dazu, dass es in allen Formen der Einzahl schwand und nur noch im Plural zu sehen war. Was lag näher, als es als Pluralendung zu verkennen und obendrein seine Bedeutung ins Gegenteil zu verkehren? Die Hühner und Viecher waren ursprünglich das Tierkollektiv auf einem Hof. Durch den Wandel wurden aus ihnen individuelle Persönlichkeiten in der Mehrzahl.

Eine andere Gruppe von griechischen Lehnwörtern sieht nur aus wie a-Wörter. Ein *Zeugma* ist etwas, was verbunden wird, und zwar kühn: »Ich heiße Heinz Erhardt und Sie herzlich willkommen.« Oder vom selben: »Meine Eltern und der Ofen waren ausgegangen.« Bei einem Zeugma als Stilfigur werden zwei Subjekte in einer Weise durch ein Verb verbunden, wie es sich normalerweise nicht ziemt.

In *Zeugma* steckt vorne die uns bekannte Wurzel *jeug·* und hinten das passivierende m-Element *·men*. Im Griechischen wird es zu *·ma*.

- das Sper·ma → was verstreut wird
  das Aro·ma → unbekannt
  das Kom·ma → was eingeritzt wird
  das Sche·ma → woran man festhält
  das Dilem·ma → was sich so oder so nehmen lässt
  das Kli·ma → was sich neigt (Sonnenstrahlen)
  das Dog·ma → was gemeint wird
  das The·ma → was gesetzt wird
  das Panora·ma → was alles zu sehen ist
  das Dra·ma → was getan wird
  das Rheu·ma → was (im Körper) verströmt wird
  das Trau·ma → was durch einen Stich verletzt wird

Im Lateinischen trügt diese Bildung nicht: Ein *exā·men* ist, was zum Abwägen bewegt wird. Ein *nō·men* ist, was genannt wird. Ein *car·men* ist, was gesungen wird. Das indische *Kar·ma* ist, was an Opfern getan wird.

Schließlich das Femininum:

Ein Spiel ist, was man einmal spielt. Darum ist *das Spiel* im Deutschen ein Neutrum. Auch *die Spielerei* ist ein Abstraktum zu *spielen*, aber sie bezeichnet nicht ein gewisses Spiel, sondern ein Kollektiv von Spielen und Spielvorgängen. Es ist das Spielen als solches: die Spielheit, die Spielung oder die Spieligkeit.

Deshalb sind so viele Abstrakta im Deutschen feminin: die Liebe, die Ordnung, die Demokratie. Die Liebe umfasst das Lieben aller Menschen und alle Liebesangelegenheiten. Die Ordnung ist nicht, was man ordnet, sondern ein Zustand, der sich durch Ordnerei und Herumordnen ergibt. Die Demokratie ist die Herrschaft des Volkes, die Tag für Tag durch viele Handlungen ausgeübt wird. Am Montag sagt das Volk ja, am Dienstag nein.

- Das Neutrum ist die Abstraktion eines einzigen Spiels, das nur durch die generalisierende Wirkung des deutschen Artikels verallgemeinert werden kann: *Der Mensch im 21. Jahrhundert liebt das Fußballspiel.*
- Das Femininum ist die Abstraktion als solche und in jeder Hinsicht. Im Falle des Spielens ist es die Spielerei.

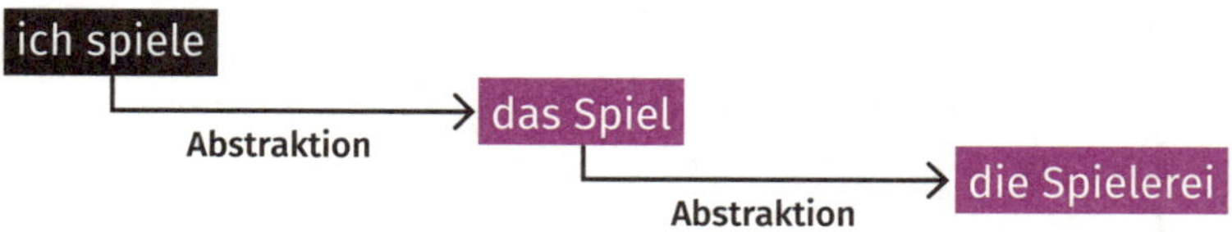

Als Kollektiv der Abstraktion (Neutrum) ist das Femininum die Abstraktion der Abstraktion.

Der Weg, das Gewicht, die Waage

Die Zeit ist reif für die Ernte: Aus der urindogermanischen Wortwurzel *wegh·* mit der Bedeutung ›bewegen‹ sind die deutschen Verben *bewegen, wiegen, erwägen* und *wagen* hervorgegangen. Wiegen ist nichts anderes als das Bewegen eines Gegenstands, um sein Gewicht festzustellen.

Ein direktes m-Wort von dieser Wurzel gibt es im Deutschen nicht, dafür ein Neutrum mit einer neuartigeren Bildung: das Gewicht. *Gewicht* ist, was man wiegt, oder älter, was man bewegt.

Bildet man eine a-Form *wēgh·a,* bezeichnet sie nicht ein Gewicht im Einzelfall, sondern die Bewegerei im Großen und Ganzen, also kollektiv alle Handlungen, die mit dem Wiegen zu tun haben. Die althochdeutsche *wāga* war reine Bewegerei von Gegenständen als Abstraktion. Erst spät wurde ein Gerät erfunden, das diese Aufgabe präziser verrichtete. Seitdem bezeichnet *Waage* nicht mehr die Wiegerei als Abstraktion, sondern ein Gerät zum Wiegen. Die alte Bedeutung ist uns aber noch bekannt, wenn wir davon sprechen, etwas halte sich die Waage.

Bei der Schwebe, der Abstraktion des Schwebens, ist leider kein solches Gerät erfunden worden. Wer würde nicht gern die Waage in seinem Badezimmer durch eine Schwebe ersetzen.

Anders der *Weg.* Er ist die direkte Verwendung der Wurzel *wegh·* als Subjekt: *wegho·s. Weg* ist keine Abstraktion der Handlung des Bewegens, sondern ein Beweger.

Ebenso ist der *Fall* weder das Ergebnis des Fallens (Gefälle) noch eine Falle, das heißt die Fallerei als Abstraktion, die später auch auf Geräte wie eine Mausefalle angewandt wurde. Der Fall ist der, der einen fällt.

Der Wolf, der Böse

Der *wegho·s* (Weg) lässt sich erweitern, indem man die Ableitungssilbe *·n* hineinmontiert. Das Produkt *wogh·no·s* bezeichnet etwas, was zu *Weg* gehört, so wie ein *italia·no* einer ist, der zu *Italia* gehört, und *republika·n·isch* etwas ist, was zu *Republik* gehört.

Obwohl es sich bei *wogh·no·s* wie bei den m-Wörtern und den a-Wörtern um eine abgeleitete Form handelt, verharrt es im Standardgenus: *der Wagen* ›zum Bewegen Gehörender‹.

Das gilt auch für alle anderen angehängten Ableitungselemente (Suffixe): Ein *Steng·el* ist keine Verkleinerungsform von *Stange*. Wie der *Büttel* (Gerichtsbote) einer ist, der Verfügungen eines Richters an den Empfänger *entbietet* (ein Bietel also), so ist der *Stengel* einer, der *stinkt*. Das Stinken ist nämlich nur eine Variante des Stechens, die heute auf das Stechen in der Nase eingeengt ist. Der Stengel ist ein Stecher, so wie der Weg ein Beweger ist.

Zwar sind *·m* und *·a* ebenfalls Ableitungselemente, sie unterscheiden sich allerdings von den Elementen oben in ihrer Bedeutung: Sie bilden Abstraktionen. Sie sind die einzigen Mittel des Urindogermanischen, Abstraktionen zu bilden.

Aus diesem Grund sind aus *·m* und *·a* nicht einfach Beugungsklassen geworden, wie es sie auch bei uns im Deutschen gibt: Die sogenannte starke Beugung – *der Tag, des Tages, die Tage* – hat sich aus den s-Wörtern ergeben (urgermanisch *daga·s*), die schwache Deklination – *der Junge, des Jungen, die Jungen* – setzt die Zugehörigkeitsableitung mit *·n* fort. Ein Junge ist einer, der zur Jugend gehört.

Es kommt noch etwas hinzu: Im Urindogermanischen gab es noch keinen Unterschied zwischen Substantiven und Adjektiven. Man sprach nicht vom *bösen Wolf,* sondern von *dem Wolf, dem Bösen,* so wie wir heute noch von Peter, dem Großen, sprechen und nicht von dem großen Peter. Die Eigenschaft war ein beigefügtes s-Wort und ebenfalls ein Substantiv.

Stellen wir uns nun einen schnellen Wagen vor, das heißt einen Wagen, einen Schnellen. Bei *wogh·no·s* (Wagen) trat das Suffix *·no* im Beiwort (schnell) nicht noch einmal auf, das hätte aus *schnell* ja etwas gemacht, was zu *schnell* gehört, und das war nicht gemeint und würde auch keinen Sinn ergeben. Das Beiwort stimmte also nicht mit dem Bezugswort in dem Element *·n* überein. Die Formen kongruierten nicht.

Anders bei den beiden Abstraktionen: Hier trat das Suffix auch beim Beiwort auf: *eine Falle, eine Gefahr* (eine gefährliche Falle). Einer Abstraktion konnte nur eine Abstraktion beigefügt werden. Bezugs- und Beiwort stimmten im Suffix überein – sie kongruierten.

Genus ist nicht mehr als die Kongruenz eines Substantivs mit abhängigen Adjektiven und Pronomen. Diese Übereinstimmung wird von alters her blind vererbt wie die Gene in unserem Körper. Was man sonst noch im Genus zu erkennen glaubt, ist Hirngespinst.

Evolution

Doch warum hat sich diese Kongruenz so hartnäckig gehalten, wo sich zwischen dem Urindogermanischen und dem heutigen Deutsch alles andere stark verändert hat?

Keine Sprachfamilie ist so erfolgreich wie das Indogermanische: Sie umfasst an die drei Milliarden Sprecher. Die chinesische Sprachgruppe bringt es auf dem zweiten Platz nicht einmal auf die Hälfte.

Noch deutlicher ist die Ausbreitung des indogermanischen Sprachgebiets in der Fläche. Selbst wo man Indogermanisch nicht als Muttersprache spricht, ist es oft zusätzliche Amtssprache oder zumindest wie in China omnipräsent. Das Türkische ist dagegen räumlich so weit gelangt, wie ein Türke laufen konnte, und keinen Schritt weiter, während die türkische Küche vom ganzen Orient und vor kurzem sogar von Europa freudig übernommen worden ist.

Es ist ein auffälliges Merkmal des Indogermanischen, selbst dorthin vorzudringen, wo es gar keine Indogermanen gibt. Es ist eine fliegende Idee, die sich wie das alte Preußen und McDonald's überallhin ausbreitet, bis zum Mond und noch viel weiter. Sie füllt inzwischen die lokale Blase aus, ein staubfreies Areal von 300 Lichtjahren Durchmesser mit unserer Sonne mittendrin. Denn das Radio wurde nur zu dem einen Zweck erfunden, indogermanische Sprache durch den Äther zu transportieren.

Klingt ganz schön imperialistisch, nicht wahr? Seit langem grübelt die Forschung darüber nach, was diese Ausbreitung antreibt.

Bisher wurden allein Sachgründe ins Feld geführt: die Reiselust der Indogermanen zum Beispiel oder ihre Herrschsucht. Die ist nicht zu bestreiten. Wo auch immer Indogermanen eintrafen, in Indien oder hier bei uns in Mitteleuropa, stellten sie die Oberschicht und ließen die Einheimischen für sich arbeiten. Das erklärt allerdings nicht, wieso die Einheimischen so eifrig ihre Sprache aufgaben. Wo sich einst das Osmanische Reich ausbreitete, spricht heute niemand Türkisch. Selbst die Kurden in der Türkei verwenden es nur, wenn sie mit Türken sprechen.

Die Kultur scheidet ebenfalls als Sachgrund aus. Die Indogermanen haben weder den Ackerbau noch das Rad erfunden, sondern von anderen übernommen. Wo sie sich niederließen, trugen sie nicht zum Fortschritt der Zivilisation bei. Eher standen sie den Ureinwohnern im Weg herum.

Kein Sachgrund kann die Inflation des Indogermanischen erklären. Es muss an der Sprache selbst liegen.

Sprache unterliegt wie alles andere im Universum der Evolution. Obwohl Evolution die objektive Wirklichkeit dieses Universums ist, tut sich unser Verstand schwer, ihr Wirken zu erkennen, weil es sich in komplexen mathematischen Vorgängen vollzieht.

Blicken Sie einmal aus dem Fenster: Im Winter gibt es im Garten von Jahr zu Jahr mehr Vögel. Unser Winter ist so mild geworden, dass die Erde kaum noch zugeschneit wird. Unser ungesunder Menschenverstand verleitet uns zu der Annahme, dass die Vögel bei den angenehmen Temperaturen und dem vielen Futter die Reise in den Süden abblasen. Diese Einsicht geht jedoch weit über die kognitiven Fähigkeiten von Vögeln hinaus. Das Ziehen oder Bleiben ist den Vögeln fest einprogrammiert. Die Nichtzieher sind nur besser an die neuen Bedingungen angepasst. Immer mehr von ihnen überstehen den Winter. Sobald es nachts nicht mehr friert, beginnen sie mit dem Nestbau und haben alle Nistplätze längst belegt, wenn die Zugvögel im Frühjahr erschöpft eintreffen.

Zu diesem Zeitpunkt haben die Supermärkte auch noch aufgehört, Vogelfutter zu verkaufen. Zugvögel sind daher schlechter an die neuen Bedingungen in unseren Gefilden angepasst, ihre Population stagniert. Natürliche Selektion ist die Triebkraft der Evolution.

Das Indogermanische ist nicht nur durch gewisse Eigenschaften an den Wandel der Umwelt angepasst. Dann wäre es nicht immer und überall so erfolgreich. Sein ganzes Wesen ist Anpassung.

Sie beginnt bei den Verben: Hinter *fallen, fällen* und *gefallen* steckt ein Schema. Dazu noch die ganzen Zusammensetzungen wie *verfallen, zufallen, auffallen.*

Schwerer wiegen die Namenwörter (Substantive), weil sie den Dingen ihren Namen geben. Zusammensetzungen wie *Seegurke* sind hier wieder nur das Sahnehäubchen, die eigentliche Arbeit erledigt das Genussystem. Sie besteht in der Erweiterung und Anpassung des Wortschatzes an neue Bedingungen. Die Sprecher müssen sich keine neuen Namen aus Lauten zusammenphantasieren und ihre Bedeutung definieren. Sie leiten sie nach einem simplen Schema ab: *fallen → der Fall, das Gefälle, die Falle; bewegen → der Weg, das Gewicht, die Waage.*

DIE BUCHE Blicken Sie sich nun einmal im Zimmer um. Es besteht aus vier Wänden, die deshalb so heißen, weil unsere Vorfahren Häuser errichteten, indem sie Pfähle nebeneinander aufstellten, Äste dazwischenwanden und das Konstrukt verputzten. Die Wand ist also das komplexe Produkt aus Winderei.

Wie soll man die Winkel im Zimmer benennen, wo die Wände spitz aufeinander zulaufen und eine Kante bilden? Indem man die hervorstechende Eigenschaft abstrahiert

(Metonymie). Aus dem urindogermanischen Wort *chek·* ›spitz, scharf‹ wird das a-Wort *chek·j·a* abgeleitet, der Rest ist Geschichte: *chek·j·a* → urgermanisch *agjō* → deutsch *Ecke* und englisch *edge.* Die Ecke ist also eine Spitzartigkeit.

Bis auf den Ahorn (Seite 74) sind all unsere Bäume Artigkeiten wie die Ecke und deshalb feminin: *die Birke, die Buche, die Eibe, die Eiche, die Esche, die Fichte, die Föhre, die Kiefer, die Lärche, die Linde, die Mispel, die Palme, die Pappel, die Tanne, die Ulme, die Weide, die Zeder …*

Dabei ist *der Baum* selbst maskulin, denn er ist etymologisch einer, der wächst. Darin steckt dieselbe Wurzel wie in *ich bin,* englisch *to be* und in griechisch *phýsi·s* (Wachstum, Natur) und *phytó·n* (was wächst → Gewächs → Pflanze; siehe Phytologie ›Pflanzenkunde‹). Im Englischen ist *beam* auf den Stamm des Baumes eingeengt und wird auch für dicke Balken oder gar Licht verwendet, wenn es in so dicken Streifen durchs Fenster fällt, dass man glaubt, es anfassen zu können. Captain Kirk wird sogar gebeamt, also mit einem Lichtstamm durchs All transportiert.

Englisch *tree* war dagegen früher ein Neutrum, denn es ist das, was fest und beständig ist. Denken Sie dabei an *treu* und englisch *true. Tree* ist also nichts anderes als Holz, der festeste Baustoff in der Welt der Urindogermanen.

In jener Zeit waren Baumnamen wie der der Buche schnöde s-Wörter: urindogermanisch *bhechgó·s.* Um Wolgograd, der wahrscheinlichen Urheimat der Indogermanen, gibt es allerdings gar keine Buchen. Sie wachsen in ganz Russland nicht und haben es auch damals nicht getan, denn die Buche gilt in der Botanik als Zeigerart für feucht-gemäßigtes Klima. Wie konnte es dort ein Buchenwort geben, von dem unsere *Buche,* lateinisch *fāgus* und griechisch *phēgós* abstammen?

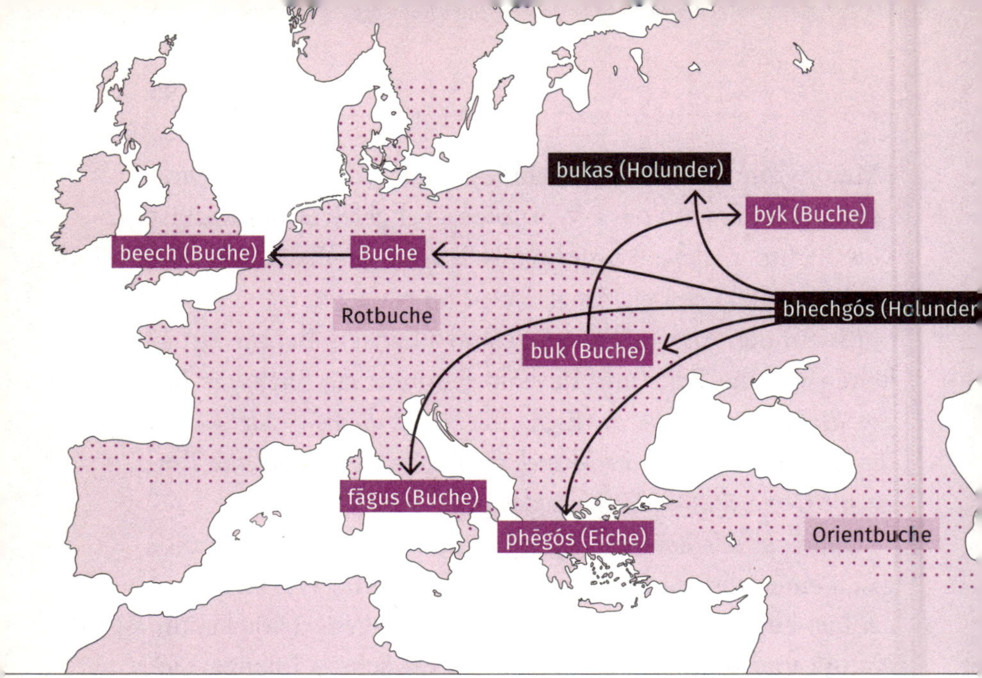

Richten Sie Ihren Blick auf die Urheimat. Dort stand bhechgós ursprünglich für einen hellen (bhech-) Baum, wahrscheinlich den Holunder. Bei der Ausbreitung nach Westen wurde der Begriff auf die dort allgegenwärtige Buche als Holunderartigkeit übertragen. Auch das Altslawische (buk) lag im Buchengebiet und breitete sich erst später mit der neuen Bedeutung nach Osten aus, zum Beispiel russisch byk.

Wenn es das Wort in einer Welt ohne Buchen gegeben hat, konnte es nicht ›Buche‹ bedeuten. Weil *bukas* in Litauen, wo auch keine Buchen wachsen, ›Holunder‹ bedeutet, gehen wir einmal davon aus, dass es sich um einen Holunderbaum gehandelt hat.

Die Urindogermanen brachen aus einer Heimat auf, in der es keine Buchen gab. Wer nach Westen ins Reich der Rotbuchen zog, stand plötzlich vor einem unbekannten Baum. Gerade Deutschland war bis vor wenigen Jahrhunderten mit Buchen bedeckt. Die sahen für die Neuankömmlinge irgendwie holunderartig aus, was vermutlich mit der hellen Farbe der Stämme zu tun hatte.

Sie nannten die Buche eine Holunderigkeit oder Holunderartigkeit. Entweder behielt man die s-Form wie in lateinisch *fāgu·s* und griechisch *phēgó·s*, verband sie aber mit femininen Adjektiven (Abstraktion durch Kongruenz) oder man machte wie wir Germanen Nägel mit Köpfen und baute das s-Wort zu einem a-Wort um: *bōk·a* → *Buch·e.*

Wer von der Urheimat aus nach Süden oder nach Osten zog, fand dort keine Buchen. Im indoiranischen Zweig, zu dem Persisch (im Iran und im Norden Afghanistans), Awestisch, Kurdisch, Paschtunisch (im Süden Afghanistans), Vedisch, Sanskrit und Hindi gehören, gibt es das Buchenwort nicht. Auch in Griechenland gibt es keine Buchen, dafür aber eine den Einwanderern unbekannte Eiche mit hellem Stamm, die sie als *phēgó·s* bezeichneten.

DAS BUCH Nicht nur die Landschaft ändert sich auf Schritt und Tritt, der Mensch lernt auch neue Erfindungen anderer Menschen kennen oder macht sie selbst.

Die Buche hatte bei den Germanen etwas mit dem Schreiben zu tun, denn unser *Buch* ist von ihr abgeleitet. So lautet seit Jacob Grimm die einhellige Ansicht in der Forschung, obwohl die Meinungen auseinandergehen, worin dieser Zusammenhang besteht. Auch der Vorschlag des renommierten Indogermanisten Oswald Szemerényi ist nicht zu widerlegen, nach dem unser *Buch* ursprünglich von den Hunnen stamme, die wie unsere Vorfahren in Runen schrieben, und über Persien und die Türkei zu den Goten gelangt sei und über sie zu uns: alttürkisch *bitig* → *Buch.*

Die klassische Verknüpfung zur Buche stützt sich darauf, dass Buchenholz für Beschreibstoffe lange von Bedeutung war und es zudem noch den Buchenstab als *Buchstaben* gibt (Schriftzeichen auf Zweigen).

Zuerst blieb das althochdeutsche Buchenwort *buohha* auch in der neuen Bedeutung der Schrift und Schreiberei feminin, doch als die Sache auf handfeste Bücher hinauslief, tauchte das Wort im Mittelalter als *der* oder *das buoh* auf. Heute ist *das Buch* ein Neutrum, denn ein Buch ist im Sprachzentrum das Produkt seiner Herstellung aus Buche. Es verhält sich wie das Ergebnis eines Verbs *buchen* ›aus Buche machen‹, das so gar nicht in unserem Wortschatz existiert.

¡Esta muchacha es una bomba!

Unser Wortschatz ist voll von Wörtern, die wie die Buche einmal als Artigkeit begannen und inzwischen ein konkretes Ding bezeichnen, *die Leiter* etwa (eine Lehnartigkeit), *die Partei* (eine Teilung) oder *die Skibindung*. Und es kommen täglich neue hinzu, wenn wir Sachen benennen, für die es noch kein Wort gibt: *Mach bloß keine Dummheiten! Das ist eine Gemeinheit sondergleichen! Eine Schönheit vom Lande.*

Was für ein unbeschreibliches Ding meinen wir mit einer Schönheit vom Lande?

Wir meinen eine Frau. Damit sind wir beim letzten Rätsel angelangt: Was hat das schöne Geschlecht mit dem Femininum zu schaffen?

Mann und Frau kommen im Alltag viel häufiger zur Sprache als Bäume. Um ein Wort für sie zu erschaffen, kann man eine Phantasiefolge aus Lauten komponieren, zum Beispiel *Mama* oder *Papa*, man kann ein Wort aus einem anderen ableiten, zum Beispiel lateinisch *vĭr* ›Mann‹ aus *wichró·s* ›stark‹ oder es wie *Dame* (aus französisch *la dame* und aus lateinisch *dŏmina* ›Herrin‹) aus einer anderen Sprache entlehnen.

Mit diesen Methoden lassen sich aber nur Namen gewinnen, die den Mann als Männchen und die Frau als Weibchen bezeichnen. Meist wollen wir sie jedoch mit einer Eigenschaft *(schön → Schöne)*, einer Tätigkeit *(lesen → Leserin)* oder einer Sache *(Schule → Schülerin)* verknüpfen.

Für die Frau als Betschwester gibt es den originären Namen Nonne, für die Frau als Ehebrecherin Hure (eine Profession bezeichnet dieser Ausdruck erst seit der Neuzeit) und noch einige andere solcher Bezeichnungen, die genügten, solange die meisten Menschen unfreie Bauern und damit einfach *Leute* waren. Aber wie soll es weitergehen, wenn die Frau Fußball spielen, ein Land regieren oder zum Mars fliegen will? Bei Frauen ist bekanntlich mit allem zu rechnen! Soll man für jede Lage, in die sich eine Frau begibt, ein anderes Frauenwort zusammenreimen?

Diese Strategie würde bald scheitern. Ehe die Menge an möglichen Zufallskombinationen aus dem Lautinventar des Deutschen ausgeschöpft wäre, schwände uns die Kraft, alle neuen Wörter auswendig zu lernen.

Es bedarf eines Schemas, einer Schablone, und solche Schemata sind es, was wir als Grammatik bezeichnen.

Unser Sprachzentrum versteht zwar nicht, was eine Frau sein soll, zum Glück gibt es jedoch ein Schema, mit dem wir Dinge benennen, die wir nicht verstehen: Es abstrahiert die hervorstechende Eigenschaft. Die Frau ist aus demselben Grund feminin, aus dem Ecken, Waagen, Leitern und die Namen von Bäumen feminin sind.

Die Frau ist zwar im Sinne der Grammatik nicht femininer als die Ecke, sie wird dafür ständig erwähnt, weshalb uns die Verknüpfung zwischen Inhalt (Frau) und Form (Femininum) ins Auge springt und sich in unserem Verstand alles an ihr messen lassen muss. Aber nur dann, wenn wir wie Mark

Twain mit unserem Verstand auf die Sache blicken. Das tun wir allerdings beim normalen Sprechen nicht.

Die Methode, Frauen durch Abstraktion in Worte zu fassen, findet sich sogar im Anatolischen. Das Lykische ist vom 7. bis zum 4. Jahrhundert vor Christus an der türkischen Ägäisküste bei Izmir belegt. Als anatolische Sprache kennt es zwar kein Femininum, aber immerhin die a-Form als Abstraktionsform und Kollektivmehrzahl des Neutrums.

Die urindogermanische Verbalwurzel *lechd·* bedeutet ›zueinanderpassen‹. Bildet man davon das a-Wort *lochd·a,* bezeichnet es das Zueinanderpassen in seiner ganzen Komplexität. Wir nennen es Liebe.

Aus *lochd·a* wurde im Lykischen *lad·a.* Es bezeichnet aber weder Liebe noch Harmonie, sondern etwas anderes: die Frau.

Wir können diese Übertragung im Deutschen simulieren:

- die Liebe
  - → meine Liebe (my love, mon amour, amore mio)
    - → Frau

Ebenso: althochdeutsch *scōni* (schön) → *diu scōnī* (die Schönheit als Abstraktion) → neuhochdeutsch *die Schöne* (eine schöne Frau).

Wer hāt iuch
vil lieber man
betwungen ūf die nōt?
Das hāt iuwer *schœne,*
die ir hānt,
vil minneclīches wīb.

Wer hat Euch,
lieber Mann,
in solche Not gestürzt?
Das hat Eure *Schönheit,*
die Ihr habt,
liebreizende Frau!

Albrecht von Johansdorf: Ich vant si ane huote.
Codex Manesse, Blatt 181 recto, linke Spalte.

Seit *die Schöne* nicht mehr die Schönheit als Abstraktion zu *schön* bezeichnet, weil es im Rahmen des Schemas für Frauen gebraucht wird, haben wir in *die Schönheit* einen Ersatz gefunden, der selbstverständlich auch feminin ist.

Auch der Mann ist im Sprachzentrum nicht mehr als eine Folge aus Lauten, deshalb findet sich im Lykischen noch *chugah·a* ›Großvater‹. Selbst ohne Rücksicht auf das Geschlecht werden Personenbezeichnungen durch Abstrakta gezimmert: *lăt·a* ist ein Toter, gebildet aus einem Verbum, das das Sterben beschreibt: Ein Toter ist eine Sterblichkeit.

Im Deutschen bezeichnen wir Personen als Herrschaften, die ehemals als Bediente die Eigenschaft der Herrschaft auszeichneten. Die Anwendung auf die Frau ist nur eine von vielen Abstraktionen.

Auch unser Suffix *·in* entspringt dieser List. Damit wurden im Urgermanischen zunächst Abstraktionen gebildet, althochdeutsch *fest·in* (Feste, Festung) zu *fest* oder *wuost·in* (Wüste) zu *wüst.* Ebenso *henn·in* zu *Hahn* und *fuhs·in* zu *Fuchs.*

Sogar im Englischen gab es einst eine *vyx·en.* Sie ist als einziges in-Wort bis heute erhalten, weil man im Englischen gern Frauen mit fuchsrotem Haar und weiteren verdächtigen Eigenschaften als *vixen* bezeichnet. Es handelt sich um ein handelsübliches Teufelsweib. Andere Formen wie *mynec·en* (Mönch·in, Nonne), *wylf·en* (Wölf·in) oder *gyd·en* (Gött·in) sind früh eingegangen, weshalb das Englische tief in allen Taschen kramen muss, wenn es eine Personenbezeichnung auf eine Frau einengen will: *she-wulf, female agent, Frenchwoman, bachelorette, goddess* und neuerdings *comedienne.*

Das Frauensuffix *·in* ist dem Suffix entsprungen, das im Mittelalter aus der Magd ein *maged·īn* (Mägd·chen) machte und im Englischen zu *maid·en* führte. Es ist eine spezielle Form der Artigkeit, die mit dem Suffix *·īn·a* gebildet wurde: die Kleinigkeit. Noch erweitert um *·ig* wurde daraus *·ik·īn·a,* das im Niederdeutschen zu *·ken (Männe·ken)* und im Hochdeutschen zu *·chen (Mäd·chen)* wurde. Im Süddeutschen wuchs *·īn·a* mit dem Ausgang von Wörtern auf *·l* zu *·lein* zusammen: *fugil·īn* (Vogel·ein) → *fugi·līn* (Vöge·lein). Dieses Suffix konnte dann an jedes Wort angehängt werden: *chin-di·līn* (Kinde·lein).

Im Deutschen blühten die Motion, wie man schematische Frauenableitungen *(Leser → Leser·in)* fachlich nennt, und das Suffix *·in* schon im Mittelalter üppig. Eine Freundin ist nicht erst im Althochdeutschen eine *friuntin,* sondern bereits bei den Goten: *frijond·s* (Freund) → *frijond·i* (Freund·in). Es handelte sich zunächst um eine kleine Menge an Personenbezeichnungen, bei denen man das Geschlecht erwähnenswert fand. Als man später Menschen häufiger nach ihrer Rolle bezeichnete, wurde dieses Schema blind und mechanisch fortgeführt: *beckerinnen, weberinnen, wirtinnen, zouberinnen, arzatinnen, meisterinnen* und sogar eine *marnerin,* eine Seefahrerin, gab es im Hochmittelalter.

Wir haben es hierbei mit der zweiten Triebkraft der Evolution neben der natürlichen Auslese zu tun, dem blinden Kopieren von Formen, wie es auch bei der Vervielfältigung unseres Genoms geschieht. Es gibt kausal oder zeitlich keinen Zusammenhang zur Vielfalt an Betätigungen der Frau oder zu ihrer Stellung in der Gesellschaft.

Bürger und Bürgerin

Doppelformen tauchen erst in der frühen Neuzeit auf und beschränken sich auf Fälle, wo eine Frau ausdrücklich erwähnt werden soll. Das Nürnberger Stadtrecht sprach nie von Bürgern und Bürgerinnen, und zwar aus demselben Grund, aus dem wir heutzutage nicht von Bürgern und rothaarigen Bürgern sprechen: Es wäre sinnlos. Die Rothaarigen sind in den Bürgern bereits enthalten, und ebenso die Bürgerinnen in den Bürgern.

Sinnlos ist es allerdings nur, solange kein besonderer Anlass besteht, einen Teil aus der Gruppe hervorzuheben. Solch ein Anlass ergab sich für die Nürnberger bei Juden. Sie wurden durch ein perfides Geflecht aus Vorschriften und Verboten aus dem Gemeinschaftsleben gedrängt und von den Zünften ferngehalten. Das erschwerte ihre Besteuerung, so dass man einen Judenpfennig erhob, und zwar abweichend von der üblichen Praxis auf jedes einzelne Mitglied der Familie. Die Frauen wurden also separat zur Kasse gebeten. Darum spricht das Stadtrecht von Juden und Jüdinnen, und es meint damit Juden im Allgemeinen (Juden) und die Frauen noch einmal ausdrücklich (Jüdinnen).

Wenn Politiker heute von Bürgern und Bürgerinnen sprechen, folgen sie dieser Tradition. Sie tun es unter dem Vorwand der Gleichberechtigung, tatsächlich aber aus schnöder Emphase. Die Doppelform ist länger als die einfache und dadurch auffälliger. Ergeben hat sich diese Praxis als rhetorische Variation zu ›Damen und Herren‹, wodurch oft die Reihenfolge vertauscht und von Bürgerinnen und Bürgern gesprochen wird. Sowohl *Damen* als auch *Herren* sind jedoch spezifisch und gleichrangig, nur unter solchen Umständen geht die Dame aus Höflichkeit voran. *Bürger* ist dagegen unspezifisch und muss der spezifischen *Bürgerin* vorangehen.

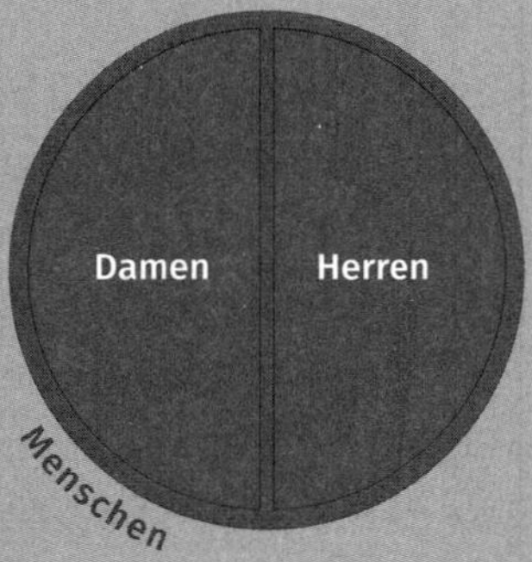

Richtig

Damen und Herren sind beide spezifisch und stehen für die beiden natürlichen Geschlechter, zu denen die gesamte Menschheit gehört. Die Dame geht aus Höflichkeit, der Artigkeit bei Hofe, voran.

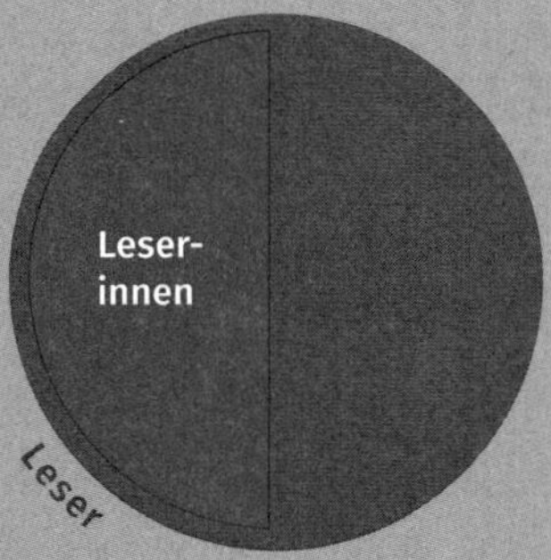

Richtig

Die Leserinnen sind eine spezifische Untergruppe aller Leser, die sich durch Weiblichkeit auszeichnet. Alle Leserinnen sind Leser, aber nicht alle Leser sind Leserinnen. Das Allgemeine geht dem Spezifischen voran: *Leser und Leserinnen.* Das heißt: Leser, unter besonderer Berücksichtigung weiblicher Leser.

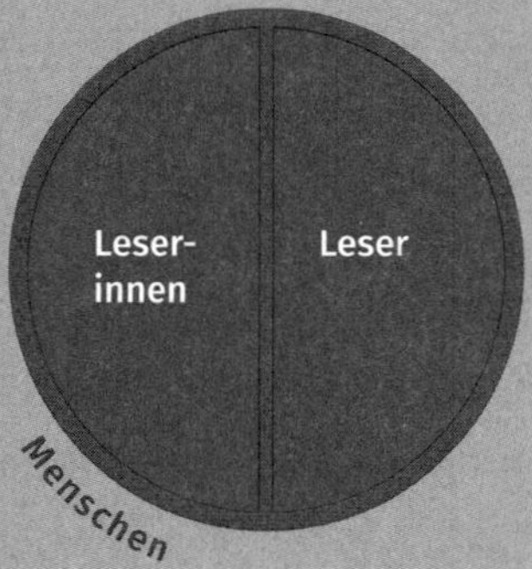

Falsch

Hier wird das zweite Schema mit dem ersten verwechselt. *Herr* schließt *Dame* aus, *Leser* hingegen nicht *Leserinnen.* So ist die Sprachwirklichkeit, und sie ist nicht aus misogynen Motiven entstanden.

Kein Beinbruch, solange man die Verwechslung nicht mit dem ungesunden Menschenverstand zu rationalisieren versucht, indem man diese beiden Wendungen, *Damen und Herren* sowie *Bürgerinnen und Bürger*, zu einem Dreisatz zusammensetzt und zu folgendem Schluss gelangt: Wenn mit *Bürgerin* nur eine Frau gemeint sein kann, muss *Bürger* dann nicht zwangsläufig einen Mann bezeichnen?

Im Gegensatz zu *Damen und Herren*, zwei Wörtern, deren Lexem für Frau und Mann steht, ist *Bürger und Bürgerin* ein Grammatikschema. Grammatik findet im Sprachzentrum statt, und dort gibt es keine Männer.

Geschäftsführer ohne Penis

Wer unsere Odyssee durch die Geschichte des Genussystems nicht mitgemacht hat, strandet zwangsläufig bei Twain. Zum Beispiel das Oberlandesgericht Karlsruhe: Im Jahre 2011 gab es einer Frau recht, die sich vergeblich bei einem Unternehmen beworben hatte, das in seiner Stellenanzeige schlicht nach einem ›Geschäftsführer‹ gesucht hatte.

Bei der Bewerbung hatte sich die Frau noch angesprochen gefühlt, die Ablehnung interpretierte sie so, dass der Titel des Geschäftsführers einen Penis voraussetzte. Den konnte sie nicht vorweisen.

Das Gericht verhedderte sich bei seinem Urteil im falschen Dreisatz. Es erkannte zwar den allgemeinen Sprachgebrauch an, bei dem wir unter Bürgern alle Bürger verstehen, selbst wenn es ausdrücklich um eine Frau geht. Noch einmal unser Beispiel mit Variation:

- Angela Merkel ist der achte Bundeskanzler der Bundesrepublik Deutschland.
- Angela Merkel war einer der bisher acht Bundeskanzler der Bundesrepublik Deutschland.

Das Gericht erklärte diesen Sprachgebrauch aber ohne weitere Begründung für unmaßgeblich und unterstellte damit dem beklagten Unternehmen, nicht so zu sprechen wie alle anderen.

Ein wesentliches Konstruktionsprinzip der Sprache ist Ikonizität: Die Länge einer Wortform bildet die Menge der Information ab. Das Wort *Schönheit* ist länger als *schön.* Es enthält neben der reinen Eigenschaft *(schön·)* noch die Abstraktion *(·heit).* Die Form *Autos* ist länger als *Auto;* sie enthält äußerlich einen Buchstaben mehr und innerlich die Information über die Mehrzahl. Ebenso enthält *ich lebte* gegenüber dem kürzeren *ich lebe* die Information, dass der Vorgang vorüber ist. Tempus und Numerus bestehen so wenig wie Genus aus spezifischen Gegensätzen: *Ich lebe* hat keinen Zeitbezug und *Auto* keinen Mengenbezug.

Ein (hoch)geistiges Getränk wird so genannt, weil es in seinem Wesen Geist ist. Das ist natürlich nur ein Bild für den Alkohol. Der Papst ist dagegen ein Geistlicher. Er ist nicht selbst Geist, sondern eine Person in Bezug auf den Geist. Dieser Bezug ist die zusätzliche Information, die sich in der Länge des Worts niederschlägt. Etwas ist technisch, wenn es Technik ist. Technologisch ist, was sich auf die Technik bezieht. Technologie ist die Lehre *von* der Technik. *Grammatisch* ist, was Grammatik ist, zum Beispiel eine grammatische Form. Dagegen ist etwas grammati·kal·isch richtig oder falsch, das heißt in Bezug auf Grammatik. In der Allgemeinsprache ist fast immer das Längere gemeint, so dass man dort beide Formen für das Längere verwendet.

Wenden wir nun die Ikonizität auf unseren Fall an: Das Wort *Geschäftsführerin* ist der Form nach länger als *Geschäftsführer,* es enthält mit dem Suffix *·in* ein Kompositionsglied mehr. Und auch inhaltlich enthält die Motionsform mehr, nämlich die Information, dass das Bezeichnete eine Frau ist (♀), das heißt ein bestimmtes biologisches Geschlecht hat.

Bezöge sich *Geschäftsführer* ausdrücklich auf Männer und schlösse Frauen aus, müssten wir darin ein Kompositionsglied finden, das diese Information enthält: nur Männer, aber keine Frauen. Das tut es aber nicht.

Das einzige Kompositionsglied in *Geschäftsführer,* nämlich *·er,* steckt auch in *Geschäftsführ·er·in.* Nach der Deutung des Gerichts wäre diese Form so zu deuten:

▸ Geschäftsführ-♂-♀

Wobei das Gericht annimmt, ♀ würde ♂ von rechts nach links annullieren.

Wer *gewissenlos* ist, dem mangelt es an Gewissen. Das Suffix *·los* löscht *gewissen·* nicht. Das Gewissen wird erst angesprochen und einem dann abgesprochen. Als Information bleibt es erhalten.

Darin liegt ein Schritt, der ›Geschäftsführ-♂-♀‹ fehlt. Hier soll ♀ nämlich ♂ im Inhalt gänzlich tilgen, in der Form (*·er*) bleibt ♂ jedoch bestehen. So etwas gibt es in der Sprache nicht.

Wenn das Urteil nicht auf dem allgemeinen Sprachgebrauch gründet, das heißt auf Sitte und Gewohnheit, muss es auf einem Gesetz gründen. Doch das Allgemeine

Gleichstellungsgesetz (in Deutschland AGG, in allen anderen Ländern der Europäischen Union ähnlich) äußert sich in keinem Wort zu Grammatik und Wortbildung der deutschen Sprache und verwendet sogar selbst Standardformen. Es verbietet dagegen ausdrücklich, bei der Suche nach einem Bewerber auch nur an sein Geschlecht oder an seine Hautfarbe zu denken. Wer sein Inserat mit ›Geschäftsführer oder Geschäftsführerin‹ betitelt, verstößt gegen dieses Verbot in gleicher Weise, als suchte er nach ›Hellhäutigen oder Dunkelhäutigen‹.

Geschäftsführer ist so männlich wie *Büstenhalter.* Nach dem AGG muss der Arbeitgeber schon zu lexikalisch eindeutigen Begriffen greifen, um sich Scherereien einzuhandeln:

- Strammer Kerl für die Geschäftsführung gesucht.
  Bitte keine Weiber!

Das würde hierzulande tatsächlich Ärger geben. Nicht allerdings in Frankreich. Dort wird heute noch in jeder zweiten Stellenanzeige eine *jeune fille* zum Telefonieren oder Blumengießen gesucht, wie sie auch gern als Figur in französischen Liebesgeschichten Verwirrung stiftet. Die Franzosen haben zwar das gleiche Gleichstellungsgesetz wie wir von Europa auferlegt bekommen, pfeifen aber darauf.

Planet der Äffinnen

Was wir auf unserer Odyssee gelernt haben, ist nicht trivial. Sie haben wahrscheinlich das ein oder andere Mal innehalten oder einen Absatz zweimal lesen müssen. Es erforderte viele Gedankenschritte und andauernde Disziplin, um nicht auf

Abwege zu geraten. Wir dürfen es deshalb Laien wie Twain nicht übelnehmen, wenn sie dort enden.

Dennoch ist es verblüffend, dass ein höheres Gericht viele Hinweise zur Kenntnis nimmt, aber verwirft, und sogar einem Unternehmen unterstellt, so dumm zu sein, im 21. Jahrhundert eine frauenabweisende Stellenanzeige aufzugeben. Ihm fiel auch nicht ein, einen Sachverständigen heranzuziehen, wie es üblich ist.

Denn es war von seiner Ansicht ganz und gar überzeugt.

Diese Überzeugung nennt sich Gender Studies. Sie ist vor Jahrzehnten aus dem Feminismus hervorgegangen und soll ihn unterfüttern, indem sie die Welt abseits der echten Wissenschaft noch einmal neu erforscht – diesmal aber aus Sicht der Frau als Opfer jahrtausendelanger Unterdrückung.

Das reicht schon als Begründung, warum die echte Wissenschaft Gender Studies nicht beachtet. Denn in der Wissenschaft ergibt sich die Erkenntnis erst am Ende der Forschung, in den Gender Studies geht sie ihr jedoch voran:

> Es wird dabei vorausgesetzt, daß sich eine mindestens fünf Jahrtausende währende Vorrangstellung des Mannes im indoeuropäischen [Anmerkung: fälschlich für indogermanisch] Raum sprachlich manifestiert – und schon ohne Detailkenntnis kann vermutet werden, daß sich dies [fälschlich für *das*] nicht auf die lexikalische Abbildung patriarchalischer Institutionen beschränkt[.]
>
> *Michael Hausherr-Mälzer: Die Sprache des Patriarchats. Sprache als Abbild und Werkzeug der Männergesellschaft. Frankfurt am Main 1990. Seite 14.*

Ohne Detailkenntnis und vor allem ohne elementare Einblicke in die Materie sollte man lieber nichts voraussetzen.

Es wird als Tatsache vorausgesetzt, dass das Urindogermanenmännchen das Urindogermanenweibchen unterjocht hat, wo und wie es nur konnte. Dafür gibt es in der echten Wissenschaft nicht den geringsten Beleg, aber viele Hinweise, dass es nicht so war. Wie viele Hinweise sich auch ergäben, die Gender-Ideologie – so lautet die angemessene Bezeichnung – würde sie ignorieren.

Es hat bisher immer ins Verderben geführt, wenn man die Wirklichkeit von der Warte einer Überzeugung aus bewertet, die nicht infrage gestellt werden darf. Die Kreationisten in Amerika treiben eifrig Biologie und Geologie, betrachten aber alles aus der Warte, dass Gott die Welt vor 6000 Jahren in sechs Tagen erschaffen hat. Die völkische Rassenlehre vermaß Schädelformen von Menschen mit der Überzeugung, es gäbe beim Homo sapiens Rassen verschiedener Güte, die untereinander in einem Kampf um die Weltherrschaft stünden. Weil diese Idee falsch ist (es gibt beim Homo sapiens gar keine Rassen), kam es im Rassenkundeunterricht in der Schule immer wieder dazu, dass der arischste Junge in der Klasse Aron hieß. Die Verfassung der Deutschen Demokratischen Republik war überaus demokratisch. Nur eine Kleinigkeit darin machte aus einer Demokratie eine Diktatur: Von der Idee des Sozialismus durfte nicht abgerückt werden, und nur die Sozialistische Einheitspartei durfte entscheiden, was sozialistisch war.

Diese Überzeugungen haben nicht deshalb Unheil angerichtet, weil sie böse waren. Wir erachten sie heute als böse, nachdem wir ihre Verwirklichung erlebt haben. In den Dreißigern ging selbst die Anthropologie einhellig davon aus, dass die Rasse der weißen Menschen ihren Ursprung in Asien gehabt hätte und die dunkleren Rassen vom afrikanischen Affen herstammten. Erst später erkannte man, dass die gesamte Menschheit von einem Haufen Afrikaner abstammt, der bequem auf einem Fußballfeld Platz hätte.

Keine dieser Ideen wurde für böse oder falsch gehalten, als sie aktuell waren. Deshalb ist es kein Argument, wenn wir unsere heutigen Ideen für gut halten. Das glaubte man zu allen Zeiten. Die Ideen sind böse, weil sie Totalität beanspruchen. Nach den Erfahrungen im 20. Jahrhundert dürfen wir nicht zulassen, dass die Wissenschaft heute wieder von solchen totalitären Ideen und Überzeugungen unterwandert wird.

Bei der Gender-Ideologie lautet die Überzeugung, dass der Mann die Frau seit jeher unterjocht hätte. Sie ist keine Erkenntnis, die durch Erforschung der Vergangenheit gewonnen wurde. Sie ist ein Eindruck, den Feministen von heute auf früher übertragen haben, so wie Hitler und Marx ihre Eindrücke von ihrem Umfeld auf die Weltgeschichte übertrugen.

Gender-Ideologie besteht folglich darin, die Sprachgeschichte nach ihrer Überzeugung abzuklappern. Was sich irgendwie als Beleg fehldeuten und veruntreuen lässt, wird eingesammelt. Wo das nicht gelingt, wirft das keine Fragen an der Richtigkeit der Überzeugung auf, sondern wird verschwiegen oder damit begründet, dass der Mann eine Möglichkeit übersehen hat, die Sprache für seine Dominanz zu instrumentalisieren.

Obwohl alle Publikationen der Gender-Ideologie unverhohlen aktivistisch sind, wollen sie sich wie Kreationismus und Rassenlehre durch das Einflechten von Fachbegriffen und Fußnoten das Air echter Wissenschaft geben. Sehen Sie selbst, wohin das führt:

> Neben dem generischen Maskulinum gibt es in der deutschen Sprache weitere grammatikalische Bereiche, die eine historisch begründete männliche Dominanz widerspiegeln. Ein Beispiel hierfür sind die Pronomina ›wer‹, ›niemand‹, ›jemand‹, ›man‹.
>
> *Annelene Gäckle, Monika Schoop, Maike Hellmig: ÜberzeuGENDERe Sprache. Köln 2013, Seite 20.*

Das Pronomen *wer* kennen wir längst. Und *Mann, man, je·man·d* und *nie·man·d* sind im Sprachzentrum völlig verschiedene Begriffe.

Man löste sich zu einer Zeit von *Mann,* als das noch den Menschen geschlechtsneutral als Person bezeichnete. *Mann* ist wie lateinisch *hŏmō* vom indogermanischen Wort für Erde abgeleitet und bedeutete zunächst ›Erdling‹. Ein geschlechtsunspezifischeres Wort hätten sich die Urindogermanen nicht ausdenken können!

Daneben verwendete man im Althochdeutschen das von *man* (Mensch) abgeleitete Adjektiv *mennisco* als Substantiv *(das Menschliche),* um den Menschen als irdisches Wesen im Kontrast zu Gott zu bezeichnen: *mennisco → das mensche → der mensche → der Mensch.*

Von dieser Vergangenheit rührt es her, dass wir heute noch das Wort *Mensch* nur als *der Mensch* (der Mensch schlechthin), als *ein* oder *kein Mensch* (menschliches Wesen) oder mit einem Attribut *(kluge Menschen, manche Menschen)* oder einer Umstandsangabe *(Menschen am Abgrund)* verwenden. Wenn uns dagegen Politiker mit ›die Menschen‹ als Bezeichnung für alle Menschen im Land anmenscheln, bebt unser

Sprachgefühl, weil das Deutsche an dieser Stelle von *Leuten* spricht (wir kommen im nächsten Kapitel darauf zurück).

Von Frauen als Weibchen und Männern als Männchen sprach man früher kaum, und schon gar nicht außerhalb der Poesie. Diese Mode kommt erst im 19. Jahrhundert auf. Davor bezeichnete man erwähnenswerte Menschen nach ihrem Stand: *frō* (Herr) und *frouwa* (Herrin), Ritter, Degen (junger Kämpe), Magd.

In Wahrheit dominierte nicht der Mann die Frau – die Ständeordnung war es, die alle Menschen gleichermaßen in ihren Fängen hielt. Selbst der König war dazu verdammt, Königskram zu machen: einen Nachfolger zu zeugen, herumzureisen und Marktrechte zu verleihen, Kreuzzüge zu finanzieren. In der Freizeit Falkenjagd bis zum Abwinken. Vor nicht allzu langer Zeit war jeder ein sogenannter *eigenman.* Er war jemand verpflichtet, der wiederum einem anderen verpflichtet war. Bis auf den Recken. Als Einzelgänger trieb er orientierungslos wie das etymologisch verwandte *Wrack* außerhalb der Weltordnung. Diese Lebensweise machte die Leute schaudern und ihn ein bisschen bewundern.

Wenn *Mann* heute das Menschenmännchen bezeichnet, liegt es nicht daran, dass man Frauen früher nicht für erwähnenswert hielt. Im Gegenteil! Sie wurden bei jeder Gelegenheit erwähnt und gepriesen, was das Zeug hielt. Der Grund liegt in der Ausbreitung von *Mensch* zum allgemeinen Menschenwort und der ständigen Erwähnung von weiblichen Menschen als Frauen. Das trieb *Mann* unbemerkt in seine heutige Enge. Wohlgemerkt! Wir sprechen hier über die Bedeutung eines einzelnen Wortes und nicht von Grammatik wie bei *Bürger und Bürgerinnen.*

Aus den Forschungen der Gender-Ideologie ergibt sich ein ganz anderes Geschichtsbild, und das lässt einen schaudern:

Obwohl die Frau seit so langer Zeit sprechen kann wie der Mann und seit jeher die Hälfte jeder Population ausmacht, hat sie jahrtausendelang nichts gesagt und ist erst durch die moderne Frauenbewegung zu Bewusstsein und Sprache gekommen wie auf dem Planeten der Affen. Wenn sie doch gesprochen hat, durfte sie die Sprache höchstens mitbenutzen und musste so sprechen, wie es ihr der Mann vorgab. An der Entstehung und Entwicklung des Deutschen hatte sie keinen Anteil.

Das ist selbstverständlich unmöglich. Und sowohl antiwissenschaftlich als auch frauenfeindlich, weil es der Frau ihren Anteil an unserer Kultur abspricht.

Nichts im Urindogermanischen deutet auf eine Unterjochung oder Geringschätzung der Frau hin, aber dafür viel auf das Gegenteil. Im alten Ägypten, dessen historisch belegte Anfänge an die Zeit der Urindogermanen heranreichen, ist die hohe Stellung der Frau historisch verbürgt. Das Ägyptische hatte ein Genussystem, das dem indogermanischen gleicht: Dem Maskulinum als Standardgenus (König) steht das spezifische Abstraktum (Königtum → Königin) gegenüber; bloß die letzte Trennung zwischen Neutrum und Femininum hat dort nicht stattgefunden. Das Türkische kennt dagegen kein Genus. Wie es sich in der Türkei wohl als Frau lebt?

Es gibt keinen Zusammenhang zwischen der Rolle der Frau in einer Gesellschaft und der Grammatik ihrer Sprache. Genau das behauptet die Gender-Ideologie aber. Neuerdings führt sie in ihrer Propaganda empirische Studien an, die beweisen sollen, dass Frauen zwar häufig mitgemeint, selten jedoch mitgedacht würden.

Solche Studien gibt es nicht, nicht in der Psychologie und erst recht nicht in der Sprachwissenschaft. Folgt man dem nebulösen Pfad zu diesen Studien, entpuppen sie sich stets als Essays von Aktivisten an entlegenen amerikanischen Universitäten. Nichts davon ist in anerkannten wissenschaftlichen Publikationen erschienen, nichts davon wurde je von der echten Wissenschaft zur Kenntnis genommen.

Denn in der echten Sprachwissenschaft hat man schon früh im 20. Jahrhundert erkannt, dass die Annahme, Grammatik könnte uns psychologisch beeinflussen, Unsinn ist. Diese Erkenntnis ist das Erste, was man als Student lernt. Und Sie kennen auch den Grund: Es ist die Kluft zwischen Sprachzentrum und Verstand, die wir am Anfang dieses Kapitels empirisch nachgewiesen haben. Wir haben außerdem erschöpfend nachgewiesen, dass unser Sprachzentrum das Genus ganz anders verwendet, als der ungesunde Menschenverstand annimmt.

Die Gender-Ideologie hat den Irrtum von Mark Twain in eine Pseudowissenschaft gekleidet, die für Laien zunächst plausibel klingt: Unsere Sprache ist vom Maskulinum als Unterdrückungsinstrument durchdrungen. Wer für die Gleichberechtigung der Frau ist, folgt dann bereitwillig der Forderung der Ideologie, dass unsere Sprache geschlechtsneutralisiert werden müsste. Dabei ist sie bereits so geschlechtsneutral, dass sie Frauen nur durch den Kniff der Abstraktion darstellen kann. Und so bewirken die Maßnahmen der Ideologie keine Geschlechtsneutralisierung, sondern das Gegenteil: Sie sexualisieren die Sprache. In jedem Satz wollen sie uns darauf hinweisen, dass es zwei verschiedene Arten von Menschen gäbe. Das echte Deutsch ist nicht so töricht.

Das wahre Ziel liegt darin, die unbewusste Grammatik ins Bewusstsein zu laden, damit jeder ständig die Idee der Ideologie repetiert. Das ist es, was man unter Totalitarismus versteht.

Wir sollen fortan unser Sprachzentrum abstellen und stattdessen unser Bewusstsein zum Sprechen verwenden. Kein Wunder, dass fast alle Vorschriften für gendersensibles Sprechen grammatikalisch falsch sind oder etwas anderes bedeuten, als die Aktionisten annehmen. Aus ihrer Überzeugung, dass der Mann die Frau seit jeher unterdrückt, leiten sie ab, das Maskulinum wäre von Männern in einer Verschwörung als Propagandamittel ersonnen worden. Daraus ergibt sich für sie, das maskuline Substantiv *der Fußgänger* könnte nur Männer bezeichnen und wäre deshalb durch das Partizip *zu Fuß Gehende* zu ersetzen, das sowohl als *der* als auch als *die zu Fuß Gehende* erscheinen könnte und im Plural, wie es meist vorkommt, genuslos wäre.

Dieser Plan geht jedoch nicht auf. Substantivierte Partizipien sind im Plural nicht genuslos. *Die Reisenden* sind selbstverständlich Standardgenus, das heißt Maskulinum. Man kann ihm nicht entkommen und man muss es auch nicht, weil es sich nicht spezifisch auf Männer bezieht.

Solche Maßnahmen verfehlen ihr Ziel und verheeren dabei die Kernstruktur unserer Grammatik: Ein Fußgänger bleibt Fußgänger, wenn er gerade gar nicht geht, sondern an einer roten Ampel wartet. Ein zu Fuß Gehender wäre man nur, solange man einen Fuß vor den anderen setzt. Wenn es diese Form überhaupt gäbe! Wer durch die Zeit reist, ist kein durch die Zeit Reisender, sondern ein Zeitreisender. Wer ins Ausland reist, ist kein ins Ausland Reisender, sondern ein Auslandsreisender. Wer zu Fuß geht, ist kein *zu Fuß Gänger,* sondern ein *Fußgänger.* Das Deutsche hat einen komplexen, aber sehr guten Grund, solche erweiterten Partizipien nicht einfach zu substantivieren, sondern umzubauen und dabei die Präposition vorne zu streichen.

Die meisten Verben münden zudem in einem Ziel oder richten sich auf eines. Einwanderer sind keine Einwandernden, weil sie bereits angekommen sind und das Einwandern abgeschlossen ist. Antragsteller sind keine Antragstellenden, weil ihr Antrag bereits vorliegt.

Dem Muttersprachler kommen solche Sprechvorschriften gewöhnlich einfach nur unschön oder merkwürdig vor, ohne dass er artikulieren kann, was damit nicht stimmt. Das braucht er auch nicht zu können: Wenn dem Sprachzentrum eines Muttersprachlers etwas merkwürdig oder unschön vorkommt, dann ist es falsch und unmöglich. Durch das Unwohlsein teilt es seinem Besitzer mit, dass die Zeichen seines Zeichensystems falsch verwendet werden.

Die Frauenbeauftragte der Universität München erklärte im Jahre 2013 in ihrem Leitfaden für gendersensible Sprache, dass solche Sprechvorschriften für die Gleichstellung von Mann und Frau unerlässlich seien. Ich wandte mich an sie, um mir in einem Gespräch diese Unerlässlichkeit im Allgemeinen und die Sprechvorschriften im Einzelnen erklären zu lassen. Sie antwortete, sie könne leider kein Interview geben. Sie sei keine Sprachwissenschaftlerin und keine Juristin und der Leitfaden nur eine Empfehlung.

Von einer Empfehlung kann keine Rede sein. Den Angehörigen der Universität wird zu verstehen gegeben, dass sie gegen die Gleichstellung von Frauen wären, wenn sie den Sprechvorschriften nicht folgten, für die es keine gesetzliche Grundlage gibt. Das Grundgesetz verbietet es ausdrücklich. Die Strategie der Aktivisten liegt folglich darin, den Leuten Angst zu machen, sie könnten für frauenfeindlich gehalten werden, wenn sie ihnen nicht gehorchen.

An der Unerlässlichkeit durfte ohnehin zweifeln, wer zur gleichen Zeit im Rektorat und im Hochschulrat der Universität nach Frauen suchte. Nur die Studenten hatten als einen ihrer beiden Vertreter eine Frau in den Rat gewählt.

Die anderen zehn Vollmitglieder aus dem Hause waren Männer, zudem die beiden Vorsitzenden. Diese seltsame Besetzung hätte die Universität von einem Tag auf den anderen ändern können. Stattdessen drangsalierte sie ihre Wissenschaftler mit Sprechvorschriften, die auf antiwissenschaftlichen Ideen gründen. Dabei spielen gerade in der Wissenschaft Geschlecht, Hautfarbe oder Herkunft eines Menschen keine Rolle.

So auch im Bundesverkehrsministerium, das im April 2013 die Straßenverkehrsordnung in Gendersprech novellierte. Dort regierte zum Zeitpunkt der Novellierung mit Peter Ramsauer wie eh und je ein Mann als Minister, zusammen mit fünf Staatssekretären. Keiner von ihnen war eine Frau. Dabei schreibt das Bundesgleichstellungsgesetz dem Minister vor, dass er neue Posten mit Frauen zu besetzen hat, zuletzt im Oktober 2012, als Michael Odenwald verbeamteter Staatssekretär wurde. Wenn zu diesem Zeitpunkt keine Frau mit gleichen Qualifikationen zur Verfügung stand, lautet die Frage: Wieso nicht? Das Gesetz war damals seit zwölf Jahren in Kraft und schreibt die Förderung der Qualifikation von Frauen vor. Von der Förderung von Parteikameraden steht darin hingegen kein Wort.

Zum Zeitpunkt der Novellierung gab es allerdings keine Ungleichstellung von Mann und Frau im Straßenverkehr. Frauen nehmen nicht nur zwangsläufig am Straßenverkehr teil, sobald sie öffentlichen Raum betreten – ausgerechnet beim Führen von Fahrzeugen gibt es eine numerische Gleichstellung von Mann und Frau. Oder kennen Sie eine Frau, die ohne besonderen Grund keinen Führerschein hat? Im Gegenteil, sie sitzen fast alle bereits mit siebzehn allein am Steuer, die Männer im selben Alter meist noch in der Fahrschule.

Auf die gesellschaftliche Gleichstellung von Mann und Frau wollen wir hier nicht eingehen. Es reicht, wenn wir uns darüber einig sind, dass diese Frage eine Gesellschaftsfrage ist. Gesellschaftsziele erreicht man durch politische Aktion: durch Klage vor dem Verfassungsgericht, durch Mahnen und Hinweisen, durch Demonstrieren und Protestieren oder vielleicht durch Frauenquoten. Subversion der Wissenschaft und der Sprache ist kein legitimes Mittel, ein Gesellschaftsziel zu erreichen. Das hat in der Geschichte immer im Verderben geendet. Zumal es gerade die Wissenschaft war, die uns von Ideen wie der Existenz von Rassen oder Güteklassen unter den Geschlechtern befreit hat.

Wo bei uns Gendersprech praktiziert wird, in der Politik, an Universitäten und Behörden sowie in den großen Unternehmen im Rahmen ihrer Compliance-Attitüde, stecken wie im Verkehrsministerium immer Männer dahinter. Und die lieben gendersensible Sprache wie gewissenlose Großbanken ihr Engagement für wohltätige Zwecke. Wie ließe sich besser vorgaukeln, es ginge voran?

Die letzten Rätsel

Zum Abschluss die Probe aufs Exempel. Erinnern Sie sich an all die Rätsel und Widersprüche, die ich eingangs aufgetischt habe? Mit unserer Erkenntnis müssen sie sich lösen lassen. Unsere Erkenntnis lautet:

Das Genussystem ist die Kongruenz von Formen, deren Zweck darin besteht, unseren Wortschatz systematisch zu erweitern und an unser Leben anzupassen.

DAS MESSER, DER LÖFFEL UND DIE GABEL Das Tischgedeck und die Besteckschublade sind Ideen aus unserem Verstand. Nur ihm kann es Plaisir bereiten, wenn alle Gegenstände solcher Arrangements dasselbe Genus haben. Für die Sprache liegt darin kein Vorteil. Es wäre eher ein unerhörter Zufall, so unwahrscheinlich wie der Jackpot an einem einarmigen Banditen.

Das Tischbesteck ist gerade einmal so alt wie die industrielle Revolution. Davor trug jedermann stets bei sich, was er zum Essen brauchte, nämlich seine beiden Hände und ein Messer für jeden Zweck. Zwecke gab es dauernd in einer Welt ohne abgepackte Portionen.

So reicht das Messer als Gegenstand weit in die Vergangenheit zurück. Es ist eine geschrumpelte Zusammensetzung aus germanisch *mata·s,* das bei uns außer Gebrauch geraten ist, aber in Island mit *matur* noch für Speise und Essen steht, vor allem Fleisch: *Mettwurst* und englisch *meat.* Ursprünglich bezeichnete es das Essen als Portion, weil es vom Verbum *messen* abgeleitet ist.

Das Hinterglied lautete bei den Germanen *sachsa·n* und bei den Römern *saxu·m.* Als m-Wort – urindogermanisch *·m* wird im Germanischen zu *·n* – muss es sich um das Ergebnis einer Handlung handeln, und die ist *sekch·* ›schneiden‹.

Da das Messer selbst schneidet und nicht geschnitten wird, würden wir eher ein s-Wort mit der Bedeutung ›Schneider; der schneidet‹ erwarten. Es ist allerdings älter als Bronze und Eisen und kann zunächst nur aus Stein gewesen sein. Einen Stein mit scharfer Kante zum Schneiden gewinnt man, indem man ihn absplittert. Das ist mit *sekch·* gemeint.

Im Althochdeutschen hieß die Zusammensetzung zunächst *mezzi·sahs* (Portioniermesser). Daraus wurde *mezzirahs* und schließlich durch Vereinfachung *das Messer.*

Der Löffel ist dagegen ein Schlürfinstrument, komponiert aus *lap·* ›schlürfen, lecken, schlecken‹, dem Instrumentsuffix *·el,* das wir bereits von *Stengel* (Stechinstrument) sowie *Schlegel* (Schlaginstrument) kennen, und der s-Endung: Der *lap·ila·s* ist also ein Schlürfer.

Wir dürfen ihn uns im Ursprung als einfachen Holzspan vorstellen, weil er im Englischen immer noch so bezeichnet wird *(spoon)* und im Isländischen ähnlich als *skeið* (Scheit).

Am jüngsten ist die Gabel. Als Essbesteck kommt sie erst in der frühen Neuzeit auf, wo man am französischen Hof gern klebriges Obst aß. Es dauerte einige Jahrhunderte, bis jedermann in Europa so fein aß wie der König von Frankreich. Fast so fein, denn wir einfachen Leute stechen die Gabel heute in alles, was sich aufpiken lässt, sogar in Salatblätter, worüber man sich anfangs in besseren Kreisen amüsiert hat.

Ursprünglich hat man Gabeln nur in Mist und Heu gestochen. Die Bedeutung der Wortwurzel kennen wir nicht, dafür durchdringen wir ähnliche Begriffe wie die Spindel (Dingsbums fürs Spinnen), die Windel (Dingsbums fürs Winden) und Schaufel (Dingsbums fürs Schieben).

Bei der Gabel handelt es sich um ein gabelartiges Dingsbums. Gabelartig wie die Verzweigung von Ästen, die man zum Aufgabeln von Heu verwenden kann.

DER ODER DIE BUTTER? Die Butter ist als Wort ziemlich ranzig. Gut ein Jahrtausend hätten die Deutschen Zeit gehabt, sich auf ein Geschlecht zu einigen, denn *Butter* wurde im frühen Hochmittelalter aus spätlateinisch *būtȳru·m* entlehnt. Davor nannte man es Schmier, wie heute noch in Skandinavien (*smørrebrød* und *smörgås*), oder *Schmalz.*

Das lateinische *būtȳru·m* ist als m-Wort ein Neutrum, hat dort also ausgerechnet dasjenige von den drei

Geschlechtern, das dem oder der deutschen Butter als Einziges abgeht. Die feminine Butter ist auf die Mehrzahl *būtȳr·a* zurückzuführen, die ebenfalls in Gebrauch war.

Uns kommt es heute so vor, dass Latein im Mittelalter das universelle Verständigungsmittel gewesen wäre, so wie wir zum Englischen greifen, wenn ein Kellner in Florenz unser Italienisch nicht versteht. In Wahrheit sprach damals niemand Latein, nicht einmal Priester und Mönche verstanden es. Die frühmittelalterlichen Texte in deutscher Sprache, wie Otfrids Evangelienharmonie aus dem 9. Jahrhundert allen voran, sind nämlich als Zusammenfassung der Bibel für dieses kirchliche Fachpersonal geschrieben worden. Sie hätten sonst keinen Schimmer gehabt, was in der Bibel steht.

Da bis auf wenige Hochgebildete keiner wusste, wie die lateinische Butter gebeugt wurde, hielt man sie für ein Femininum: *diu buohha* (die Buche), *diu sunta* (die Sünde), *diu bluoma* (die Blume), warum nicht auch *diu butera* (die Butter)?

Die Endungen lateinischer Entlehnungen fallen ab, wenn sie im Deutschen alltäglich werden: *fenestra → Fenster.* Bei der maskulinen Butter wurde vor dem Abfallen noch die Endung *·um* als deutsche Mehrzahlendung missverstanden: *die zung·un* (die Zung·en) → *butur·um/n* (die Butter·n). Deshalb sprach man sehr lange männlich wie weiblich von *den Buttern* in der Mehrzahl, obwohl man wie heutzutage Butter als Klumpen meinte. Im Singular rutschte die endungslose *Butter* ins Standardgenus: *der Butter.*

Der männliche Butter entstand im Oberdeutschen, im Bairischen also, im Alemannischen und im Oberfränkischen, die weibliche Butter gehört zum Mitteldeutschen, dem Deutsch, das man in der Mitte Deutschlands zwischen Köln und Dresden spricht.

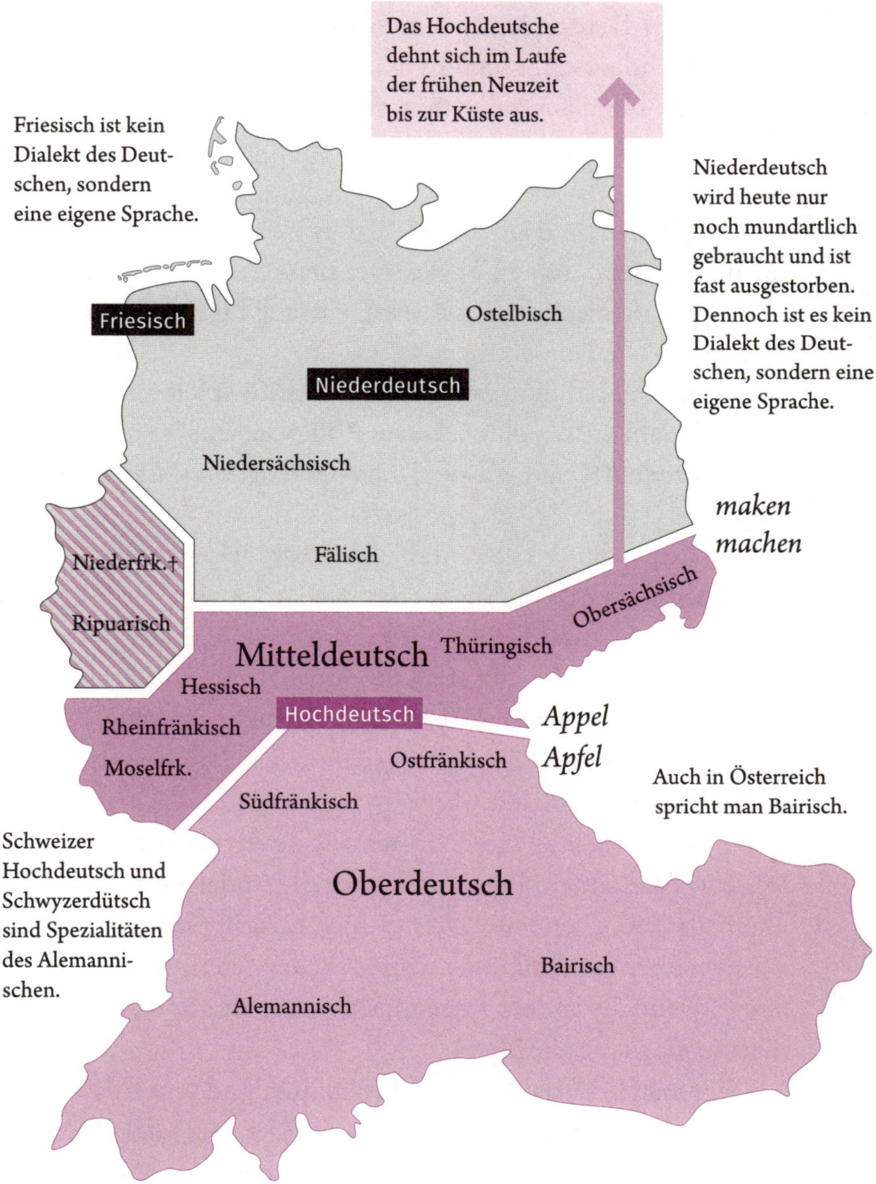

Die Karte zeigt in den heutigen Außengrenzen der drei großen deutschsprachigen Länder den Dialektstand am Ende des Mittelalters mit der ursprünglichen Ausdehnung des Hochdeutschen (Oberdeutsch und Mitteldeutsch).

Im Norden Deutschlands sprach man im Mittelalter noch nicht Hochdeutsch, sondern Niederdeutsch, und man aß dazu *smalt* oder *smor*, das man auch zum Schmoren in der Pfanne verwendete.

DIE SOCKE UND DER SOCKEN Die gleiche Geografie gilt für den Socken und die Socke. Der maskuline *soccus* wurde aus dem Lateinischen als *sok* ins Deutsche und zugleich ins Englische *(sock)* entlehnt.

Im Idealfall hat man zwei davon, deshalb spielt auch hier die Mehrzahl, *socke* oder *söcke*, ein Rolle: Sie wurde später als Einzahl gedeutet und wie *der Junge, des Jungen, die Jungen* gebeugt.

Die Fülle der Wörter, die wie *Junge* gebeugt werden, sind Personenbezeichnungen: *der Bote, der Zeuge, der Bürge, der Pate, der Laie, der Riese, der Kunde, der Franke, der Franzose.* Am Beginn der Neuzeit setzte die vorsätzliche Entwicklung ein, diese Gruppe von Wörtern zu entrümpeln, die keine Person oder wenigstens ein menschenähnliches Lebewesen wie den Bären bezeichneten.

Entweder ließ man diese Wörter, wie sie waren, und schickte sie in eine andere Beugungsklasse, die in der Grundform ebenfalls auf *·e* endete. Dies Schicksal erlitt *der Ameis·e, der Schnak·e, der Grill·e, der Schneck·e, der Schnepf·e* und *der Nier·e.* Denn als andere Beugungsklasse blieb nur das Femininum: *die Lieb·e, die Blum·e.*

Oder man ließ das Wort im Maskulinum und schob es von der schwachen in die starke Beugung *(der Weg, des Weg·s, zwei Weg·e)*. Dort durfte es aber nicht mehr auf *·e* enden, was einfach zu bewerkstelligen ist, indem man die Endung des Akkusativs *(den Jung·en)* zur Grundform machte. So wurde aus *der Hak·e, des/dem/den Hak·en, zwei Hak·en* kurzerhand *der Haken, des Haken·s, zwei Haken.* Nach diesem Schema ist der *Franke* ein Mensch aus Franken und der *Franken* eine Münze.

Bei *der Sock·e* schlug das Mitteldeutsche den ersten Weg ein *(die Socke),* das Oberdeutsche den anderen *(der Socken).*

DER ODER DAS MOMENT? Genusvarianten erblickt man nur, wenn man das deutsche Sprachgebiet aus großer Höhe betrachtet. Unten auf dem Boden ist für die Leute im Süden eindeutig, dass es *der Socken* heißt. So eindeutig wie für die Leute im Norden *die Socke.*

Wenn dagegen alle Deutschen einträchtig zwei Genera für ein Wort kennen, muss es zweimal entlehnt sein. Den Rekord hält *Moment:* Es wurde dreimal ins Deutsche entlehnt – jedesmal mit einem anderen Genus.

Zuerst gelangte es im Spätmittelalter als *die moment·e* aus dem Französischen ins Deutsche. Dort ist *le moment* maskulin, weil er im Lateinischen neutral ist *(mōmentum).* Im Deutschen sind Zeitbegriffe in der Fülle Abstrakta: *die Stunde, die Minute, die Sekunde, die Weile, die Woche.*

Ausgenommen sind nur *der Tag* (vielleicht ›der Brenner‹ als Sonnenaufgang, daraus der gesamte lichte Tag und später der Tag mit 24 Stunden) und *der Monat.* Er ist vom Messen abgeleitet und ein Zeitmesser.

Vom Monat ist wiederum *der Mond* abgeleitet (und nicht umgekehrt), ohne Abstraktion als ›Zeitmessender‹, daher ist auch er maskulin. Lateinisch *lūna* ›Leuchte → Mond‹ ist dagegen eine Abstraktion vom Leuchten und gehört zu *lūx* ›Licht‹ und deutsch *leuchten.* Die Abhandlungen des Astrologen der Bildzeitung über den Zusammenhang zwischen der femininen *lūna* und der weiblichen, menstruösen Urkraft des Mondes sind also esoterischer Unsinn – und ebenso, was umgekehrt im Wörterbuch von Wikipedia über die Sonne gesagt wird:

> Auffällig ist, dass der Begriff in vielen Sprachen als männlich (gebendes Prinzip) festgehalten ist. In der deutschen Sprache (und anderen germanischer Abstammung) hat die Sonne einen weiblichen Artikel. Demzufolge hat im Deutschen der Mond einen männlichen Artikel, in den anderen Sprachen einen weiblichen (empfangendes Prinzip).
>
> *Wiktionary: Sonne*

Auffällig und falsch. Den Erfindern dieser Wörter wird unterstellt, sie nach weltanschaulichen Motiven erfunden zu haben.

Das Sonnenwort ist so alt wie das Wasserwort (siehe Seite 51) und ein l-Wort, eine Variante der r-Wörter: *séchue·l.* Der lateinische *sōl* geht auf den Singular zurück und ist ein ›Sonner‹ *(sóchu·l).* Unsere Sonne geht auf den Genitiv der Kollektivform zurück, in der sich *l* zu *n* wandelt: *sū·n.* Sie ist eine ›Sonnigkeit‹.

Die Genusopposition von Sonne und Mond ist überall reiner Zufall. Alle alten Benennungen von Himmelsphänomenen sind pragmatisch und niemals spiritistisch.

Zurück zum Moment: Lange hielt sich *die momente* im Deutschen nicht, es bedurfte einer erneuten Entlehnung in der Neuzeit. Inzwischen fühlte sich die deutsche Oberschicht französischer als der Sonnenkönig selbst, deshalb sprach man à la manière de Versailles von dem Momang. Die französische Aussprache haben wir abgelegt, das Maskulinum ist geblieben: der Moment.

Schließlich entlehnte die Wissenschaft einen dritten Moment, diesmal jedoch nicht aus Frankreich, sondern aus dem Lateinischen selbst. Dort ist das Momentum zunächst, was bewegt wird (*movēre* ›bewegen‹): *movimentum* → *mōmentum* ›was bewegt wird → was den Ausschlag gibt → der entscheidende Augenblick → Augenblick‹.

Nicht in der weiterentwickelten Bedeutung des Augenblicks, sondern in der ursprünglichen Bedeutung der Bewegung benötigte man es bei der dritten Entlehnung: Die Erde kreist um die Sonne und dreht sich dabei um ihre Achse. Das bezeichnet man als *Drehmoment* (englisch: *angular momentum*).

So sprach man erst von dem Momentum, wie man es im Englischen heute noch tut: *the momentum* ›Impuls‹, im Gegensatz zu *the moment (the moment has come).*

Das Deutsche hat die lateinische Endung gestrichen, weil es den Moment als Augenblick von dem Moment als Impuls durch das Genus leicht unterscheiden kann.

DAS GLEICHNIS UND DIE BEFUGNIS Die Socke und der Socken lassen keinen Zweifel daran, dass das Genussystem aus Formen und nicht aus Ideen besteht.

Das lässt sich besonders deutlich im Frühmittelalter beobachten: Damals schwanden die alten Genusendungen, und der Artikel hatte sich noch nicht zum vollwertigen Ersatz gemausert. Die Substantive tanzten zwischen den Geschlechtern hin und her, weil zahlreiche Beugungsklassen über die Geschlechter hinweg plötzlich auf *·a* oder *·i* endeten.

In dieser Phase entstanden die meisten Abstraktionen auf *·niss·a* oder *·niss·i.* Sie wurden von einzelnen Autoren in ihrem entlegenen Kämmerlein im Kloster erfunden, wo sie über die Einnis und die Dreinis Gottes grübelten. Doch die meisten Wortschöpfungen der *maniscnissa* von einst sind in des *wasseres geruornissi* und ewige *ferlornissa* geraten.

Die Befugnis ist eine Freiheit, die durch keinen Einzelbefehl aufgehoben werden kann. *Die Bewandtnis* ist eine Richtung, nach der sich etwas wendet. *Die Beklemmnis* ist eine Beklemmung.

Das Gleichnis ist dagegen, was einer Sache gleicht. *Das Ereignis* ist, was sich ereignet. *Das Hemmnis* und *das Hindernis* sind ganz gewisse Vorgänge oder Widerstände, die man überwinden möchte.

In früheren Zeiten traten solche Wörter sowohl als Femininum als auch als Neutrum auf. Man verwandte sie als Neutrum, wenn es sich um einen Einzelfall handelte:

- Sie spürte ein dringendes Bedürfnis.

Und als Femininum bei allgemeinen Lagen:

- Sie schmachtete in der äußersten Bedürfnis.

DER MUT, DIE DEMUT, DAS GEMÜT Unter Mut verstehen wir heute Kühnheit und Courage. Er ist die Kraft, die nur eine Richtung kennt: Vorwärts! Die Gegenkraft ist erst seit der Neuzeit Angst.

Wahrscheinlich ist *Mut* das Substantiv zu *mühen*, worunter man einst wie heute das Abmühen und Abplagen verstand. Mut ist nicht die Mühe als Abstraktion (Plagerei), sondern wie *Weg* und *Fall* die Sache selbst: ein Müher – Sensation und Ausschlag des Seelenfriedens, zum Beispiel wenn man eine menschenverachtende Plastikverpackung aufreißt, mit einem unkooperativen Gartenschlauch ringt oder unter den Tisch krabbelt, um im Halbdunkel ein Kabel in den Computer zu stöpseln, und sich dabei noch den Kopf an der Tischplatte stößt.

Ebendiesen jähen Zorn verstanden die Goten im 4. Jahrhundert unter *mōþ·s* und wenig früher die Germanen unter *mōda·s.* Auch *müde* gehört wohl dazu, denn nichts erschöpft einen mehr, als von Plagerei und Zorn aufgerieben zu werden.

Im Mittelalter weitete sich die Bedeutung im Deutschen und im Englischen *(mood)* auf jede spürbare Stimmung aus. Die uns wohlbekannte Klammerbildung *Ge·… ·t* fasst alles, was in einem Menschen vor sich geht, zu einem kompakten Ding zusammen, das akut oder wesentlich sein konnte. Wenn wir heute unter Gemüt den Charakter eines Menschen verstehen, rührt es daher, dass der Mut lange für die herrschende Einzelstimmung an der Oberfläche des Bewusstseins stand.

Wol dir, geselle guote,	Wohl dir, gute Gesellin,
das ich ie bi dir gelag	dass ich immer bei dir lag,
du wonest mir	du wohnst
in dem muote.	*in meinem Mut.*

Keiser Heinrich: Ich grüsse mit gesange.
Codex Manesse, Blatt 6 verso, linke und rechte Spalte.

Der Sänger gibt damit der Geliebten zu verstehen, dass er fortwährend an sie denken muss. Nicht für jeden Minnesänger lief es so vorzüglich. Hier ein Fall von dicke swærem muot:

ich hān sorgen	Ich habe mich Sorgen
vil gepflegen	ganz hingegeben
und dien frouwen	und mit den Frauen
selten bī gelegen.	selten geschlafen.
ōwē!	O weh!

Heinrich von Morungen: Lachen unde schœnes sehen.
Codex Manesse, Blatt 78 recto, linke Spalte.

Im Mittelalter ließ sich Mut noch wenden. Das Gegenteil von dickem und schwerem Mut war der hohe Mut. Er zierte die juncfrowe als Ausgelassenheit beim Swanzen und war, was man im Mittelalter unter Glück verstand. Doch das Glück währte damals schon kurz, weil einem hoher Mut (→ Hochmut) die Sinne raubt und nicht selten vor dem Fall kommt. Als Charakterzug stand hoher Mut für die Unfähigkeit eines Menschen, seinen von Gott zugewiesenen Platz im Gefüge einzunehmen. Einen solchen Platz hatte selbst der König.

Sih thaz heroti	Siehe, das Herrscherpack,
th[az] ist imo *thiohmuati*	das ist ihm *dienmütig (untertan);*
so uuito soso worolt ist	so weit wie die Welt ist,
uuant er ther druhtin	weil er der Herr [ist]

Otfrid von Weißenburg (9. Jh.): Quatuor Evangelia Theodisce versa. Buch 1, Kapitel 3, Vers 14, Codex Palatinus, Blatt 15 recto.

Thiohmuati → *diemüete* → *Demut* ist die Abstraktion (Dienmütigkeit) zum Adjektiv *demütig,* so wie die Schnelle das Abstraktum zu *schnell* ist und die Schöne einst das Abstraktum zu *schön* war.

Über die Schönheit als Abstraktion wissen wir jetzt genug. Es wird Zeit, dass wir uns ansehen, was sie ganz konkret bedeutet!

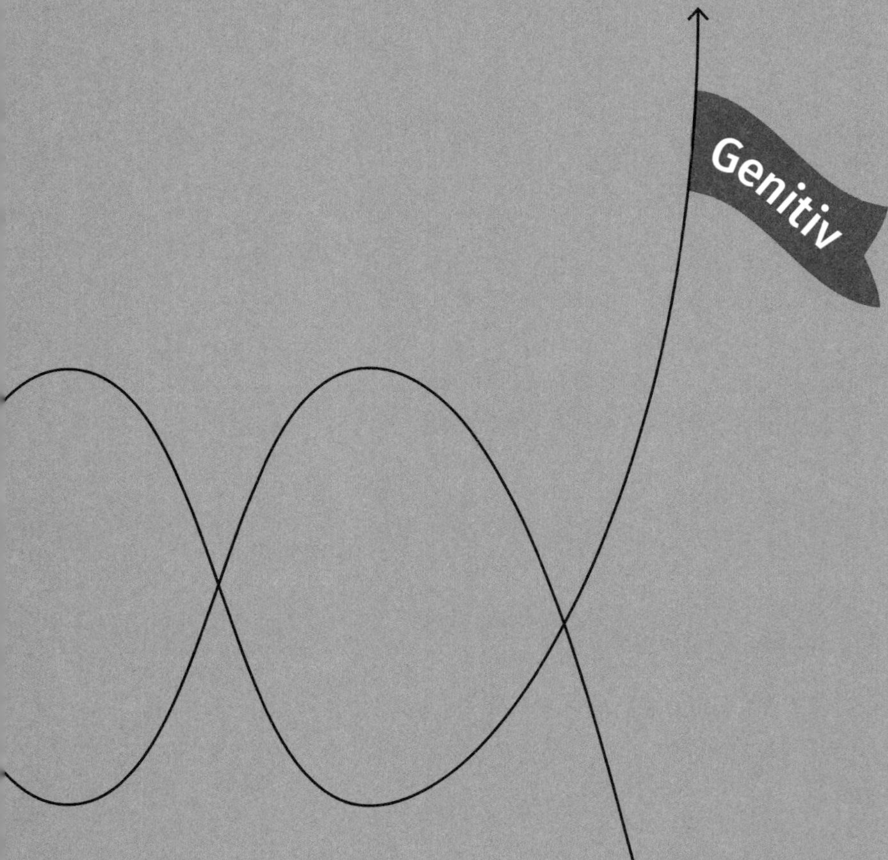
Genitiv

2

Wie klingt gutes Deutsch?

Warum führt das Bemühen, gutes Deutsch zu schreiben, zu schlechtem Deutsch?

9

Gutes Deutsch entsteht von allein, wenn man auf schlechtes Deutsch verzichtet. Darunter verstehen wir gewöhnlich schlampige Grammatik, durchtränkt mit Formulierungen aus der Umgangssprache oder gar mundartlichen Nuscheleien. Wörter werden willkürlich groß- und kleingeschrieben, die Kommasetzung ist grotesk. Wer sich in dieser Weise äußert, denken wir, würdigt seine Mitmenschen nicht.

Solches Deutsch gibt es, aber man findet es nur da, wo Menschen ohne Geläufigkeit im schriftlichen Ausdruck schreiben, wie sie sprechen. In komponierten Texten findet man es so selten, wie man auf der Straße Menschen mit wild wachsendem Haar begegnet. Selbst Albert Einstein hätte das Kämmen nie und nimmer drangegeben, wenn Alfred Nobel einen Haarschnitt als Voraussetzung für seinen Preis im Testament mit einem Wort erwähnt hätte.

Der Mensch möchte etwas hermachen oder zumindest nicht unangenehm auffallen, und damit nimmt das Verhängnis seinen Lauf. Wer einen Brief an die Geliebte oder das Finanzamt schreibt, seine Kollegen im Büro mit Memos terrorisiert, eine wissenschaftliche Arbeit oder nach Feierabend einen Eintrag für seinen Blog verfasst, will sich durch Sprache profilieren.

Dieses Profil liegt gewöhnlich irgendwo zwischen Thomas Mann und einem Kanzlisten aus der Zeit, als Bürger noch Untertanen waren und Backenbärte trugen. Und es klingt grauenhaft. Obwohl wir solches Deutsch selbst nur unter Qualen lesen, steuern wir beim Schreiben geradewegs darauf zu.

»Was ist deutsch?« ist eine politisch virulente Frage, die, medial aufbereitet, auch tagespolitische Diskussionen bestimmt. Das Buch versucht eine Antwort auf dem Weg einer Vergewisserung über die Verhältnisse, aus denen unser heutiger Umgang mit Sprache in Deutschland hervorgegangen ist.
Aus einem Buch über die deutsche Sprache

Halleluja! Der erste Absatz dieses Buches hat gerade erst angefangen, und schon bekommt man Lust auf ein Nickerchen oder denkt ans Fensterputzen.

Der Verfasser schreibt, wie wir alle schreiben. Ich habe dieses Beispiel nur wegen seines Themas gewählt und um nicht meine eigenen Ergüsse aus der Zeit noch einmal lesen zu müssen, ehe ich mich der Schriftstellerei hingab und mir ernstlich überlegen musste, wie man Texte schreibt, die andere gerne lesen.

Was lässt intelligente und einfühlsame Menschen in die Rolle eines Ideals schlüpfen, das keine Ähnlichkeit mit ihnen hat? Oder glauben Sie, dass der Verfasser so mit seiner Frau und seinen Kumpels spricht?

Es ist die Gelegenheit.

Schriftsteller oder Kolumnisten wissen vielleicht nicht, was sie am zweiten Dienstag im kommenden September schreiben werden, sie wissen jedoch, dass sie an diesem fernen Tag etwas schreiben werden. Schriftsteller wollen schreiben und erfinden dafür Anlässe, wie es ihnen gefällt. Als Berufsautoren können sie es sich nicht erlauben, die Wünsche ihres Publikums zu ignorieren, und lernen deshalb früh, ihren Text mit den Augen ihrer Leser zu betrachten: Bereitet ihnen das Lesen Freude?

Alle anderen Menschen sind Gelegenheitsautoren: Sie schreiben, wenn sich eine Gelegenheit ergibt. Ein Wissenschaftler schreibt, wenn er etwas entdeckt hat. Ein Enthüllungsjournalist recherchiert monatelang an einer Story, ehe er sie niederschreibt. Ein Klempner verfasst einen Brief ans Finanzamt, wenn ihm das Amt auf den Pelz rückt.

Wie häufig sich eine solche Gelegenheit ergibt, spielt dabei keine Rolle. Das Kriterium lautet: Zuerst ergibt sich eine Sache. Der Gelegenheitsautor greift nur zur Feder, um darzustellen, wie sich diese Sache verhält.

Wer bei Gelegenheit schreibt, neigt dazu, diese Gelegenheit für eine besondere zu halten. So besonders wie eine Beerdigung im Bekanntenkreis. Dort kann man sich nicht in Jeans und Pulli blicken lassen. Deshalb durchwühlt man den Kleiderschrank nach schwarzen Klamotten und muss vielleicht sogar hinunter in den Keller, um den alten Konfirmandenanzug zu reaktivieren. Darin geht man dann steif wie eine Statue hinter dem Sarg her, schüttelt Hände und fühlt sich unbehaglich und selbstfremd. Einer Beerdigung sind solche Empfindungen durchaus angemessen.

Nicht jedoch einem Text. Hier kommt es nicht darauf an, wie sich der Verfasser fühlt. Nur der Empfänger zählt. Dass der beim Schreiben abwesend ist, macht alles nur noch schlimmer.

Gelegenheitsautoren machen sich vor, sie müssten für die besondere Gelegenheit ein Feinerer und Professionellerer werden, als sie normalerweise sind. Doch wer wird man, wenn man ein Feinerer wird? Eine feinere Ausgabe seiner selbst, ein anderer Mensch? Man wird ein Homunkulus, eine Gestalt, die wie in einer Schauergeschichte von E. T. A.

Hoffmann äußerlich einem Menschen nahekommt, im Inneren jedoch aus Gestänge und Drähten besteht. Und das hört man beim Lesen rattern und quietschen.

Wer feiner klingen will, als er ist, gibt seine Lebendigkeit und Eigenart preis. Am Ende steht ein Text, der weder von Menschen handelt noch wie von einem Menschen geschrieben klingt.

Als Gelegenheitsautor ersetzen wir unsere Menschlichkeit durch ein Ideal. Es gründet auf der Annahme, es gäbe zwei deutsche Sprachen: gesprochenes und geschriebenes Deutsch. Die Schriftsprache halten wir für das wahre Deutsch, für sachlich, professionell und für seit Jahrhunderten bewährt – das Sprechen für einen Abklatsch davon, voll von abgebrochenen Sätzen und grammatischen Bezügen, die nicht zusammenpassen. Und voll von subjektivem Erleben, das wir beim Schreiben für unprofessionell halten.

Der Mensch ist ein Erzähler

Dabei können wir Menschen eigentlich gar nicht anders, als zu erzählen. Zuerst erschaffen wir einen Schauplatz:

▸ Du kennst doch den Weg vorn am Fluss!

Klar kennen wir den! Was ist damit?

▸ Da lief ich gestern Abend entlang. War schon stockdunkel. Plötzlich fünfzig Schritte vor mir ein großer, schwarzer Hund. Schnüffelte herum, und kein Mensch weit und breit!

Fokuswechsel! Wir lenken den Blick des Zuhörers vom Hund auf den Protagonisten:

- Ich gehe zu dem Hund hin und sage so:
  Wo ist denn dein Herrchen?
  Mich beschleicht langsam ein komisches Gefühl,
  weil er einen Buckel hat.
  Sah merkwürdig aus für einen Hund.

Beim Schreiben wollen wir lieber sachlich und objektiv klingen. Das Ergebnis ist ein Text ohne Stimme, der entmenschlicht und menschenleer klingt. Er zeigt eine Welt, in der sich Gegenstände wie von Geisterhand bewegen. Wenn sich überhaupt etwas bewegt.

- Montagabend ereignete sich
  eine erneute Sichtung eines Bibers.

Dabei ist es uns ein Kraftakt, das Erleben der Welt in eine statische Konstruktion zu verschachteln, ein Geflecht aus Genitiven, Parenthesen und rückbezüglichen Nebensätzen, das der Leser erst wieder entwirren und dann als inneres Bild zum Leben erwecken muss.

Das Kalkül lautet: Je leidvoller die Lektüre für den Leser, desto höher wird er den Text und seinen Autor schätzen.

Dabei lesen wir selbst Texte niemals, um uns einen Eindruck von der Klugheit des Verfassers zu verschaffen. Uns gefällt ein Text, wenn er gut zu verstehen ist und es etwas zu erleben gibt. Am besten ist er spannend. Spannung entsteht durch Emotion. Die kann es aber in menschenleeren Texten nicht geben.

Die Mär von der Hochsprache

Deutsch ist, wie wir sprechen. Was wir heute sprechen, ist eine Weiterentwicklung der gesprochenen Sprache von gestern. Die gesprochene Sprache hat Kontinuität.

All das fehlt der Schriftsprache. Sie ist in Buchstaben fixiert und kann nicht live kommunizieren. Sie lebt nicht, wie Sprachen leben, und zwar indem sich ihre Sprecher dauernd gegenseitig beeinflussen.

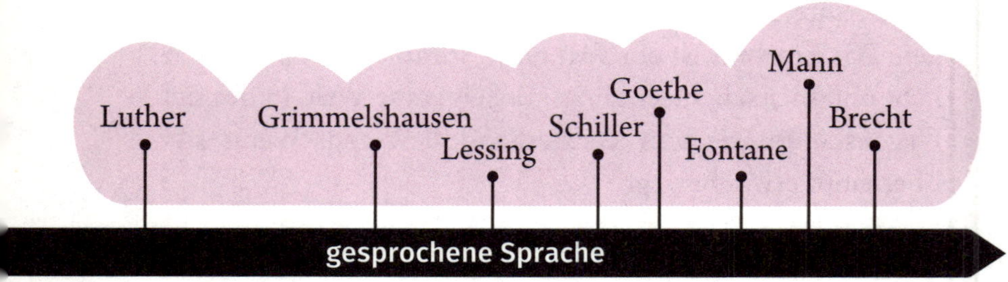

Alle Werke der Dichtkunst sind nur Stilisierungen aus der gesprochenen Sprache ihrer Zeit. Auch wenn sich Dichter von ihren Vorgängern inspirieren lassen, sind sie als Punkte nicht verbunden.

Wir halten die Starre des Schriftdeutschen für die wahre Konstante des Deutschen und erklären sie zur Tugend.

Man darf sich selbstverständlich von Thomas Mann inspirieren lassen, solange man ihn nicht für die Vergangenheit unserer Schriftsprache hält. Oder gar für die ideale Gegenwart. Denn Thomas Mann ist nicht die Vergangenheit unserer Schriftsprache, sondern einfach nur ein toter Schriftsteller. Wer beim Schreiben zu Thomas Mann werden will, erschafft einen Homunkulus.

Wahrscheinlich erkennen Sie sich in diesem Streben nicht so ganz wieder oder überhaupt nicht, denn tatsächlich sitzt niemand mit nass gescheiteltem Haar vor dem Computer und schreibt willentlich auf die Buddenbrooks zu oder auf irgendein anderes Vorbild.

Die Wirklichkeit vollzieht sich in Kleinigkeiten: Ein Onlineredakteur leitet Relativsätze mit *welcher* statt mit *der, die, das* ein. Beim Sprechen würde er das nie tun, er will schließlich nicht für einen Lackaffen gehalten werden. Aber wenn er beruflich schreibt, tut er es.

Die Rede ist von all den kleinen Stilweisheiten, die wir in der Summe für besseres Deutsch halten, obwohl niemand so spricht. Täten wir es, wären sie keine Weisheiten.

Diese Stilweisheiten sind nichts anderes als totalitäre Ideen, nach denen die Welt und andere Menschen beurteilt werden: So regen sich manche darüber auf, wenn ihre Zeitgenossen *jemand* nicht ordentlich deklinieren, also statt *jemanden* oder *jemandem* einfach nur *jemand* sagen. Korrekt und althergebracht heiße es *jemanden,* das kürzere *jemand* sei eine Schlampigkeit der Umgangssprache.

Jeden von uns bringt irgendein Sprachgebrauch von anderen auf die Palme, ohne dass wir bemerken, wie verwegen diese Kritik ist: Wir zweifeln die Muttersprachenkompetenz unserer Mitmenschen an, allesamt Angehörige der Art des Homo sapiens mit unfehlbarem Sprachzentrum, und messen sie an einer Idee, die wir nie überprüft haben.

Dann hätten wir herausgefunden, dass umgekehrt das ungebeugte *je·man·d,* das heißt das alte Substantiv *man,* altehrwürdig ist und erst in der jüngsten Zeit in der gesprochenen Sprache zu den Endungen des Pronomens gekommen sein kann wie die Jungfrau zum Kinde. Falsch sind diese unhistorischen Pronominalformen zwar nicht, denn *jemand* verhält sich inzwischen wie ein echtes Pronomen, doch das macht die ältere Form nicht zu einer Schludrigkeit.

Es handelt sich bei diesem Irrtum nicht um einen Einzelfall. Mir ist keine Stilregel bekannt, die einer Überprüfung standhielte. Sie gründen ohne Ausnahme auf Irrtümern und führen einen darum nur noch weiter weg von der natürlichen Sprache.

Es geht dabei nicht ums Rechthaben und um Korrektheit. Solange wir das Deutsche jedoch notorisch falsch einschätzen, weil wir Stilregeln übernehmen, deren Sinn wir nicht verstehen, und den Sprachgebrauch anderer danach beurteilen, können wir das Deutsche schwerlich so anwenden, wie es wirklich ist: lebendig, natürlich und nicht als starre Imitation.

Unter Stilregeln blühen wir beim Schreiben nicht auf, weil unser Verstand dauernd die Natürlichkeit des Sprachzentrums in Bahnen zwängt. Sie berauben uns der ungeheuerlichen Möglichkeiten, die das Deutsche bietet.

Jeder von uns sitzt solchen Zwängen und Trugbildern auf. Darum werden wir sie in ihrer ganzen Fülle abschütteln, indem wir uns stellvertretend für alle Stilregeln die größte und erhabenste vorknöpfen, die das Bildungsbürgertum zu bieten hat. Danach wird unser Blick frei sein für das, was gutes und lebendiges Deutsch ist.

Meinetwegen wegen mir

Unser Beispiel ist der Genitiv. Sein Niedergang wird seit langem und überall bejammert, zuletzt im großen Stil von Bastian Sick, der seine Werke zur Sprachrichtigkeit sogar danach benannt hat.

Für Herrn Sick gibt es absolutes Deutsch, das nicht daraus hervorgeht, wie wir sprechen, sondern wie es sich in alten Büchern findet, geschrieben von Menschen, die noch nicht so verlottert waren wie wir. Keines dieser Bücher hat Herr Sick je gelesen; er unterstellt ihnen einfach, dass man das wahre Deutsch dort finden würde. Gehört hat er vom Genitiv selbst nur in Stilratgebern anderer, und die haben es wiederum aus anderen Stilratgebern. Die Kette reicht bis ins 19. Jahrhundert zurück.

Aus dieser Haltung, dem ungesunden Menschenverstand nämlich, sprießen Irrtümer, wie man sie sonst nur in griechischen Tragödien findet. Obwohl Sicks Bücher den Untergang des Genitivs sogar im Titel tragen, findet sich darin nur ein einziges Beispiel: Der gute, hochdeutsche Genitiv *meinetwegen* wird durch *wegen mir* verdrängt, das aus Bayern stammt, wo man es mit dem Hochdeutschen nicht so haben soll.

Sicks Glaube ans Ideal ist so stark, dass er das Augenfällige übersieht: *Meinetwegen* sieht gar nicht aus wie ein Genitiv. Und wie das Leben so spielt, ist es auch keiner. Was als Paradebeispiel für einen guten, alten Genitiv präsentiert wird, ist ausgerechnet ein Dativ:

▸ von meinen Wegen
  → von meinen·t·wegen
    → meinetwegen

Der T-Laut ist wie in *jeman·d, ander·t·halb, eigen·t·lich, wesen·t·lich, Obs·t* oder gar in *meine·t·willen* (um meinen Willen) eingefügt, um die Silbengrenze zu schärfen und es beim Sprechen bequemer zu haben.

Wir haben es nicht mit einem falschen Beispiel für eine eigentlich richtige Annahme zu tun. Das Malheur zeigt uns bloß, wie sehr einen der zugrunde liegende Irrtum blendet und ins Verderben führt.

Bairisch ist nicht irgendeine Hinterwäldlermundart im Gegensatz zum Hochdeutschen, sondern eine tragende Säule des Hochdeutschen und die Sprache, in der das Nibelungenlied gedichtet wurde und in der Walthēr von der Vogelweide den Maien und die Maiden besungen hat. Das sind die beiden Werke, die man seit dem 19. Jahrhundert als größte Klassiker des Deutschen anzuführen pflegt. Schließlich ist Bairisch die Sprache, mit der das Römische Reich auf deutschem Boden verwaltet wurde.

Es bildete im Mittelalter zusammen mit dem Alemannischen und den meisten fränkischen Dialekten das Hochdeutsche *(diusch, tiusch)*, dessen Namen nicht etwa vom geistigen Niveau seiner Sprecher herrührt, wie Stilprediger annehmen, sondern von der Höhe ihrer Heimat über dem Meeresspiegel (siehe Abbildung auf Seite 123).

Im flachen Norden Deutschlands sprach man demnach Niederdeutsch *(dudesch)*. Das Niederdeutsche war bis in die frühe Neuzeit eine eigenständige Sprache neben dem Hochdeutschen und gedieh durch den Aufstieg der Hanse im ganzen Nord- und Ostseegebiet zur Weltsprache, ehe es beim Untergang der Hanse mit in die Tiefe gerissen wurde. Zugleich entstand im Süden aus dem Schriftverkehr der Kanzleien des Heiligen Römischen Reiches Deutscher Nation die heutige hochdeutsche Standardsprache. Sie gründete auf dem Bairischen und noch stärker auf dem Obersächsischen, weil die Kaiser in Wien und Prag residierten.

Früh wechselten die Dichter aus dem Norden zum höfischen Mittelhochdeutsch, später übernahmen zuerst Berlin und dann weitere niederdeutsche Städte wie Dortmund die Sprache des Südens. Mitten in dieser Ausbreitung nach Norden entschied sich Luther bei seiner Bibelübersetzung gegen sein geliebtes Niederdeutsch und für das Hochdeutsche.

Das Hochdeutsche stand im Norden als fremde Prestigesprache dem Niederdeutschen als Alltagssprache gegenüber, wodurch sich die Alltagssprache der Bayern im Norden den Ruf einhandelte, höheres Deutsch zu sein. Eine Vermischung beider Sprachen auf Augenhöhe war unmöglich, weil zwischen dem Hochdeutschen im Süden und dem Niederdeutschen im Norden sowie allen anderen germanischen Sprachen eine Lautverschiebung klafft:

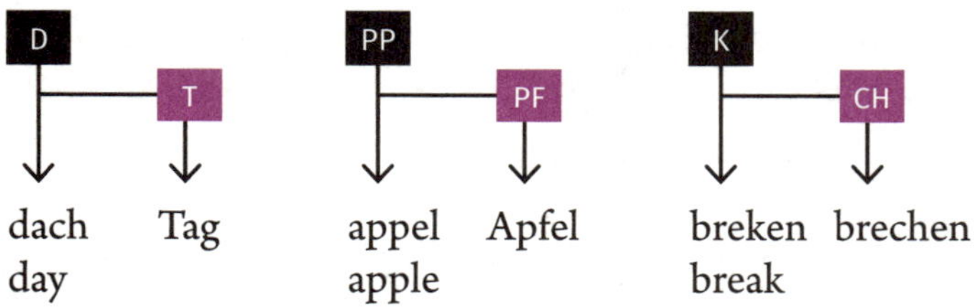

Das Hochdeutsche (Bairisch, Alemannisch und die südlichen fränkischen Dialekte) hat sich vor 1200 Jahren von allen anderen germanischen Sprachen durch eine Lautverschiebung abgespalten (für die neuen Hochdeutschsprecher in Norddeutschland: abgespaltet). Links jeweils das Niederdeutsche und darunter das Englische.

Die hochdeutschen Dialekte sind heute noch mit dem Standarddeutschen kompatibel, das Niederdeutsche unterscheidet sich davon so sehr, dass es aufgegeben wurde und zu plattdeutscher Folklore verkommen ist. Das ist zwar betrüblich, wenn man die Schönheit der älteren niederdeutschen Dichtung kennt, aber zu betrübt sollten die Norddeutschen auch nicht sein, denn wie alle deutschen Dialekte hat auch das Niederdeutsche viel zur heutigen Gestalt des Deutschen beigetragen, zum Beispiel mit dem Wörtchen *wegen*. Es handelt sich dabei um den schnöden *Weg* im Dativ Plural: *der Weg, den Wegen*. Oder wie es bei der Hanse geheißen hätte: *de wech, den wegen*.

Im Niederdeutschen bedeutete *wech* aber mehr als im Hochdeutschen, neben ›Weg‹ nämlich noch ›Seite‹ und ›Stelle‹.

Wat dar gewunnen worde
an beyder wegene,
dat schal men
an beyder wegene
like bute.

Was da gewonnen wurde
an beiden Seiten,
das soll man
gleichfalls *an beide Seiten*
entbieten (veräußern).

Lübecker Urkunde von 1341.

Aus: Karl Schiller und August Lüben: Mittelniederdeutsches Wörterbuch. Bremen 1875–1881. Band 5, Seite 650.

Aus dieser Bedeutung ging die Wendung *von wegen* hervor. Sie bedeutete zunächst ›von Seiten‹, wie wir sie heute noch in Wendungen wie *von Amts wegen* (von Seiten des Amts aus), *von Rechts wegen* (aus der Warte des Rechts) oder *von Staats wegen* (durch den Staat) gebrauchen.

Substantive gesellen sich im Genitiv zu diesem Dativ *wegen* und antworten auf die Frage: von wessen Seite? Bei Fürwörtern verwendet man seit jeher das besitzanzeigende Fürwort: *von meinen Wegen* (von meiner Seite aus). Es steht zusammen mit *wegen* im Dativ, wie alles im Deutschen, was von der Präposition *von* abhängt.

Die Wendung griff bereits im 14. Jahrhundert in niederdeutschen Kanzleitexten um sich und war eine buchstäbliche Übersetzung von lateinisch *propter·ea* ›an der Seite von diesem → seitens, durch‹. Flugs gelangte sie nach Süden, zum Beispiel nach Frankfurt, das damals Freie Reichshauptstadt und ein Paradies für Bürokraten war. Die Kanzleibeamten griffen wie ihre Kollegen von heute begeistert zu allem, womit sich das Deutsche verkorksen ließ, und dichteten im Jahre 1400 in großer Fülle Formulierungen wie diese:

von des rads und der stede wegin
von Seiten des Rats und der Städte
Johannes Janssen:
Frankfurter Reichskorrespondenz 1376–1439. Erster Band.
Freiburg im Breisgau 1863. Seite 78, Nr. 218.

Obwohl man im Hochdeutschen nicht recht verstand, was es mit diesem *von wegen* auf sich hatte, weil *Weg* dort nur die Bedeutung ›Weg‹ hatte, übernahm man die Konstruktion eifrig und unverändert als False Friend. Denn für Hochdeutschsprecher war dieses *wegen* so verhüllt wie das Him in Himbeere.

Die hochdeutschen Kanzlisten sagten sich: Wenn wir die Konstruktion selbst nicht durchschauen, wird es auch unserem Leser nicht gelingen. Und der wird den Verfasser für seine hochstehende Ausdrucksweise bewundern.

Nicht nur in jeder Kanzlei steckt ein Kanzlist, sondern leider auch in jedem einzelnen Deutschen – und der möchte beim Schreiben raus. Sobald die Wendung die Allgemeinsprache erreichte, fiel die Präposition *von* vorne ab, und es blieb bloß noch das Wort *wegen*, das im Süden keiner so recht verstand.

Denn im Hochdeutschen gab es seit jeher einen anderen Ausdruck für ›Seite‹ und ›Stelle‹:

daz volch sī allen·t·halben kapfen an began
Das Volk kam von allen Seiten und gaffte sie an.
Der Nibelunge liet.
Handschrift C, Blatt 3 verso, Strophe 74, Vers 3.

Ein Substantiv, das keiner versteht und das sich nicht wie ein Substantiv benimmt, ist fortan ein Adverb, so zum Beispiel *bisweilen* (aus *bis Weilen*), *morgens* (aus *des Morgens*) oder *heute* (aus westgermanisch *hiu dagu* ›an diesem Tage‹).

Kann es außerdem nur mit einem anderen Substantiv erscheinen, ist es eine Präposition: *wegen Schneefall gesperrt!*

Präpositionen sind Verhältniswörter. Sie stellen ein Verhältnis zwischen Wörtern und zwischen Dingen her:

▸ Du bist *bei* mir.
Der Kaminkehrer steigt *auf* das Dach.
Der Zug fährt *durch* einen Tunnel.

Dies Verhältnis ist räumlich, selbst wenn es zeitlich *(am Samstag)* oder übertragen *(in Rente)* angewandt wird. Darum stehen Präpositionen im Deutschen und sonst wo im Indogermanischen entweder mit dem Dativ oder mit dem Akkusativ.

Die beiden sind räumliche Fälle: Der Akkusativ schildert eine Richtung, der Dativ einen Ort.

▸ Ich gehe in den Park. (Akkusativ)
Ich sitze im Park. (Dativ)

Was geschah also, als *wegen* ins Hochdeutsche vordrang, wo man es nicht als Substantiv verstand, sondern als Präposition?

niederdeutsch	→	hochdeutsch
von Wegen des Rats ›von Seiten des Rats, durch den Rat‹		*wegen dem Sturm, wegen Sturm*

CHRONOLOGIE VON WEGEN

1 Im Ndt. ist *weg* ein Substantiv, von dem ein anderes Substantiv als Genitivattribut abhängt.

2 Im Hdt. kennt man die ndt. Bedeutung von *weg* nicht. Es kommt nur als bedeutungsloses Wort *wegen* vor einem Substantiv vor und kann darum nur eine Präposition sein. Präpositionen regieren im Hdt. entweder den Dativ oder den Akkusativ.

3 Mit der Ausbreitung des Hdt. nach Norden gelangt auch die Präposition wegen dorthin. Sie ist äußerlich und innerlich nicht mit der alten ndt. Konstruktion identisch.

4 Nachdem Norddeutschland zum Hdt. übergetreten ist, sinkt Ndt. zur Mundart herab und gibt den Genitiv gänzlich auf.

Es wurde mit dem Dativ gebraucht, denn Präpositionen können im Deutschen nicht mit dem Genitiv stehen (wir werden später darauf zurückkommen). Dieser Wandel wäre längst abgeschlossen, wenn der Genitiv hinter *wegen* unter Bildungsbürgern nicht als Ideal gelten würde. Als Stilregel, deren Sinn niemand versteht. Als wahres Deutsch, obwohl niemand so spricht oder je gesprochen hat.

Den Bayern unterstellt Bastian Sick, ein bisschen zu blöd für richtiges Deutsch zu sein. Das tut er nicht zum Spaß am Rande! Seine gesamte Ansicht gründet auf der Annahme, es könnte Angehörige der Art des Homo sapiens geben, die mit ihren geistigen Fähigkeiten an ihrer Muttersprache scheiterten. Er glaubt, man müsste sich das wahre Deutsch im Erwachsenenalter mit dem Verstand erwerben. Doch diese Verstandessprache, das Schriftdeutsche, gibt es nicht.

Deutsch ist, wie wir seit der frühen Kindheit sprechen. Jedes Kind im Vorschulalter spricht seine Muttersprache grammatikalisch korrekt. Hier die Regel in unserem perfekten Sprachzentrum:

> *Wegen* steht im Hochdeutschen korrekt mit dem Dativ. Es ist eine Präposition, und Präpositionen können im Hochdeutschen und in keiner anderen indogermanischen Sprache mit dem Genitiv stehen.

Sie glauben mir nicht? Hier kommt der Beweis: Kein Kind zwischen Hamburg, Zürich und Wien würde *wegen* mit dem Genitiv gebrauchen. Auch Sie hätten es niemals erwogen, wenn Ihr Verstand es nicht lange nach dem Spracherwerb aufgeschnappt und das Sprachzentrum mühsam überschrieben hätte. Eher schlecht als recht, denn *wegen* mit Dativ ist es, wie wir im Deutschen wirklich sprechen.

Bastian Sick behauptet schließlich, dass man in Bayern *wegen dir* sagen könne, dass die richtige Form aber *deinetwegen* laute. Tatsächlich gibt es für einiges im Deutschen nicht einen einzigen Standard, zum Beispiel bei der Aussprache von *Chemie* oder einigen Perfektformen: Im Süden *ist* man gestanden, im Norden *hat* man gestanden. Diese Kluft hat etwas mit den perfektiven und imperfektiven Verben aus Kapitel 1 zu tun. Das Bairische setzt den mittelalterlichen Aspekt ›aufgestanden und dastehend sein‹ fort (perfektiv); die Norddeutschen kamen erst zum Hochdeutschen, als *stehen* schon ›dauerhaft stehen‹ (imperfektiv) bedeutete, und konstruieren das Perfekt aus ihrer Warte folgerichtig mit *haben*. Solche Varianten sind gleichberechtigt, und keine übertrifft die andere an Richtigkeit, denn hinter jeder dieser Varianten stehen an die vierzig Millionen Menschen. Was ihre Muttersprache angeht, können diese Massen nicht irren.

Bei *wegen* könnte man den Dativ für süddeutsch und den Genitiv für norddeutsch halten, wenn es nicht ein Hindernis gäbe: Die norddeutsche Mundart kennt gar keinen Genitiv! Er ist dort vor Jahrhunderten ausgestorben:

▸ Bairisch dem/am Vater sei Heisl
Plattdeutsch faddern sin hus

Als das Niederdeutsche von einer Weltsprache zu einer Mundart des Deutschen verkam, gab es den Genitiv wie alle anderen Mundarten auf. Der Genitiv ist stets eine technische Notlösung, zu der man im Deutschen nur schriftsprachlich greift, wenn alle sinnlichen Mittel versagen. Und der Mundart versagt die Sinnlichkeit nie.

Eine durchgängige norddeutsche Tradition gibt es bei *wegen* nicht. Im Norden verwendet man es nach süddeutscher

Manier als vorangestellte Präposition *(wegen Unwetter)* und nicht als nachgestelltes Substantiv *Wegen (von Sturmes Wegen)*. Der Genitiv ist hier nichts anderes als ein Bildungsbürgermärchen.

Der Kaiser von Rom

Zu diesen Bildungsbürgern gehören wir alle. Wir alle sind in dem Irrtum aufgewachsen, wir müssten uns als Erwachsene durch Stilregeln zu echtem und gutem Deutsch hinaufarbeiten.

Größere Schwierigkeiten scheinen die Deutschen mit dem Genitiv zu haben. So sehr, dass sie ihn gern mit einem »von« und dem Dativ ersetzen: »Das Haus von meinen Eltern« heißt es dann, anstatt »das Haus meiner Eltern« oder gar »meiner Eltern Haus«. Das ist nicht schön, denn konsequent benutzt, ist der Genitiv kompakt und dicht, er belebt und kräftigt die Sprache. Doch geht, wie immer, Vereinfachung vor Schönheit.

Thomas Steinfeld: Der Sprachverführer.
München 2010. Seite 174.

Wieder die Behauptung, dass die Deutschen an ihrer eigenen Muttersprache scheiterten. Man findet sie in jedem Deutschbuch für Deutsche aus den vergangenen hundert Jahren. Dieses hier verrät uns neben der Altehrwürdigkeit allerdings noch einen anderen Grund, was am Genitiv so gut sein soll. Der Verfasser würde ihn aber mit Sicherheit nicht vertreten, wenn er nicht an die Altehrwürdigkeit glaubte, denn die meisten Genitive stehen mit Artikel oder

Pronomen und sind nicht kompakter als Präpositionalphrasen.

Deutsch kann nichts anderes sein, als wie wir sprechen. Wenn die Menge an Genitiven tatsächlich abnimmt, dann auf keinen Fall aus Faulheit, fehlender Bildung oder gar aus Dummheit. Technisch ist der Genitiv nicht anstrengend und so simpel, dass niemand Schwierigkeiten hat, die Genitivform zu einem beliebigen Wort aufzusagen. Bei der Präposition muss man wissen, welche in einem bestimmten Fall die richtige ist.

Darum nimmt die Menge an Genitiven auch gar nicht ab, sondern zu. Streichen Sie einmal in Ihrer Lieblingszeitung alle Genitive an. Der Anblick wird Sie überwältigen. Wir erleben nämlich nicht den Untergang des Genitivs, wir sind Zeugen der größten Epidemie von Genitiven seit seiner Entstehung vor über fünftausend Jahren. Er ist der häufigste Kasus hinter dem Nominativ, ohne den kein Satz auskommt. Den Dativ, der angeblich am Untergang des Genitivs schuld sein soll, muss man dagegen mit der Lupe suchen. Eine große Tageszeitung produziert an einem Tag mehr Genitive als alle Autoren des Mittelalters zusammen in einem Jahrtausend.

Um uns vom Gegenteil zu überzeugen, müssen die Stilratgeber alles zusammenkratzen: Oben bei Sick war es noch der Genitiv nach einer Präposition, hier waren es Genitive bei Substantiven, die angeblich der Präposition *von* weichen. Zum Beispiel *ther keisor fona rumu* (der Kaiser von Rom) oder *muater fona kinde* (Mutter vom Kind).

Diese Beispiele stammen allerdings nicht aus unserer Gegenwart, sondern vom anderen Ende der deutschen Sprachgeschichte. Otfrid, einer der Gründer der deutschen Schriftsprache, hat sie vor 1250 Jahren gedichtet und verwendet die Präposition schon genauso grammatisch wie wir: Der Kaiser von Rom stammt nicht etwa von Rom her, sondern ist der Kaiser Roms. Obwohl ein Kind von der Mutter abstammt, spricht Otfrid von der Mutter vom Kind und meint damit die Mutter des Kinds.

Erst in der späten Neuzeit fing das Bildungsbürgertum durch seine unkundige Sicht auf den Genitiv an, das Wörtchen *von* für minderwertig zu halten.

Das Englische kennt solche Dünkel nicht. Dort steht zwar der alte Genitiv *(the child's mother)* in voller Blüte, ebenso aber die Präposition *of,* die etymologisch mit unserem *von* verwandt ist: *the end of the street* ›das Ende der Straße‹.

Der Genitiv ist unsterblich

Der Genitiv geht nicht unter. Wie jedes grammatische Zeichen verlagert er sein Einsatzgebiet dorthin, wo er gebraucht wird.

Wie es der Zufall will, blüht er zurzeit dort, wo er vor über fünf Jahrtausenden entstanden ist: im unmittelbaren Nebeneinanderstehen zweier Substantive in der s-Form, das heißt in der Subjektform, die man gewöhnlich als Nominativ bezeichnet, zum Beispiel lateinisch *rēx,* das heißt *rēg·s* (der führt → der Führer → der König).

Geriet diese Form neben ein anderes Substantiv, verschob sich die Betonung, und daraus spaltete sich die spätere typische Genitivform mit *·s* ab, wie sie auch heute noch im Deutschen erhalten ist: *rēg·is* (des König·s).

Würde diese Endung im Zuge der Lautentwicklung unter die Räder kommen, entstünde der Genitiv augenblicklich neu, indem man zwei Substantive nebeneinanderstellt:

▸ Peter Auto

Obwohl diese Reihe kein ordentlicher Ausdruck ist, können wir nicht anders, als die beiden Wörter zu einer Aussage zu verbinden: ›Peter ist ein Auto‹ ergibt hier keinen Sinn, dafür aber ›Peters Auto‹. Das Auto gehört irgendwie zu Peter, zwischen den beiden Wörtern gibt es einen Bezug.

Jede Genitivform antwortet auf die Frage:
in Bezug worauf?

Was die Grammatiken für den Genitiv an Aufgaben anführen, zum Beispiel den Genitiv des Besitzes (genĭtīvus possessīvus), *Peters Auto,* oder den Erklär- und Definiergenitiv (genĭtīvus explicātīvus und defīnītīvus), *eine Frage der Ehre, der Begriff der Sünde,* sind bloß philologische Etiketten aus dem Verstand, die im Sprachzentrum keine Bedeutung haben. Für unser Sprachzentrum erzeugt der Genitiv rein technisch-grammatikalisch einen Bezug zwischen zwei Wörtern: *Peters Auto* ist ein Auto in Bezug auf Peter, seinen Besitzer. *Eine Frage der Ehre* ist eine Frage in Bezug auf die Ehre. *Der Begriff der Sünde* ist ein Begriff in Bezug auf die Sünde.

Bei den Hethitern beschränkte er sich noch ganz auf diese ursprüngliche Rolle. Als Attribut bezog er sich auf ein anderes Substantiv (adnominaler Gebrauch) und zeigte meist Besitz an wie bei Peter und seinem Auto. Doch im Vedischen und im Griechischen konnte er sich bereits auf ein Verb beziehen. So auch im Deutschen seit frühester Zeit:

▸ *Sehenden Auges* rannte er ins Verderben.
Ruhigen Gewissens schlief sie ein.
Unverrichteter Dinge zog die Polizei wieder ab.

In Bezug worauf zog die Polizei wieder ab? In Bezug auf unverrichtete Dinge! In Bezug worauf gedenken wir am 9. November? In Bezug auf den Fall der Mauer! Wenn wir *des Mauerfalls* gedenken, dann ist er der Umstand des Gedenkens, grammatikalisch also eine Umstandsangabe (ein Adverbiale).

▸ Petra gedachte *ihrer Jugend.*
Horst harrte *der Ankunft* seiner Tante.
Die Polizei bezichtigte ihn *eines Verbrechens.*

Erinnern Sie sich, dass ich Sie im Vorwort fragte, wie viele Satzglieder es gibt? Es gibt fünf: Subjekt und Objekt kennen Sie aus dem ersten Kapitel. Gerade haben Sie Attribut und Adverbiale kennengelernt: Substantive haben als Dinge Eigenschaften (Attribute), Verben als Handlungen Umstände (Adverbialia). Schließlich benötigt jeder Satz eine Aussage, ein Prädikat. Das Prädikat enthält stets die Verbform mit der Personenendung, und auf dieses Verb beziehen sich alle Adverbialia und damit auch alle adverbialen Genitive.

Ein Hinweis zur Sicherheit: Falls Sie gern in Germanistengrammatiken schmökern, tilgen Sie nun bitte folgende Begriffe aus Ihrem Gedächtnis: direktes und indirektes Objekt, Dativobjekt, Genitivobjekt und Präpositionalobjekt. Merken Sie sich stattdessen:

Das Objekt steht stets im Akkusativ.
Was nicht im Akkusativ steht, kann nicht Objekt sein.

Ein Genitiv ist entweder Attribut zu einem Substantiv oder Adverbiale zum Verb. Dative gehören immer ins Adverbiale.

Akkusative sind meist Objekte, können aber auch adverbial sein:

▸ *Diesen Sommer* fahre ich nach Italien!
Die Kunden standen *Schlange.* (Wie und nicht was standen sie?)
Der Pfarrer sprach *ein Gebet.* (Bei Verben des Sprechens enthält der adverbiale Akkusativ den Inhalt der Äußerung.)
Andi Brehme geht *weite Wege.* (Wie geht er?)

Jede Genitivform ist also entweder Attribut oder Adverbiale. Das gilt auch für Präpositionalphrasen, das heißt für Präpositionen und das, was von ihnen abhängt. Jeder Genitiv lässt sich durch eine Präpositionalphrase ersetzen und – Moment! Ich wiederhole das am besten noch einmal als Regel, die Sie sich merken sollten:

- Der Genitiv schildert einen Bezug, und das Gleiche tut eine Präposition.
- Deshalb lässt sich jeder Genitiv durch eine Präposition ersetzen: *Peters Auto → das Auto von Peter.*

Auch die adverbialen Genitive werden stets als Belege für den Untergang des Genitivs ins Feld geführt. Im Gegensatz zu den attributiven Genitiven, deren Untergang ein Blick in jede Zeitung schlagend widerlegt, ist der adverbiale Genitiv bei Verben und Adjektiven tatsächlich zurückgegangen. Antwortete man einst noch *des,* so antwortet man heute nur nach *darauf.* Bei wenigen Verben gehöre sich der Genitiv heute noch, meinen alle Stilratgeber, und sie weisen daraufhin, dass das viele Menschen nicht mehr verstünden: *Wir gedenken der Opfer → den Opfern.*

Dieser Eindruck ist ein Missverständnis. Der adverbiale Genitiv kam früher nicht nur bei mehr Verben als heutzutage vor, sondern bei allen Verben. Er konnte jede Umstandsangabe füllen, ganz gleich was für Anschlüsse das Verb sonst noch hatte. Das gilt übrigens auch für Adjektive im Prädikat: Heute können wir uns noch einer Sache sicher, der Politik überdrüssig oder bar jeder Hoffnung sein, doch unsere Vorfahren konnten auch der Liebe froh oder krank sein.

Dieses Missverständnis ist nicht klein. Wer annimmt, früher hätte es mehr Verben und Adjektive gegeben, die aus unerfindlichen Gründen mit dem Genitiv standen, während es andere nicht taten, gelangt zu einem falschen Gesamturteil: Die Abnahme dieser Genitive wäre dann nur damit zu erklären, dass die Deutschen im Laufe der Zeit vergessen hätten, wo der Genitiv überall hingehört.

Tatsächlich steckt hinter diesen Genitiven eine freie Syntax. Sehen wir uns diese Syntax einmal an einigen Beispielen an, ehe wir uns überlegen, warum sie heute nicht mehr so produktiv wie früher ist.

EINER SACHE WARTEN ODER HARREN Im einfachsten Fall hatte das Verb keine weiteren Anschlüsse:

Es stuont ein frouwe alleine	Es stand eine Frau allein,
und warte uber heide	und wartete über die Heide,
unde warte *ir liebes.*	und wartete *ihres Lieblings.*

Dietmar von Ast: Es stuont ein frouwe alleine.
Codex Manesse, Blatt 64 verso, rechte Spalte.

Warten bedeutete einst ›ausblicken, Ausschau halten‹. Deshalb sprechen wir heute noch von einer Warte, einem Punkt nämlich, wo man Ausschau hält, oder einer Wartung, bei der man einen Blick unter die Motorhaube wirft. Die berühmte Wartburg wurde zu dem Zwecke erbaut, das Land zu überblicken.

Dieses Warten war kein Betrachten, sondern blankes Dreinschauen und genügte sich selbst. Manchmal wollte man aber noch den Umstand anfügen, zu welchem Zweck einer dreinschaut. Die Frau im Beispiel blickt drein, weil sie auf ihren Liebling wartet. In Bezug worauf blickt sie drein? In Bezug auf den Liebling. Dieser Bezug konnte seit jeher räumlich durch eine Präposition dargestellt werden *(warten auf den Liebling)* oder technisch durch den Genitiv *(des Lieblings warten)*.

Aus dem Warten in Bezug auf etwas ist unser heutiges Warten geworden, zum Beispiel auf den Bus. Wir warten allerdings nicht mehr des Busses, sondern füllen das Adverbiale mit einer Präposition.

Jeder Genitiv lässt sich im Deutschen durch eine Präposition ersetzen, sowohl im Attribut *(das Auto des Vaters → vom Vater)* als auch im Adverbiale *(voll Weines → voll von Wein; des Tags → am Tage; des Endes harren → auf das Ende harren)*.

Die gleiche Syntax hat das ähnliche *harren.* Weil es kräftiger und seltener ist, hat sich der Genitiv hier eingebrannt: Wer *einer Sache harrt,* harrt um des Harrens willen, und zwar in Bezug auf die Sache. Mit der gleichen stilistischen Güte kann man darum *auf eine Sache harren.*

EINEN DES MORDES ANKLAGEN Nicht nur intransitive Verben konnten durch eine Umstandsangabe ergänzt werden, sondern auch Verben mit Objekt. Das steht bekanntlich immer und einzig im Akkusativ:

▸ Sie klagten ihn an.

In Bezug worauf klagten sie ihn an? In Bezug auf einen Mord!

▸ Sie klagten ihn *des Mordes* an.

Solche Genitive bei Verben der Gerichtssprache haben sich im Deutschen gehalten, lassen sich aber dennoch leicht durch Präpositionen ersetzen:

▸ Sie klagten ihn *wegen Mord* an.

Ein Spezialfall der Verben mit Objekt sind reflexive Verben, bei denen Subjekt und Objekt denselben bezeichnen:

▸ Sie rühmte ihn *großer Taten.*
Er rühmte sich *großer Taten.*

Dieser Gebrauch kommt auch heute noch häufig vor:

▸ Die Schüler hatten sich *unerlaubter Mittel* bedient.

Dazu gehört auch eine Wendung, die einem ohne unsere simple Bezugsfunktion des Genitivs schleierhaft vorkommt:

▸ Der Lehrer nahm sich *seiner Schüler* an.

Das reflexive Verbum *sich annehmen* bedeutete einst, was wir heute mit *sich verhalten, sich anstellen, sich aufführen, sich gebärden* ausdrücken. Sich in Bezug auf eine Sache anzunehmen bedeutet folglich, sich in Bezug auf eine Sache zu verhalten.

Hierher gehört auch das Erinnern: Wir erinnern uns *dessen* oder *daran,* aber wir erinnern nicht *etwas.* So durfte höchstens Helmut Schmidt als Norddeutscher posieren – wenn man davon absieht, dass sich ein echter Norddeutscher nicht erinnert, sondern besinnt. Und zwar so, wie wir es auch im Hochdeutschen tun:

▸ We sick darane wil besynnen.
Wer sich daran erinnern wird.

Wer *etwas* erinnert, spricht nicht niederdeutsch oder moderner, sondern einfach nur falsch, denn das Objekt bezeichnet beim Erinnern immer denjenigen, der an etwas oder *dessen* erinnert wird:

▸ Er erinnerte *sie* an den Termin.

Im reflexiven Gebrauch füllt das Reflexivpronomen die Stelle des Objekts:

▸ Ich erinnere *mich* nicht daran.
Ich erinnere *mich* dessen nicht.

DIE GANZE PRACHT Der Genitiv konnte einst frei als Umstandsangabe verwendet werden, wenn man ausdrücken wollte, in Bezug worauf die Handlung geschah.

SUBJEKT	PRÄDIKAT	OBJEKT	ADVERBIALE	
intransitiv				
Sie	harrte	–	des Endes	
			auf das Ende	
Sie	gedachten		der Katastrophe	
			den Opfern	
Sie	war bar		jeder Hoffnung	
Das Fass	war voll		Weines	
			mit Wein	
transitiv				
Sie	klagten	ihn	des Mordes	
			deshalb	
			erneut	an
Sie	beraubten	ihn	seiner Freiheit	
Sie	rühmten	ihn	großer Taten	
			wegen seiner Taten	
			für seine Taten	
reflexiv				
Ich	erinnere	mich	dessen	
Ich	erinnere	mich	daran	
Du	nimmst	dich	dessen	an

Dazu griff man im Mittelalter nur aus Not. Wer damals schrieb, bemühte sich darum, seinen Lesern nahezukommen und sie in eine Erzählung zu verwickeln. Deshalb mied man den Genitiv, wo es nur ging.

Genauso wie wir es heute tun, wenn wir etwas erzählen. Denn für eine Erzählung braucht man einen Raum, wo die Ereignisse stattfinden, von denen man berichten möchte.

Und was eignet sich dafür besser als Verhältniswörter und Adverbien?

Als der Sommer da war
und die Blumen lieblich
aus dem Gras sprossen
und die Vöglein sangen
da kam ich gegangen
auf einer großen Wiese
wo ein kühler Quell entsprang
über die Wiese plätscherte er
dort wo die Nachtigall sang.

Walthēr von der Vogelweide: Dō der sumer komen was.
Codex Manesse. Blatt 128 verso, linke Spalte.

Solche Mittel erschaffen Räume, in die man beim Lesen nur einzutreten braucht. Der Leser weiß stets, wohin er in der Szene blicken soll, sein Blick wird vom Erzähler gelenkt: erst auf eine Sommerwiese mit Blumen und Vöglein als Bühne, dann auf die Figur, die an einem Bach entlangspaziert.

In dieser Szene geschieht die Handlung in Leserichtung von links nach rechts. Die Ereignisse werden in der Reihenfolge aufgezählt, wie sie passieren oder aufgenommen werden sollen. Beim Lesen entwickelt sich ein Bild.

Ganz anders der Genitiv: Er ist nicht räumlich, sinnlich und aneinanderknüpfend, er konstruiert grammatikalische, abstrakte Bezüge, die beim Lesen wieder dekonstruiert werden müssen. Schon das Lesen ist mühsam, denn der Bezug läuft meist entgegen der Leserichtung:

- → Das Auto ← des Mannes → parkte an der Ecke.

Grammatikalisch bezieht sich der Genitiv auf das Substantiv, das links steht: Bei *Mannes* muss man innehalten, zurück nach links aufs *Auto* blicken und den grammatischen Bezug analysieren (*Auto* bezieht sich auf *Mann*), ehe man wieder rechtswärts weiterliest. Wäre es nicht besser, wenn man das alles von links nach rechts erführe?

▸ Der Mann parkte → sein Auto → an der Ecke.

Nicht jeder Genitiv ist darum schlecht. Die Dosis macht das Gift. Wer jedoch glaubt, der Genitiv sei gepflegt und gehoben, kompakt und dicht, macht sich etwas vor. Tatsächlich verdünnt er das Bild im Kopf des Lesers und zwingt ihn kognitiv in die falsche Richtung: weg vom Bildhaften und hin zum Abstrakten. Der Leser soll aber nicht durch Informationsverarbeitung Bescheid wissen, sondern sich selbst ein Bild ausmalen – er soll mühelos in ein Bild eintreten und mit ihm abheben.

Nach dem Bildungsbürgerideal soll ein Text bereits aus eigener Kraft hoch stehen, damit ihn der Leser kraft seiner Bildung und Anstrengung erklimmt. Diese Höhe soll durch abstrahierende Mittel wie den Genitiv erreicht werden, solche Mittel also, wie man sie in der gesprochenen Sprache kaum vernimmt, weil sie die Erzählung schwächen. Dem Autor kommt das recht, denn nichts auf der Welt ist leichter und bequemer, als einen anspruchsvollen Text zu schreiben, der auf den Leser keine Rücksicht nimmt. Deshalb gelingt es ja auch Tausenden jeden Tag!

Wer aus dieser Haltung heraus Texte schreibt, die ihn als Autor erhöhen, geht davon aus, dass sich der Leser willig mühen wird, den Gipfel zu erklimmen, um den Autor oben aus der Nähe bewundern zu dürfen. Er erreicht das Gegenteil und genau das, was man als Autor unbedingt vermeiden muss: Er befremdet seine Leser.

Nichts ist schwieriger, als einen Text zu schreiben, in dem das Komplizierte einfach klingt und der beim Lesen ein Bild im Kopf erzeugt. Bilder sind Räume. Darum keine Scheu vor Verhältniswörtern! Je räumlicher, desto sinnlicher. Je sinnlicher, desto besser. Das gilt auch für wissenschaftliche Texte oder Briefe an das Finanzamt. Es schadet nie, wenn einen das Finanzamt als Menschen wahrnimmt.

ERSTE GENITIVEPIDEMIE Im Frühmittelalter konnten der adnominale und der adverbiale Genitiv einträchtig nebeneinander existieren, weil der Genitiv insgesamt recht selten vorkam. Die Dichter jener Zeit schöpften lieber die ganze Fülle an Präpositionen aus. Hinter jedem Verb konnte jede Präposition folgen und die räumliche Vorstellung feinjustieren. Beim Verb *sterben* ist uns davon ein trüber Glanz geblieben: Wir sterben eines natürlichen, plötzlichen oder schrecklichen Todes (der Umstand im Genitiv), doch wir sterben *an* einer Krankheit oder *an* Altersschwäche, *an* einem Grund also, der uns mit sich in den Tod zieht. Manchmal gehen wir auch *vor* einem unüberwindlichen Hindernis ein: Wir sterben *vor* Kummer oder *vor* Langeweile. Oder weil wir etwas durchmachen: Wir sterben *durch* einen Unfall oder *durch* ein Verbrechen.

An der Struktur des Adverbiales änderte sich auch in den folgenden Jahrhunderten nichts: Es wurde vorzugsweise mit einer Präpositionalphrase gefüllt, wobei der Dichter aus dem großen Schatz an Präpositionen wählen konnte. Wollte er die Räumlichkeit dämpfen und den Bezug in den Hintergrund stellen, verwandte er den Genitiv. Was im Genitiv erschien, nahm nicht am Bildaufbau teil.

Erst im Hochmittelalter, als man sich von der Religion abwandte und mit dem echten Leben einließ, blühte die Dichtung in deutscher Sprache auf und mit ihr der adverbiale Genitiv immer da, wo der Umstand unbetont sein sollte, oder in floskelhaften Formulierungen wie der Darstellung direkter Rede:

- Wo bist du? *Des* fragte er.

Zählt man die adverbialen Genitive in der mittelhochdeutschen Dichtung durch, kommt man gar nicht einmal auf besonders viele. Doch weil sie dem modernen Leser nicht geläufig sind, stechen sie für ihn als typisches Kennzeichen der älteren Sprache heraus.

So ging es auch dem zeitgenössischen Leser. Ihm waren diese Genitive vom Sprechen ebenfalls nicht viel geläufiger. Wenn er selbst zur Feder griff, wollte er etwas hermachen und übertrieb es natürlich. Gelegenheitsautoren versuchen Texte zu veredeln, indem sie etwas hinzufügen. Profiautoren wissen dagegen, dass man Texte nur veredeln kann, indem man etwas weglässt.

Durch Gelegenheitsautoren kam es im Übergang vom Mittelalter zur Neuzeit zur ersten Genitivepidemie: In Urkunden, Gesetzen und anderen formelhaften Texten entwickelte der adverbiale Genitiv eine ungeheuerliche Wucht, die weit ins Neuhochdeutsche hinein anhielt.

Dort war allerdings Schluss. Der adverbiale Genitiv hatte nur wuchern können, weil der adnominale Genitiv bei Substantiven rar und darauf beschränkt gewesen war, dingliche Zugehörigkeiten auszudrücken: *kanzlære des rīches über deutsche lant* ›Kanzler des Reichs über deutsche Lande‹ (Lohengrin), *daz Nibelunges swert* ›das Schwert Nibelungs‹

(Nibelungenlied), *mīnes herzen tiefiu wunde* ›meines Herzens tiefe Wunde‹ (Walthēr von der Vogelweide).

ZWEITE GENITIVEPIDEMIE Der adnominale Genitiv gewann im Laufe der Neuzeit an Bedeutung, als die Texte aufhörten, von Rittern mit Schwertern, *liobes smerza* und des Maien Grüne zu erzählen, und sich fortan in komplexen Grübeleien verstiegen, für die wir Deutsche in der ganzen Welt so herziglich geliebt werden: *Eygentliche Beschreibung aller Stände auff Erden* (Hans Sachs), *Kritik der reinen Vernunft* (Immanuel Kant), *Mechanik deformierbarer Körper* (Max Planck).

> Zur Eröffnung der zweiten Saison-Hälfte treffen die ersten beiden der Hinrunden-Tabelle direkt aufeinander.
> *Bundesliga.de*

Obwohl der Verfasser dieser Meldung seinen Lesern nicht zutraut, gängige Wortbildungen wie *Saisonhälfte* oder *Hinrundentabelle* ohne Lesehilfe zu verstehen, mutet er ihm ganz selbstverständlich zwei adnominale Genitive in einem einzigen Satz zu. Und das kann er, denn die Texte unserer Zeit sind prall davon.

Doch wie sähe ein zeitgenössischer Satz aus, wenn auch der adverbiale Genitiv wie im Mittelalter blühte?

- Die Journalisten *des Hamburger Abendblattes*
  fragten den Pressesprecher *der Bundeskanzlerin*
  des Rücktritts des Ministers.

Es würde zu viel. Dabei kommt es nicht darauf an, ob man eine solche Genitivlawine überhaupt noch entziffern oder geschickter arrangieren kann. Es geht um Geschwindigkeit.

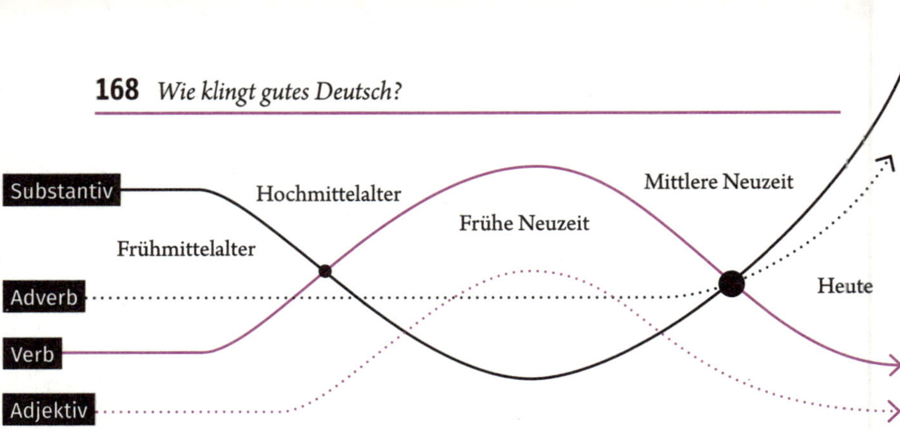

Wir lesen nicht mehr wie die Menschen in der Antike und im Mittelalter, indem wir einen Buchstaben nach dem anderen laut rezitieren und uns dabei selbst zuhören. Wir lesen neuerdings still. Mit dieser Fähigkeit wäre man noch vor Jahrhunderten weltberühmt geworden. Wir erfassen mit einem Blick ganze Wortbilder und bringen es damit beim Lesen auf eine Geschwindigkeit, die unseren Vorfahren wie Magie vorgekommen wäre.

Der adverbiale Genitiv bei Verben ist nach dem Anstieg im Spätmittelalter wieder zurückgegangen, weil der adnominale Genitiv bei Substantiven in der Neuzeit anstieg.

Das Füllhorn an Präpositionen leerte sich zwar während der ersten Genitivepidemie, aber nicht bis zur Neige. Als der adverbiale Genitiv zurückging, weil der adnominale zunahm, füllte man das Adverbiale wieder mit Präpositionen.

Die wilde Vielfalt des Frühmittelalters war jedoch dahin, wie man am Verbum *fragen* sehen kann: Einst konnte man im Genitiv *einer Sache fragen,* mit Präpositionen *nach* einer Sache, *von* einer Sache, *um* eine Sache und einiges mehr. Heute fragen wir *nach* etwas. *Um* etwas fragen wir bloß nach Rat oder Erlaubnis.

HEIL DEM DATIV! Bei selten gebrauchten Verben hielt sich der Genitiv zunächst: *einer Sache gedenken.*

Das einfache *denken* ist ein andauernder Vorgang, der irgendwann abgebrochen wird. Möchten wir solche imperfektiven Handlungen in ein Ergebnis münden lassen (perfektivieren), greifen wir wie seit jeher zu Vorsilben:

kennen → er·kennen
bauen → er·bauen
reichen → er·reichen
schlafen → ein·schlafen
wandern → ein·wandern
wachen → auf·wachen
stehen → auf·stehen
reiten → zu·reiten
reißen → zer·reißen
klingen → ver·klingen

Diese Vorsilben setzen allerdings neue Wörter in die Welt, die man nicht so leicht wieder loswird. Soll es eine Nummer kleiner sein, ergänzen wir imperfektive Verben heute um ein Objekt oder das Reflexivpronomen: *sitzen → sich setzen.* Im Mittelalter setzte man sich noch nicht, man *gesaß.* Man stand nicht auf, sondern *gestand.*

Wenn man nicht nur für ein Weilchen an etwas denkt, sondern losdenkt, einem also etwas einfällt, dann gedachte man.

Aber ich gedāhte eines ūf dem wege.
Unterwegs fiel mir noch eine Sache ein.
Meister Eckhart (1260–1328).
In: Franz Pfeiffer (Hrsg.): Deutsche Mystiker des vierzehnten Jahrhunderts. Leipzig 1857. Zweiter Band. Seite 163.

Sowohl das imperfektive *denken* (vor sich hin denken) als auch das perfektive *gedenken* (einen Einfall haben, sich etwas ausdenken) konnten – und das wird Bildungsbürger überraschen – nicht nur mit dem Genitiv konstruiert werden, sondern auch mit Präpositionen, vor allem mit *an:*

Swer verholne	Wer depressiv ist,
sorge trage,	
der gedenke	der denke
an guetiu wīp.	an geile Weiber.
er wirt erlōst.	Da gehts einem besser!

Walthēr von der Vogelweide: Swer verholne sorge trage.
Codex Manesse, Blatt 131 recto.

Oder mit *auf:*

Dō gedaht ūf hohe minne daz Sigelinde chint.
Da gedachte auf hohe Minne das Kind Sieglinds (Siegfried).
Der Nibelunge liet.
Handschrift C, Blatt 2 verso, Strophe 47, Vers 1.

Hier entpuppt sich die Logik hinter der Vielfalt an Präpositionen im Mittelalter: Weil die Minne hoch ist, gedenkt man zu ihr hinauf.

Ist Ihnen aufgefallen, dass man im Mittelalter meist an Dinge gedachte? Selbst die geilen Weiber bei Walthēr sind nicht als Mitmenschen zu verstehen, sondern als Prachtobjekte.

Heute verwenden wir *gedenken* anders: Wir denken aus gegebenem Anlass wie einem Jahrestag an Opfer, Menschen mit besonderen Verdiensten und Daten wie das Kriegsende oder den Mauerfall, die *für* den Menschen von Bedeutung sind.

Wir gedenken *an* Menschen, an die wir sonst nicht denken. Hätten das unsere Vorfahren im Mittelalter schon getan, hätten sie an *gedenken* den Fall angeschlossen, der zu diesem Zweck fünftausend Jahre zuvor erfunden worden war:

Indonesier gedenken Tsunami-Opfern[.]
Spiegel Online

Das wäre zu allen Zeiten bestes Deutsch gewesen!

Der Dativ kann im Adverbiale erscheinen (jede Dativform ist adverbial) und tut es, wo immer etwas zugunsten oder zuungunsten von Menschen und manchmal auch von Dingen geschieht.

Der Dativ hätte sich auch beim modernen Gedenken längst durchgesetzt, wenn uns Sprachratgeber nicht mit dem Irrtum in den Ohren lägen, zum Gedenken würde der Genitiv gehören. So wie der Konfirmandenanzug zur Beerdigung.

Der Genitiv gehörte nur zum unbetonten mittelalterlichen *gedenken* ›einen Einfall haben‹ – zum betonten Denken an jemand zu seinen Gunsten gehört seit jeher der Dativ.

Auch er darf durch eine Präposition ersetzt werden:

Es ist ein Tag des Gedenkens für die Opfer[.]
Bayerischer Rundfunk

Erst jetzt, am Ende der Geschichte des Genitivs, kam der Dativ zur Sprache. Er erscheint von den vier Fällen ohnehin am wenigsten und ist am Schicksal des Genitivs ganz und gar unbeteiligt.

BEZÜGLICH DES FAZITS Der adverbiale Genitiv ist im Neuhochdeutschen geschwunden, weil der adnominale Genitiv rasant zunahm. Nicht nur bei Verben, auch bei Adjektiven im Prädikat schwand er.

▸ Willi war *bar jeder Hoffnung.*
Das Glas war *voll Weines.*

Bar in Bezug worauf? Auf Hoffnung. Voll in Bezug worauf? Auf Wein. Hier ist heutzutage der Genitiv auf das Bezugswort übergesprungen: *ein Glas voller Wein.* Das kann man als Enallage (griechisch für Vertauschung des Bezugs) durchwinken, so wie wir auch gern eine schöne Tasse Kaffee trinken, obwohl dabei gar nicht die Tasse schön, sondern der Kaffee gut ist.

Zwar heißt es heute noch *bar jeder Hoffnung, des Sieges gewiss oder sicher, eines Verbrechens schuldig* oder *voll Lobes* (*voll des Lobes* mit Artikel ist übersteigerter Ausdruck, bei dem der Genitiv herausgekehrt wird), doch konnte man einst gar der Liebe krank sein, des Glaubens blind und nicht nur des Lebens, sondern aller anderen Dinge froh.

Bei Adverbien ist der adverbiale Genitiv dagegen produktiv; wir können ihn nach Belieben an jedes Adverb anschließen, das nach einer Ergänzung verlangt:

▸ Eigentliche Adverbien:
inklusive/exklusive, minus/plus, unfern
▸ Adverbien auf *-lich*:
anlässlich, ausschließlich, bezüglich, einschließlich, hinsichtlich, nördlich, vorbehaltlich, zuzüglich
▸ Adverbien aus Genitiven:
angesichts, betreffs, längs, mangels, mittels, seitens, zwecks

- Andere Adverbien auf *-s*:
  abseits, beid(er)seits, diesseits, jenseits, längsseits
- Adverbien auf *-halb*:
  außerhalb, innerhalb, oberhalb, unterhalb
- Adverbien aus Partizipien:
  unbeschadet, ungeachtet, während

Sie dürfen nicht mit Präpositionen verwechselt werden, weil bei ihnen der Genitiv durch eine Präposition ersetzt werden kann:

- südlich des Ausgangs
  → südlich vom Ausgang
  → südlich am Ausgang
  → südlich neben dem Ausgang
  → südlich beim Ausgang
- anhand der Unterlagen
  → anhand von diesen Unterlagen
- aufgrund dieser Umstände
  → aufgrund von diesen Umständen

Auch an *inklusive, bezüglich* und *anlässlich* schloss man noch vor kurzem eifrig *von* an, bis das große Lügenmärchen vom Genitiv die Deutschen infizierte.

Kommen wir noch einmal auf *wegen* zu sprechen! Ich habe oben behauptet, Präpositionen könnten nicht mit dem Genitiv stehen. Verglichen mit handelsüblichen Grammatiken klingt das nach einer außerordentlichen Behauptung, die nach außerordentlichen Beweisen verlangt.

Ich wiederhole am besten die Regel von oben und ergänze sie um zwei weitere Punkte:

- Der Genitiv schildert einen Bezug, und das Gleiche tut eine Präposition.
- Deshalb lässt sich jeder Genitiv durch eine Präposition ersetzen: *Peters Auto → das Auto von Peter.*
- Wenn sich ein Genitiv nach Ihrem Sprachgefühl nicht durch eine Präposition ersetzen lässt, ist dieser Genitiv falsch: *wegen Sturms → wegen von einem Sturm.*
- Präpositionen sind selbst Bezüge und können keinen Bezug regieren; und damit auch keinen Genitiv.

Wenn Sie meiner Ansicht noch nicht gänzlich trauen, dann schlagen Sie doch einmal in Ihrer Hausgrammatik nach, warum sich bei *südlich* der Genitiv durch eine Präposition austauschen lässt, bei *wegen* und bei *laut* aber nicht.

Sie haben keine Erklärung gefunden, nicht wahr? Tatsächlich liegt die Beweislast nicht bei mir, sondern bei Ihrer Hausgrammatik. Wenn sie eine Liste von Präpositionen mit dem Genitiv führt – und das tut sie –, dann hat sie nachzuweisen, wie diese Syntax, die kein Muttersprachler von Natur kennt und die er erst von seinem Deutschlehrer eingetrichtert bekommen muss, überhaupt entstanden sein soll. Wie soll diese Entstehung in das Bild passen, das wir bisher von der Entwicklung des Genitivs gezeichnet haben? Dieses Bild passt nicht nur zu den Beispielen, die ich geliefert habe. Es erklärt alle Genitivbelege der vergangenen fünftausend Jahre lückenlos. Nicht nur die deutschen, sondern auch die aller anderen indogermanischen Sprachen. Im Lateinischen regieren Präpositionen immer einen räumlichen Fall:

- Akkusativ bei Richtung und einer Lage zugewandt:
  in forum (auf das Forum hinauf)
  per multās hōrās (durch viele Stunden → viele Stunden lang)

- Ablativ bei Lage oder einer Richtung abgewandt:
  in forō (auf dem Forum)
  ex urbe (aus der Stadt hinaus)

Das Substantiv *causa* ›Sache, Grund‹ kann im Ablativ als Adverb gebraucht werden: *causā* ›aus dem Grund, wegen‹. Der Bezug steht dann wie bei uns im Genitiv: *honōris causā* ›aus Gründen der Ehre, der Ehre halber‹.

Solche Fälle sind im Lateinischen jedoch selten. Sie wurden von den Römern so schnell wie möglich zu Präpositionen gemacht und statt mit dem Genitiv mit dem Akkusativ oder Ablativ konstruiert: *intrā moenia* ›innerhalb der Stadtmauern‹, *cōram publicō* ›im Angesicht der Öffentlichkeit‹.

Auch bei uns werden Adverbien früher oder später zu Präpositionen, wenn sie dauernd mit einer Ergänzung vorkommen. Dann ersetzt einer der beiden Raumkasus, der Dativ (Ort) oder der Akkusativ (Richtung), den Genitiv: *während der Ferien → während den Ferien.* Auch *laut,* eine Ausgeburt der Kanzleisprache, stand zuerst, als es noch *nach Laut* hieß, mit dem Genitiv. Doch seit es zu *laut* und damit zur Präposition wurde, steht es mit dem Dativ.

Diese Schnittstelle wird eifrig in die falsche Richtung benutzt. Im 16. Jahrhundert wurde *Trotz* zu *trotz* und im 18. Jahrhundert *Dank* zu *dank:*

- dank dem schönen Wetter
  trotz einem Unwetter

Als Präpositionen regierten sie auf Anhieb den Dativ, weil es *Dank* und *danken* und *Trotz* und *trotzen* auch tun. Statt sich einfach eine Wäscheklammer auf die Nase zu klemmen, um feiner zu klingen, verpassten ihnen die Feinschreiber den

Genitiv, der auch heute noch nichts anderes als ungrammatisch ist. Und zudem ungültig, weil niemand von Natur aus so sprechen würde. Wir müssen uns das Falsche antrainieren.

Dasselbe Spiel bei *binnen* (aus *be·innen*), das von Hause aus mit dem Dativ verbunden wurde, und ebenso bei *ob,* das manche in der Bedeutung ›wegen‹ gebrauchen: *Er saß ob einem Buche,* das heißt über einem Buch, las also. Daraus schönsprecherisch: *Er saß ob eines Verbrechens im Gefängnis.*

An diesen Nasenklammersound lehnt sich *wegen* mit dem Genitiv an. Nur der geläufige Klang des Genitivs bei Adverbien und das bildungsbürgerliche Motiv lassen einen bei *wegen* überhören, wie irrwitzig falsch diese Konstruktion grammatikalisch ist.

Sprache als Kostüm

Hier endet unser Ausflug: Wer sich mit dem Genitiv einlässt, kann nicht übersehen, dass die Sorge um seinen Untergang eingebildet ist. Offenkundig sind Stilprediger gar nicht so sehr an ihm interessiert, wie sie vorgeben. Sie wollen bloß etwas in Händen halten, was man sicher wissen kann.

Das tun sie, weil sie keinen anderen Stil kennen und auch keinen anderen kennenlernen wollen. Dieser Stil besteht aus der simplen Annahme, es gäbe neben dem Deutsch, das wir sprechen, noch ein zweites, wahres Deutsch, das man nicht von allein lernt, sondern mit dem Verstand erwirbt. Das ist nicht verwunderlich, denn der Bildungsbürger verdankt seinen Status seiner Bildung, und die ist nicht erforscht, sondern heruntergeladen wie eine App. Sie muss falsch sein.

Echtes Deutsch kann nur das sein, wie Sie und Ihre Mitmenschen sprechen. Diese Sprache braucht sich nicht an der

Vergangenheit messen zu lassen, schon gar nicht an Phantasien über die Vergangenheit. Denen geht man zwangsläufig auf den Leim, wenn man die Vergangenheit nicht nach Strich und Faden erforscht. Das gilt nicht nur für den Genitiv, sondern auch für all die anderen Storys, die wir alle seit der Jugend verinnerlicht haben: den Untergang des Konjunktivs, den Untergang der starken Verben, den Untergang der deutschen Sprache schlechthin. Keine hält auch nur der ersten Überprüfung stand.

Guter Ausdruck kann nur auf der echten und lebendigen Sprache gründen. Wenn eine Stilregel – zum Beispiel die Empfehlung, den edlen Genitiv der vulgären Präposition vorzuziehen – von den meisten nicht beachtet wird und von wenigen erst, seit sie darüber in einem Ratgeber gelesen haben, dann kann diese Regel nichts taugen.

Folgen Sie niemals einer Stilregel,
wenn Sie ihren Sinn nicht verstehen.

Zahlen von eins bis zwölf schreibt man aus, lautet eine solche Regel. Darüber verwendet man Ziffern. Diese Regel ist nicht nur unter Laien verbreitet, sondern auch in Redaktionen und Lektoraten.

Es entzückt uns, etwas dazuzulernen, womit wir besser dastehen. Darum verteidigen wir solche Gewissheiten gegen jeden Einspruch, obwohl wir ihren Sinn nicht verstehen. Um keinen Preis werden wir sie aufgeben und notfalls eine Erklärung wie diese erdichten: Die Zahlwörter seien jenseits von zwölf zusammengesetzt und länger – dreizehn, vierzehn und so weiter. Ab dieser Länge schreibe man in Ziffern.

Es ist ganz typisch für solche Ad-hoc-Erklärungen, eine Sache mit dem Nächstliegenden und losgelöst vom Rest der

Welt zu begründen, in diesem Fall ohne Rücksicht auf die schieren Mengen von Zusammensetzungen im Deutschen, von denen viele länger sind als *dreizehn,* und losgelöst auch davon, worin eigentlich der Zweck von Ziffern liegt.

Man schreibt Ziffern ungeachtet ihres Zahlenwerts, wenn man etwas beziffern will. Beziffern ist die Angabe einer Zahl auf den Einer genau. Andernfalls steht es einem frei, ob man Zahlen ausschreibt oder beziffert. In einem Roman oder einem Sachbuch wie diesem, das so gut wie keine Zahlen enthält, fügen sich Wörter besser in das Schriftbild als Ziffern. Auf einem Einkaufszettel gelangt man mit Ziffern schneller zur Kasse.

DES KAISERS NEUE KLEIDER Was treibt den Menschen dazu, sich Idealen und Regeln zu unterwerfen? Dieselbe Denkweise, die uns schon im ersten Kapitel begegnet ist und die wir den ungesunden Menschenverstand genannt haben. Mit anderen Worten: Routineverhalten.

Nichts ist uns Menschen so wichtig wie Status. Einige hungern sogar, um ihren Status zu erhöhen, und nicht nur der Papst verzichtet dafür auf Fortpflanzung.

Dieses Ziel verfolgen wir nicht aus Eitelkeit. Es ist tief in der Architektur unseres Gehirns angelegt und sichert unser Wohlergehen in der Gruppe. Die Gruppe schützt uns wiederum vor äußeren Gefahren.

Status erwirbt man am besten durch Können. Doch der Mensch hat in den vergangenen hunderttausend Jahren immer komplexere Werkverfahren entwickelt und daraus am Ende sogar Berufe.

Will man es darin vom Anfänger zum Meister bringen, stehen einem Jahre des Lernens und Begreifens bevor. Jahre ohne Status. Obendrein steht in den Sternen, ob man die

Meisterschaft je erreicht und einem dann auch die angestrebte Achtung entgegengebracht wird.

Viel leichter ist es, sich einfach wie ein Meister zu gebärden, in die Meisterschaft wie in ein Kostüm zu schlüpfen. Man erwirbt ein paar Stilregeln und klingt damit wie Thomas Mann.

Wie gesagt: Wir tun das nicht aus Eitelkeit, sondern aus bitterer Not! Es beginnt mit kleinen Versuchen. Wenn unser Gehirn darauf keine Ablehnung oder sogar Anerkennung registriert, ist das wie eine Portion Zucker und treibt uns weiter in die Imitation.

Die Sache hat freilich einen Haken, der sich gerade beim Umgang mit Sprache nicht verbergen lässt: Man hat all die Dinge, mit denen man sich kostümiert, nicht durchdrungen. Wendet man sie unverstanden an, werden sie nicht die Wirkung erzielen, die man sich von ihnen verspricht. Und so geschieht es, dass der Autor von seinem Text begeistert ist und der Leser aus dem Fenster springen möchte. Er quält sich durch die Zeilen und durchschaut vielleicht sogar die Kostümierung. Denn eine Haltung, die nicht von innen kommt, ist nur eine Attitüde.

SCHNÖSELDEUTSCH Schnöseldeutsch ist eine solche Attitüde und seit dem 19. Jahrhundert in deutschen Landen vorherrschend.

Auf der Startseite der großen Zeitungen findet man zu jeder Zeit eine Überschrift wie ›Die großen und kleinen Lügen des Donald Trump‹. Dieses syntaktische Schema ist im Deutschen ganz und gar ungebräuchlich, woraus die Redakteure den falschen Schluss ziehen, sie wären altehrwürdig und poetisch.

Der Genitiv wird für so erhaben gehalten, dass es auch an sinnlosen und syntaktisch falschen Genitiven nicht mangelt:

Beim Spiel des Lebens erlebt man, wie das Leben so spielt. Aber was erlebt man bei *Hirschhausens Quiz des Menschen?* Man bekommt von Hirschhausen Fragen *über* den Menschen gestellt. *Lob des Schattens* ist der Titel eines japanischen Buchs, in dem einer den Schatten lobt. Wenn er zugleich seine Frau liebt, ist das dann eine Liebe der Frau? *Zum Glück des Abgeordneten* wäre ein Glück, das dem Abgeordneten vorne zustößt und das er hinten längst besitzt. Adverbiale Genitive an Substantiven sind eine heikle Angelegenheit und nur bei bestimmten Verbalabstraktionen möglich. *Quiz* und *Lob* gehören nicht dazu.

Generell werden grammatikalisch falsche Ausdrücke für raffiniert gehalten, weil in der Kunst seit jeher das Brechen mit den Grundregeln als Raffinesse ausgegeben wird, wenn es an Vermögen mangelt.

▸ Die Bundeskanzlerin wollte das Gesetz noch vor der Sommerpause verabschiedet wissen/sehen.

Die Bundeskanzlerin wirkt wie eine zufällige Augenzeugin, dabei ist sie es, die das Gesetz um jeden Preis durchbringen will. Die Konstruktion ›etwas gemacht sehen oder wissen wollen‹ übersteigt das grammatische Auflösungsvermögen des Redakteurs. Zu Recht geht er davon aus, dass es auch seinem Leser so ergehen wird, zu Unrecht verspricht er sich davon, der Leser würde es schätzen, dass er erweiterte Infinitivkonstruktionen aus dem Ärmel schüttelt wie Platon oder Cicero.

Tatsächlich hat der Leser seine liebe Müh. Er versteht das Geflecht nicht, sondern dechiffriert es wie das gebrochene Deutsch eines Ausländers, indem er aus den Einzelwörtern einen Sinn abstrahiert. Im schlimmsten Fall hat der Leser Platon im Original gelesen und durchschaut die Verkleidung als unecht.

Verführerisch ist für den Schnösel auch der Gebrauch von *wissen* als Modalverb.

Diese Fähigkeiten machen einen gebildeten Menschen erst tauglich, etwas zu vollbringen oder hervorzubringen, das vor dem Forum einer gemeinsamen Vernunft *zu gefallen weiß.*
Aus einem repräsentativen zeitgenössischen Philosophiebuch

Übersehen Sie bitte die feingeistige Aufzählung von Nuancen nicht: vollbringen und hervorbringen. Sehr beliebt unter Verfassern, die Schnösel waren, sind und sein werden. Oder wie der Volksmund sagt: sind. Je mehr etwas bedeuten soll, desto weniger bedeutet es.

By the way! Auch der unbestimmte Artikel vor der Vernunft bricht nur deshalb mit der deutschen Grammatik, damit es feinfühlig und denkerisch klingt. Als Leser hätte man es jedoch lieber, wenn der Verfasser die Sache erst durchdenkt und seine Erkenntnis dann klar und entschieden niederschreibt. Sonst wird das Nachdenken zur nachdenklichen Attitüde.

Wenn im Deutschen zwei Verben mit *zu* verknüpft werden, schildert das zweite Verbum den Inhalt des ersten:

- Der Gast wünschte *zu* speisen,
  und der Kellner versprach,
  das Essen gleich *zu* bringen.

Diese Konstruktion ist richtig, wenn sie sich in einen Dass-Satz umbauen lässt, denn Dass-Sätze sind Inhaltssätze:

- Der Gast wünschte zu speisen
  → Der Gast wünschte, dass er speiste.

Diesen Test besteht die Konstruktion *zu gefallen wissen* nicht, gemeint ist damit nämlich nicht ›wissen, dass‹, sondern ›wissen, wie‹. Erschaffen wurde sie von Bibelübersetzern wie Luther, um einen speziellen Fachbegriff aus der Bibel einzudeutschen: Handeln aus tiefer Erkenntnis. Sonst wählt Luther den Ausdruck, der im Deutschen gängig ist: Wenn einer etwas kann, dann verwendet er *können.* Könner wie Luther wissen stets, was ihre Mittel bedeuten und bewirken.

Die Konstruktion entspringt bei Luther nur einem besonderen Anlass, hinter dem Erkenntnis steht und nicht simples Können. Doch nicht einmal das trifft im Beispiel oben zu: Gefallen ist keine Tätigkeit, die man können kann.

Schnöseldeutsch ist die Haltung, durch verkorksten Ausdruck den Eindruck von Raffinesse machen zu wollen. Der Kostümierte übernimmt den Ausdruck von anderen, ohne zu begreifen, was er bedeutet und bewirkt.

Das ist schlechtes Deutsch – und nicht, wenn jemand im Alltag Schilder mit Schilden verwechselt oder den Konjunktiv vergisst. Hier steht ein Versehen oder Unwissenheit einer Haltung gegenüber, die einen Menschen übermannt und besinnungslos macht.

Und zwar erst, wenn er zur Feder greift oder in eine Kamera spricht. Unterhält er sich mit dem Nachbarn auf der Straße über das Wetter, spricht er ganz normal. Je weniger sich der Empfänger wehren kann, desto zügelloser die Attitüde.

POWERDEUTSCH Eine andere Attitüde blüht vor allem im Alltagsjournalismus: Wo Journalisten bloß noch Tickermeldungen und Pressemitteilungen umformulieren, ohne ihren Gehalt zu überprüfen, sind sie versucht, die Leere im Inhalt durch Sprache zu füllen, die im Ausdruck überdreht ist und ständig nach neuen Kicks sucht: *Das Erdbeben forderte viele*

Tote; der Tsunami sorgte für viele Opfer; sie wollte ihn nicht missen.

Der Übersteigerung des Ausdrucks fallen besonders unerfahrene Autoren in die Hände.

▸ Sollte es zu einer Schlägerei kommen,
wäre diese kaum zu stoppen.

Niemand verwendet *diese* so beim Sprechen. Es ist grammatikalisch falsch. Wir sagen *sie* oder greifen, wenn wir den Fokus wechseln, zum Demonstrativum *die:*

▸ Meine Frau versteht sich nicht mit meiner Mutter.
Die ist ziemlich biestig.

Mit *dieser* verstärkt man nur Substantive, weil dort der Artikel wie das Demonstrativum klingt.

▸ Hertha hatte eine Erkenntnis. *Diese* Erkenntnis …

Dem Drang, deutlicher, präziser, professioneller und feiner klingen zu wollen, dürfen Sie als Gelegenheitsautor auf keinen Fall nachgeben, weil man Ihrem Text damit anmerkt, dass Sie sich verstellen.

Powerdeutsch ist, wenn übersteigerter Ausdruck zur Haltung wird, die in jedem Satz maximal ausgelebt werden muss: Wenn ein neues Handymodell auf den Markt kommt, heißt es bei IT-Redakteuren zwingend, der Hersteller habe das Modell *aufgeschraubt* oder *aufgebohrt,* um ihm neue Features zu *spendieren.* Ist das neue Feature dann spendiert und das Gerät wieder zugeschraubt, kommt es nicht auf den Markt, sondern *daher.*

Dinge und Gegenstände neigen im Powerdeutsch zu schamanistischer Beseeltheit: *Deutschland weint; Berlin rätselt.* Oder zu falsch konstruierten und überflüssigen Powerattributen: *Fußball-Deutschland weint; das politische Berlin rätselt.*

Wenn ein Ding erst eine Seele hat, strebt es nach großen Taten:

▸ Der Fall wühlt auf
Das Surface begeistert und enttäuscht zugleich
Microsoft überrascht mit schnellem Patch
Der Film beeindruckt durch seine Ruhe
Schwarz-Gelb verwirrt mit Steuerreform
Das Display gefällt mit seiner matten Oberfläche

All diese Verben verlangen im Deutschen nach einem Anschluss: *Der Fall wühlt einen auf.* Wo gar keine bestimmte Person aufgewühlt wird, sondern etwas generell von aufwühlendem Wesen ist, spricht das Deutsche von einem aufwühlenden Fall. Oder einem Film von beeindruckender Ruhe.

Solche Albernheiten haben meist mit dem Englischen zu tun. Die Übersteigerung ist entweder mit entlehnt wie bei den Schamanenverben oben (*a sport that amazes* statt *an amazing sport*) oder entsteht erst bei der Entlehnung. Eine Wendung wird buchstäblich übersetzt, als False Friend, und wirkt dann im Deutschen merkwürdig: *Kommt das iPhone mit Saphirglas?*

Diese Merkwürdigkeit zieht Powersprecher an wie der Mist die Fliegen. Was in der Allgemeinsprache bloß falsch oder ungültig (man spricht nicht so) ist, kommt ihnen als Mittel der Übersteigerung gerade recht.

Ein krasses Beispiel dafür, wie man jedes Gespür dafür verliert, was man tut, ist Kindersprech, eine Unterart des

Powersprechs. Kindersprech ist der Versuch erwachsener Menschen, anderen Erwachsenen durch possierliches Gebärden zu gefallen. Es wurde bei Spiegel Online kultiviert, wo man Selbstzweifel – oder wie man dort sagt: Ich-Zweifel – nicht kennt:

> Die Basta-Kanzlerin · Der Aussitzpräsident · Die Dafür-Partei · Die Ja-Aber-Richter aus Karlsruhe · Die Rausreederei · Weiße Weihnacht nach der Schneinacht · Der Trotzdem-Konzern · Wackel-Dax macht Anleger mürbe · Ich-Hass · In der wichtigen Phase der Ich-Entwicklung · Ich-Ich-Ich-Falle

Die Journalisten sind in einer Attitüde gefangen, der sie nicht mehr entkommen. Falls sie noch wahrnehmen, dass außer ihren Kollegen niemand so spricht, wie sie schreiben, deuten sie es nicht als Warnsignal, sondern lassen sich davon noch befeuern. Ihnen entgeht, dass sie auf ihre Leser austauschbar und billig wirken.

Billig heißt bei Print: Niemand kauft noch Zeitungen. Online heißt es: Man klickt vielleicht noch die Überschrift an, hört dann aber nach einem Absatz auf zu lesen. Den Redakteuren von Spiegel Online ist bewusst, dass ihre Texte nicht gelesen werden. Sie führen es darauf zurück, es wäre im Internet nun einmal so. Ich behaupte dagegen: Wenn die Texte anders geschrieben wären und Gehalt besäßen, würden sie gelesen werden.

ZOMBIEDEUTSCH Attitüden sind Pauschallösungen, die man wie einen Anzug von der Stange anzieht. Das ist bequemer, als seine Einzigartigkeit und Natürlichkeit zu kultivieren. Steckt man erst in einer Attitüde, staffiert man sie immer weiter mit Ausdrücken aus, die auch wieder von der Stange kommen. Nicht selten breiten sich solche Ausdrücke wie ein grassierendes Fieber über ganze Milieus und Zünfte aus. Dann spreche ich von Zombiedeutsch. Es handelt sich dabei nicht um eine weitere Attitüde, denn niemand möchte gern ein Zombie sein.

Aber Attitüden machen einen dazu. Zunächst bringen sie intelligente Menschen dazu, ihren Wortschatz von einem Tag auf den anderen auszuwechseln. Die Rede ist nicht von Schlagwörtern, die man ganz bewusst verwendet, zum Beispiel *Nine-eleven, epic fail, fremdschämen* oder *like a boss,* eine von Jugendlichen angestrebte Form der Nonchalance. Die Rede ist von Vorgängen, die den Betroffenen gar nicht bewusst werden.

Dabei hört jemand einen Ausdruck am Montag zum allerersten Mal. Als wäre über Nacht die fünfte Auflage des Neusprechdiktionärs erschienen, hat der neue Ausdruck am Dienstag alle Synonyme im Wortschatz dieses Menschen ersetzt. Am Mittwoch wird er nicht mehr nur dort verwendet, wo er passt – alle Sätze werden plötzlich so formuliert und alle Gedanken so gedacht, dass sie in den Ausdruck münden. Der Mensch steht jetzt unter dem Zwang, den Ausdruck ständig denken und sagen zu müssen. Er ist zu einer Hülle für den Ausdruck geworden.

Ein Beispiel für die Schnöselattitüde: Vor zwei bis drei Jahren fand man im Feuilleton kaum einen Text, in dem nicht gewabert oder mäandert wurde.

1. Eigentlich sagt sie kaum etwas – doch die unausgesprochene Bedeutung wabert wie Nebel zwischen den Zeilen[.]
2. Anfangs mäandert es noch unentschlossen durch die Texte des Kanzleramts[.]
Zeit Online

Mäandern ist erst vor kurzem aus dem englischen Intellektuellensprech ins deutsche Feuilleton geraten und bezieht sich auf den schlängelnden Lauf des kleinasiatischen Flusses Mäander. Den sollte man kennen, sonst scheitert die Metapher. Soweit man überhaupt von einer Metapher sprechen kann, denn normalerweise sollen Bilder den Leser emporheben und nicht durch Vorwissen erklommen werden müssen.

Ebenso bei *wabern.* Hier handelt es sich zwar um ein altes deutsches Wort, das dem Hin und Her beim Weben entsprungen ist (Bienen weben eine Wabe), doch wem ist das schon präsent, nachdem der Begriff über Jahrhunderte mit schöner Seltenheit verwendet wurde, vor allem nämlich übertragen auf das Schwappen von Wasser oder das Züngeln von Flammen. Erst da, als es vergessen ward, wurde es zur Zwangsvokabel im Feuilleton.

Niemand ist schlecht erbaut, wenn er einen schönen, alten Ausdruck in neuer Frische liest. Mündet aber plötzlich, von einem Tag auf den anderen, jeder Gedanke eines Menschen in Wabern und Mäandern, stimmt etwas nicht. Und das fällt den Lesern auf.

Auch Powerdeutsch ist immer epidemisch. Im Journalismus hat sich in den vergangenen Jahren das Aus ausgebreitet wie ein Hefepilz. So ein Aus droht gern und kann als beseeltes Wesen an Türen klopfen. Beim Bayerischen Rundfunk hat es sogar einen Rand: *am Rande des Aus.* Wenn schon, dann hieße der Genitiv *des Außes,* denn es gibt im Deutschen keine endungslosen Genitive im Neutrum. Das Aus kann nicht nur selbst im Genitiv stehen, sondern sogar Genitivattribute mitschleppen, wo allein die Präposition *für* richtig wäre: *Opposition fordert Aus der Steueramnestie* (Spiegel Online).

Man denkt an den Fußball, wo es das Aus schon lange gibt,

aber damit hat das Power-Aus nichts zu schaffen. Es reitet auf einer Welle von Substantivierungen von Wortarten, die besser keine Substantive sein sollten.

▸ Deutliches Signal, dass es ein Zu-Weit gibt
Kein Sieg des »Weiter so«
Dass das Entweder-Oder vorherrscht
Des Merkelschen Basta
Trotz des Auf und Ab beim Goldpreis
Wir wärmen uns am Gestern
Das Warum ist noch zu klären
Unbeeindruckt vom Nein der Briten
Ohne Euch kein Wir
Das Wir entscheidet

So sieht es aus, wenn Menschen ihre Möglichkeiten im Ausdruck verloren haben.

Der Fußball hat seine eigenen Zombieapokalypsen. Bei der Weltmeisterschaft in Brasilien infizierten sich die Reporter innerhalb weniger Tage mit falscher Syntax beim Verbum *verteidigen.*

▸ Ghana ist für die deutsche Mannschaft
nicht leicht zu verteidigen.

Das ist nicht dasselbe wie einst, als Reporter wie Heribert Faßbender den Fußball besungen haben und ihre eigene Sprache fanden, wie es von Dichtern erwartet wird. Die Wendung ›Andi Brehme geht weite Wege‹ war seinerzeit unerhört, aber grammatikalisch tipptopp: ein adverbialer Akkusativ, den wir auch in *Schlange stehen, Maschine schreiben* und *ein Gebet sprechen* verwenden.

Beim Beispiel aus unserer Zeit liegt dagegen die einzige Raffinesse darin, dass es grammatikalisch falsch ist. Was verteidigt wird, steht im Deutschen als Objekt hinter *verteidigen;* und wovor man etwas verteidigt, das steht als Umstandsangabe mit der Präposition *vor* oder *gegen.*

Diese Syntax ist im Beispiel vertauscht: *Deutschland verteidigt Ghana.* Das ist die Syntax von *abwehren.*

Die Kommentatoren haben gar nicht bemerkt, wie sich die Grammatik über Nacht in ihrem Kopf verändert hat. Sie haben auch keinen Gedanken an ihre Zuschauer verschwendet, die ratlos vor dem Fernseher saßen und sich fragten, was diese Formulierung bedeuten solle. Das ist auch nicht verwunderlich bei Leuten, die das Publikum in einem Stadion zwanghaft mit einer Kulisse verwechseln.

Dabei ist die Sache ganz einfach: Ein Journalist wendet sich an die Allgemeinheit. Deshalb unterliegt alles, was er von sich gibt, der Grammatik der Allgemeinheit. Solange die Grammatik stimmt, sind wie bei einem Dichter alle Eskapaden erlaubt, wenn sie den Zweck erfüllen, den sich ihr Schöpfer davon verspricht.

Wer diese Konvention nicht achtet, ist schlecht beraten. Wie schlecht, das sehen wir uns an einem Beispiel an, das wir schon im ersten Kapitel gestreift haben.

Vor einiger Zeit begannen Politiker wie Sigmar Gabriel, sich beim Wähler lieb Kind zu machen, indem sie in jedem Satz den Ausdruck ›die Menschen‹ verwendeten. Solche Kniffe sind für einen Politiker legitim. Er ist auf Stimmen angewiesen und hebt deshalb ständig hervor, dass er bei allem, was er so treibt, das Wohl des Volkes im Sinn hat.

Zuvor hatte Gabriel einige Jahre lang von ›Wählerinnen und Wählern‹ gesprochen oder von ›Bürgerinnen und Bürgern‹. Der Zweck solcher Doppelformen liegt ja allein in ihrer Länge. Sie sind so lang, dass sie dem Bürger auch bei ständiger Wiederholung nicht entgehen.

Was dem Ausdruck ›die Menschen‹ an Länge fehlt, macht er durch seine Ungehörigkeit wett. Wie wir bereits sahen, ist im Deutschen aus historischen Gründen nur *der Mensch* als solcher, *ein Mensch* als Vertreter seiner Art oder *die Menschen* mit weiteren Anschlüssen üblich: *die eingeschlossenen Menschen schrien um Hilfe.* Ganz recht, in dem lichterloh brennenden Haus befanden sich tatsächlich noch menschliche Wesen.

Wo Menschen in endlicher Zahl auftreten, sprechen wir nicht von *die Menschen* (ohne weitere Attribute), sondern nur unbestimmt von *Menschen* (Menschen liefen jubelnd umher) oder bestimmt von *den Leuten* oder spezieller von Opfern, Fans oder Flüchtlingen.

Gabriel nutzt den Ausdruck mit einer Syntax, die im Deutschen seit jeher ungebräuchlich ist. Das ist hart an der Grenze, aber Politiker sind nun einmal keine Lyriker, sondern Fischverkäufer.

Dann begannen plötzlich auch Journalisten, von *den Menschen* zu sprechen. Zuerst waren es solche, die in Interviews engen Umgang mit Politikern pflegten. Doch schnell kam der Rest dazu, zum Beispiel solche, die im Keller der ARD Einspieler für die Tagesschau vertonen. Wo vor kurzem noch von Flüchtlingen und Opfern die Rede war, hörte man nun ›die Menschen‹. Nicht einmal, nicht zweimal, sondern in jedem Satz.

- ▸ Hier muss die Logistik stimmen, denn die Ware muss schnell zu den Menschen (ARD Weltspiegel)
  Was muss passiert sein, dass die Menschen diese Strapazen auf sich nehmen? (ZDF Heute-Journal)

> In vielen Teilen der Welt feiern die Menschen heute Weihnachten (RTL News)
> Seit Wochen bereiten sich die Menschen in Vorra auf die Ankunft der Flüchtlinge vor (BR)

Mit den Menschen in Vorra sind keine anderen als die Einwohner dieses Örtchens gemeint. Und die Menschen, die solche Strapazen auf sich nehmen, sind Flüchtlinge. Die Menschen, die Weihnachten feiern, heißen Christen.

Was soll der Zuschauer davon halten? Er wird sich sagen: Wenn der Journalist genauso spricht wie Sigmar Gabriel, wozu braucht man den Journalisten dann noch? Da kann man gleich Gabriel ungestört reden lassen.

Noch schlimmer: Wenn Gabriel jede Wendung in den Kopf des Journalisten schleusen kann, wie lange würde Gabriel wohl brauchen, ihn in einen Selbstmordattentäter umzuprogrammieren? Wenn sich ein Hacker Zugang zu Ihrem Computer verschafft, kann er dort Programmcode ausführen, wie es ihm beliebt.

Es braucht uns nicht zu kümmern, wie verwegen diese Frage ist, denn gerade ist das Geschäftsmodell des Journalisten zusammengebrochen. Er wird dafür bezahlt, dem Politiker zu widersprechen oder ihn zu überführen. Stattdessen plappert er ihm nach und lässt sich auf seine Warte ziehen.

Diese Erkenntnis entgeht dem Journalisten jedoch, weil er sich einredet, er würde sich durch die Übersteigerung seines Ausdrucks unersetzlich machen. Er spricht wie die anderen im Studio und wie alle anderen Journalisten, Politiker und wer sonst noch zu den Etablierten seines Milieus gehört. Also gehört er dazu. Seine Gehirn notiert sich: Alle in meiner Umgebung sind auf meiner Wellenlänge. Ich habe einen

Status. Ihm schwant nicht, welchen Fehler er begeht: Nicht vor den Menschen im Studio muss er sich in Acht nehmen, sondern vor denen vor dem Fernseher. Und bei ihnen hat er seinen Status gerade verspielt.

Gutes Deutsch

Gutes Deutsch entsteht von allein, wenn man auf schlechtes Deutsch verzichtet. Darunter verstehen wir nun Kostümierung, die als Notbehelf beginnt. Schlägt uns keine Ablehnung entgegen, stolzieren wir wie der Kaiser in seinen neuen Kleidern herum und enden in einer Attitüde, einer Haltung nämlich, die uns als Menschen gänzlich verdeckt.

Unser Kleid ist keineswegs einzigartig, sondern eine Uniform, mit der wir uns zu einem Milieu bekennen, meist dem Bildungsmilieu oder den Movern und Shakern.

Nichts schadet einem Text mehr als Milieu. Wenn wir auf der Straße einem Fremden begegnen und ihn auf Anhieb einordnen können, erlischt unser Interesse augenblicklich. Es spielt dabei keine Rolle, ob der Fremde wie ein Zuhälter aussieht, mit einer Haut aus dem Solarium und einem Anzug von Armani, oder ob wir ihn für einen Künstler, Professor oder Rockstar halten. Es spielt auch keine Rolle, ob unsere Einschätzung zutrifft.

Begegnen wir dagegen einem Menschen, der sich keinem Milieu zurechnen lässt und Koch, Nobelpreisträger oder Eisverkäufer in Rio sein könnte, wollen wir mehr erfahren, denn mit einem Menschen, der alles sein könnte, könnten wir auch alles erleben. Unser Urteil lautet dann: Dieser Mensch hat Niveau. Niveau und Milieu schließen einander aus, denn das eine kommt von innen, das andere von außen.

Schreiben Sie deshalb, wie Sie sprechen. Ihre Sprache ist so einzigartig, wie Sie es als Mensch sind.

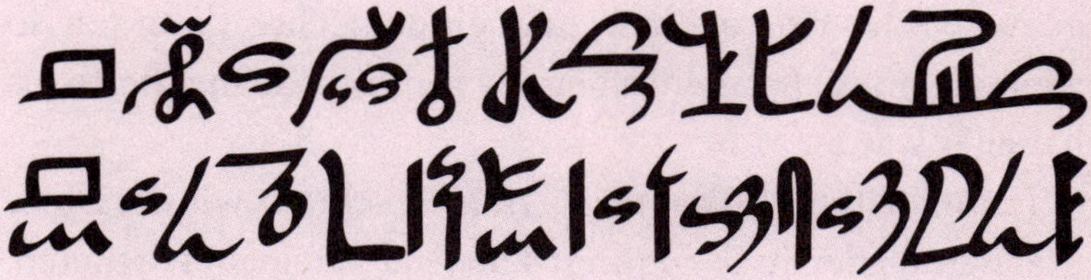

Die vollkommene Rede ist seltener als der grüne Stein.
Du findest sie bei den Frauen am Mühlstein.

Lehre des Ptahhotep. Vers 57 f.

Papyrus Prisse, Spalte 5, Zeile 10.

Wer das vor viertausend Jahren in Oberägypten geschrieben hat, ist nicht irgendein Stilratgeber. Er ist der Erfinder der Dichtung schlechthin, also des schriftlichen Erzählens um des Erzählens willen. Er ist der Initiator von allem, was Sie heutzutage in einem Buchgeschäft oder im Kino geboten bekommen.

Dieser Erfinder hat zur Schönheit der Sprache nur dies eine zu sagen: Wer vollkommene Sprache sucht, findet sie nicht in Schreibstuben, im Palast oder sonst wo im Establishment, sondern dort, wo einfache Leute ohne Attitüde miteinander sprechen.

Ein Deutscher hat das besser begriffen als alle anderen: Martin Luther war nicht der Erste, der die Bibel ins Deutsche übersetzt hat. Trotzdem haben Sie wohl noch nie von seinen Vorgängern gehört. Und das hat einen Grund: Sie haben die Bibel nicht übersetzt, sondern bloß die lateinischen, griechischen und hebräischen Vokabeln durch deutsche ersetzt. Obwohl die griechische Vorlage der gotischen Bibelübersetzung gar nicht erhalten ist, lässt sie sich bis aufs Iota aus der gotischen Übersetzung rekonstruieren. Im Mittelalter galten im Bildungsmilieu die drei *edilzungun* als Geschöpfe Gottes, die Volkssprachen dagegen als Ausgeburten der Gosse; wenn man eindeutschte, dann nur so weit wie nötig. Je lateinischer das Deutsche klang, desto erhabener war es.

Luther wischte all das vom Tisch. Er schrieb, wie die Leute draußen auf der Straße und auf dem Feld miteinander redeten.

Schönes Deutsch

Allerdings möchten wir beim Schreiben schlagfertiger und eleganter klingen als beim Sprechen. Esprit und Witz wären auch nicht schlecht.

Gelegenheitsautoren sind Sachautoren. Sie schreiben nur, um eine Sache schriftlich darzulegen. Es kann sich dabei um eine große Sache wie ein Sachbuch oder eine Doktorarbeit handeln oder um etwas Kleines, wie man es auf Notizzetteln an der Kühlschranktür findet: *Waschmittel kaufen!*

Die Darstellung ergibt sich zwangsläufig daraus, wie man die Sache sieht. Der einzige Weg, ihren Sound weiterzuentwickeln, liegt für Sachautoren darin, neue Ausdrücke hinzuzugewinnen. Meist schnappt man sie woanders auf.

Schöne Texte entstehen jedoch nicht, indem man etwas hinzufügt, sondern indem man etwas wegnimmt.

Einem Schriftsteller gelingt das leichter. Er erfindet eine Sache nur zu dem Zweck ihrer Darstellung. Seine Texte werden aus reiner Freude am Lesen gelesen.

Stellt er beim Schreiben fest, dass zwar die Prämisse (Sache) seines Romans spannend ist und am Ende ordentlich aufgelöst wird, die dreihundert Seiten dazwischen aber wie die Gebrauchsanweisung für einen Staubsauger klingen, dann verändert er die Sache so lange, bis aus ihr interessante Szenen hervorgehen. Denn niemand liest einen Krimi, um den Namen eines Mörders zu erfahren. Wir wollen vom Anfang bis zum Ende unterhalten werden.

Der ständige Zweifel, der einen Schriftsteller zum Überarbeiten seines Textes treibt, ist für ihn ein so unverzichtbares Werkzeug wie der Hammer für einen Schmied. Er bringt die Einsicht, dass Texte nur gewinnen, wenn man alles Schlechte, Langweilige und Überflüssige darin streicht und verschiedene Betrachtungsweisen für die Sache ausprobiert.

Zu dieser Einsicht können auch Sachautoren mit einer einfachen Übung gelangen, die ich mechanisches Verzichten nenne.

Nehmen Sie sich den letzten Text vor, den Sie geschrieben haben, und eliminieren Sie darin alle Genitive. Die guten und die schlechten. Es spielt keine Rolle, ob es überhaupt gute und schlechte Genitive gibt.

Lassen Sie die Genitive ersatzlos verschwinden und zwei Wochen verstreichen, ehe Sie den Text erneut durchlesen. An den meisten Stellen werden Sie gar nicht darauf kommen, den Genitiv wiederherzustellen, denn die Zwangsläufigkeit des Anwesenden hat sich nun in die Zwangsläufigkeit seiner Abwesenheit verkehrt.

Wo Ihnen der Genitiv doch in den Sinn kommt, dürfen Sie ihn nicht wiederherstellen. Formulieren Sie die Stelle so lange um, bis Sie auf den Genitiv verzichten können.

Am Ende halten Sie einen Text in der Hand, der die Urfassung deutlich übertrifft. Nicht weil er frei von Genitiven ist, sondern weil Sie die Zwangsläufigkeit des Genitivs überwunden haben. Ihre Ausdrucksmöglichkeit ist gewachsen und Ihre Erkenntnis, was jeder Ausdruck bewirkt.

Sie sind dabei nicht auf Expertenwissen über den Genitiv und die Präposition in der Geschichte des Deutschen angewiesen.

Tun Sie einfach, was Hemingway tat:

> All my life I've looked at words
> as though I were seeing them for the first time.
> Mein ganzes Leben lang habe ich Wörter angesehen,
> als würde ich sie zum ersten Mal erblicken.
> *Ernest Hemingway: Selected Letters 1917–1961.*
> *Herausgegeben von Carlos Baker. New York 1981.*

Keine Attitüde kann diesem Blick standhalten, kein falsches Deutsch kann sich als Raffinesse durchmogeln.

Hervorragendes Deutsch

Versuchen Sie nicht, das Menschliche und Persönliche in Ihrem Text zu tilgen, um professioneller zu klingen. Das ist ein Missverständnis: Um einen Text zu heben, nimmt man ihm nicht das Leben, sondern etwas anderes.

Luther schrieb, wie die Leute in seiner Zeit sprachen. Das fiel seinen Lesern gar nicht auf. Sein Deutsch klang nicht wie das, was man draußen auf der Straße hörte. Es klang, als hätte Luther die deutsche Sprache selbst erfunden.

Auch Shakespeare klingt nicht wie irgendjemand oder irgendetwas. Er klingt auch nicht, als hätte er in englischer Sprache geschrieben. Wer seine Werke liest, fragt sich eher, was denn die Leute vor ihm in England wohl für eine Sprache gesprochen haben.

Der Trick liegt wieder im Weglassen. Schreiben Sie, wie Sie sprechen. Dann streichen Sie alles Gewöhnliche heraus. So ist Ihr Deutsch leicht zu verstehen und klingt doch nicht wie von dieser Welt.

Ein Dichter geht beim Verdichten sehr weit: Er ersetzt das Handy durch das scheinbar zeitlose Telefon. Anglizismen meidet er überhaupt, jedoch nicht weil er sie für undeutsch hielte – an ihnen haftet nur die Gewöhnlichkeit des Alltags. Ein ungewöhnlicher Anglizismus zur rechten Zeit kann durchaus den Snap bringen, der dem Text noch gefehlt hat.

Ein Zeitungsartikel braucht nicht ganz so verdichtet und zeitlos zu sein, die Zeitung heißt schließlich nicht ohne Grund Zeitung, und noch lockerer steht es mit allen anderen Alltagstexten.

Dieser letzte Schritt ist keine Voraussetzung für schönes Deutsch, doch verdichtete Sprache wird stets aus allem anderen hervorragen.

Was wird ein Zeitungsleser tun, wenn er durch eine Flut an hingeschluderten Artikeln ohne Inhalt blättert und mittendrin auf etwas stößt, was gut zu verstehen ist und nicht klingt wie von dieser Welt? Mit einer Erzählstimme, die menschlich klingt und nie aus ihrer Perspektive fällt oder den Fokus verliert? Mit sinnlichen Szenen und starken Konflikten?

Er wird etwas tun, was heute selten noch getan wird: Er liest und hört nicht damit auf, ehe der Text endet.

3

Sein und Schein

Endlich Klarheit über den Konjunktiv!
Von den Grundlagen zu den Feinheiten.

In meiner Jugend hörte ich die Erwachsenen klagen, der Konjunktiv läge in den letzten Zügen. Wem die deutsche Sprache am Herzen lag, der ging damals ernstlich davon aus, der Konjunktiv stürbe mit der nächsten oder allerspätestens mit der übernächsten Generation aus, weil ihn die Deutschen nicht mehr verstünden und künftig einfacher sprächen. Oder weil die Zeiten generell immer lausiger würden.

Wir Menschen neigen bekanntlich dazu, den Augenblick mit der Ewigkeit zu verwechseln: Verlässt uns die Geliebte, sind wir gewiss, nie mehr in unserem Leben glücklich zu werden. Klopfen uns unsere Nächsten auf die Schulter und sagen, das werde schon, dann erwidern wir, was wüssten die Nächsten schon von einzigartiger und alles verzehrender Liebe! Nie mehr werde man frohgemut leben können, lieben schon gar nicht.

In Sprachratgebern und benachbarten Jammertälern wurde Konjunktiven wie *flöchte* und *glömme* nachgeweint. Die vernehme man kaum noch, bald seien auch häufigere Formen wie *sei* und *wäre* dahin.

Als Jüngling malte ich mir das güldene Geflöchte und Geglömme früherer Zeiten aus und stieß rasch auf eine Erklärung für ihren Niedergang: Das Flechten war als häuslicher Zeitvertreib lange vor dem Siegeszug des Personal Computers aus der Mode gekommen und das Glimmen im Zuge der Elektrifizierung zu Beginn des 20. Jahrhunderts dem

Leuchten gewichen. Es wurde generell nicht mehr geflochten und geglommen!

Wenn eine Sache verschwindet, gibt es auch keinen Grund, sie weiterhin zu bezeichnen. Grundsätzlich zumindest. Wir haben uns von der Behauptung einwickeln lassen, früher hätte es mehr Geflöchte und Geglömme gegeben. Tatsächlich sind diese Konjunktive in dem Jahrtausend zwischen den ältesten literarischen Werken in deutscher Sprache bis zum Dichter Lessing im 18. Jahrhundert kein einziges Mal belegt. Wo sie danach spärlich und ausschließlich bei Dichtern auftreten, wird man den Eindruck nicht los, dass sie bloß ihrem Klang zuliebe gewählt wurden. Die meisten Belege stammen aus Deutschbüchern, wo *flöchte* und *glömme* aus Anlass ihres Untergangs erwähnt werden.

Ein weiterer eingebildeter Untergang also. Die echten Untergänge wie das Ende der Frakturschrift werden nicht beweint, sondern als Befreiung empfunden – oder wie der Untergang des schwachen Femininums *(das Auto Uten → Utes Auto)* von keinem bemerkt.

Trotzdem hat sich der Konjunktiv seit meiner Jugend zu einer penetranten Erscheinung aufgeschwungen. Damals konnte freilich niemand ahnen, dass bald alles mit allem und jeder mit jedem vernetzt sein würde. Es hätte auch niemand verstanden, was heute bei Facebook vor sich geht. So wie wir im Zoo staunend vor dem Paviangehege stehen und uns wundern, was die Paviane eigentlich den ganzen Tag über miteinander auszuhandeln haben. Sie sitzen auf einem jämmerlichen Steinhaufen, der von einem Graben umgeben ist und auf dem nie etwas Wirkliches passiert.

Das Internet hat den Konjunktiv beflügelt, indem es die schiere Menge von Textveröffentlichungen vervielfacht hat, ohne dass sich heute mehr in der Welt ereignen würde als vor einem Vierteljahrhundert. Wenn heutzutage nichts passiert, ist das für einen Journalisten noch lange kein Grund, nicht darüber zu schreiben. Obwohl ich mein Leben nicht hinter den sieben Bergen bei den sieben Zwergen verbracht habe, war ich bei der Recherche für dieses Kapitel doch erstaunt, wie viele Onlineartikel nicht mehr enthalten als das, was einer dazu gesagt hat, was ein anderer gesagt hat. Ich musste mir gar den Eindruck vom Leibe halten, dass der Indikativ in den letzten Zügen liege!

Im Mündlichen war der Konjunktiv zu allen Zeiten in Gebrauch, allerdings schöpfen wir beim Sprechen sein Repertoire nicht aus. Erzählen wir jemand Aug in Aug, was ein anderer gesagt hat, sprechen wir in kurzen Sätzen mit deutlicher Einleitung und Gestik, an der nicht zu verkennen ist, was wir von anderen berichten und was wir selbst davon halten. Bei Frauen kommt das Verstellen der Stimme hinzu, das wir abschätzig als Nachäffen bezeichnen – dabei handelt es sich um eine wichtige Errungenschaft des Menschen, die uns von anderen Primaten abhebt. Auch Männer zitieren Gegenpositionen beim Erzählen verzerrt, man muss jedoch genauer hinhören.

Wir brauchen den Konjunktiv beim Sprechen für eine andere Aufgabe, und zwar so häufig, dass wir diese Sprechkonjunktive aus dem Effeff beherrschen.

▸ Hättest mich gleich fragen sollen,
dann säßest du jetzt nicht in der Patsche.

Beim Schreiben sind unsere Sätze komplexer und weniger redundant als beim Sprechen. Dort fehlen uns zudem gestische Mittel. Deshalb brauchen wir den Konjunktiv beim Schreiben in vollem Umfang.

Kein Wunder also, dass Schriftkonjunktive oft falsch sind.

Nicht gemessen an altehrwürdigen Regeln, die mir von Germania persönlich auf der Loreley übergeben worden sind, damit ich die irrende Menschheit davon unterrichten möge. Sondern daran gemessen falsch, wie wir den Konjunktiv beim Sprechen verwenden. Denn Deutsch ist, wie wir sprechen. Ohne Motive und Attitüden.

Beim Schreiben wollen wir gepflegt zur Feder greifen und etwas hermachen. Und schon ist es passiert: Wir bringen nicht nur die Konjunktive durcheinander, die der Schriftsprache eigen sind, wir verwenden zu allem Übel auch noch die Sprechkonjunktive beim Schreiben anders.

Kurzum, wir denken zu viel. Der Konjunktiv ist im Deutschen alles andere als kompliziert und sogar einfacher als alles, was Nachbarsprachen für dieselben Zwecke zu bieten haben.

Wir haben es also wieder mit einem Missverständnis zu tun, und Missverständnisse entstehen im Verstand.

Zwei Typen von Missverständnissen lassen sich dabei ausmachen. Den ersten nennen wir Hubert. Hubert ist Ende dreißig, klug und gebildet. Als Mann verplempert er seine Lebenszeit nicht mit Gebrauchsanweisungen, er gebraucht lieber seinen Verstand.

Dabei fällt ihm auf, dass jedes Verb zwei Formen hervorbringt, die beide Konjunktiv heißen:

	1	2
sein	sei	wäre
haben	habe	hätte
werden	werde	würde

Wenn sie einen Namen teilen, denkt sich Hubert, dann verrichten sie auch dasselbe und sind austauschbar. Und er bemerkt, dass *wäre* beim Sprechen dauernd vorkommt, *sei* dagegen kaum. Huberts Verstand erkennt einen Gegensatz zwischen diesen beiden Formen: Die eine ist schriftsprachlich und vornehm, die andere umgangssprachlich. Wenn Hubert zur Feder greift, wendet er fortan die feinere Form *sei* an. Doch warum nur feiner schreiben, wenn man auch feiner sprechen kann! Immer öfter ersetzt Hubert beim Sprechen *wäre* durch *sei*.

Spüren Sie, wie in Hubert das Missverständnis wirkt, nur die geschriebene Sprache wäre wahres Deutsch und was wir sprechen ein Abklatsch davon? Und wie beim Genitivwahn schränkt es ihn in seinen Möglichkeiten ein.

Sabine ist von anderem Gemüt als Hubert. Sie irrt sich nie, weil sie bei jeder Frage oder dem Hauch eines Zweifels in ihrem Wörterbuch oder in einer Grammatik nachschlägt.

Was Sabine dort findet, sehen wir uns an einem Beispiel an, das sich durch seine Kürze auszeichnet:

Mit dem Konjunktiv verschieben wir Vorgänge und Handlungen in den Bereich des Möglichen, der Wünsche, der Nichtwirklichkeit, des Hörensagens und der indirekten Rede. Er wird deshalb auch Möglichkeitsform genannt.

(1) Es könnte sein, dass er [r]echt hat.
(Aber ich weiß es nicht. Es ist nur eine Möglichkeit.)

(2) Man sagt, er habe sich von ihr getrennt.
(Aber wir wissen es nicht genau.)

Ines Balcik, Klaus Röhe, Verena Wröbel: Die große Grammatik. Deutsch. Pons, Stuttgart 2009. Seite 289.

In den Ohren eines Muttersprachlers klingt das wohlbekannt und plausibel. Doch was soll ein Ingenieur aus Spanien davon halten, der eine Stelle in Berlin antritt und in drei Monaten die deutsche Sprache erlernen muss? Oder gar ein Computer?

Aus deren Warte klingt es nach allem und nach nichts. Wann wendet man denn nun welche Konjunktivform im Deutschen an?

Was hinter den beiden Beispielsätzen eingeklammert steht, wird beim Sprechen gar nicht gesagt, der Empfänger soll es aus der Anwesenheit des Konjunktivs folgern. Unser Sprachzentrum kann, wie wir wissen, nichts folgern. Die Folgerung kann sich nur im Verstand ereignen, bei vollem Bewusstsein! Haben Sie schon einmal etwas aus einem Konjunktiv gefolgert? Wohl nicht, Sie haben ihn einfach verstanden.

Diese Klammern sind also nicht koscher. Wir müssen die Beispiele so testen, wie es unser Sprachzentrum tut. Der erste Satz lautete:

▸ Es könnte sein, dass er recht hat.

Dieser Satz drückt fürwahr eine Möglichkeit aus. Wenn sie, wie die Erklärung behauptet, durch den Konjunktiv erzeugt wird, müsste sie verschwinden, wenn wir den Konjunktiv herausnehmen:

▸ Es kann sein, dass er recht hat.

Der Konjunktiv ist zwar weg, die Möglichkeit jedoch geblieben. Wir schöpfen den Verdacht, dass sie gar nicht durch die Grammatik, sondern durch das Verbum *können* ausgedrückt wird. Das testen wir, indem wir das Modalverb tilgen:

▸ Es ist, dass er recht hat.

Wir erhalten eine schräg klingende Tatsachenbehauptung. Fügen wir den Konjunktiv ein, müsste aus der Tatsache eine Möglichkeit werden:

▸ Es sei, dass er recht hat.

Wir kommen zu dem Schluss:

Der Konjunktiv, im Deutschen auch Möglichkeitsform genannt, kann keine Möglichkeiten darstellen.

Das andere Beispiel bezog sich entweder auf Hörensagen oder indirekte Rede:

▸ Man sagt, er habe sich von ihr getrennt.

Wir nehmen zuerst den Konjunktiv heraus, ohne dass sich die Bedeutung des Satzes verändert:

▸ Man sagt, er hat sich von ihr getrennt.

Das Hörensagen verschwindet hingegen restlos, wenn wir das Subjekt *man* durch ein eindeutiges Pronomen ersetzen:

▸ Er sagt, er habe sich von ihr getrennt.

Jetzt haben wir indirekte Rede vor uns. Sie müsste mit dem Konjunktiv verschwinden. Tut sie aber nicht:

▸ Er sagt, er hat sich von ihr getrennt.

Der Konjunktiv soll außerdem Vorgänge und Handlungen in den Bereich des Möglichen und des Unwirklichen – zwei völlig verschiedene Sachen! – verschieben. Auch das stimmt nicht.

▸ Ihr Versprechen, sie komme gleich zurück,
hat sie gehalten.

Hier finden wir den Konjunktiv in einem Nebensatz, der den Inhalt des Versprechens erklärt. An der Existenz dieses Versprechens ist jedoch nicht zu zweifeln. Sogar sein Inhalt wird im Satz als erfüllt und historische Tatsache beschrieben. Tatsächlicher und wirklicher geht es nicht. Was also hat der Konjunktiv in diesem Satz verloren?

Damit ist der erste Schritt getan, nämlich Sie davon abzuhalten, in Ihrer Hausgrammatik nachzuschlagen, was der Konjunktiv zu bieten hat. Was auch immer noch darüber erzählt wird, steht unter keinem guten Stern und kann nur immer verworrener und falscher werden. Wir aber wenden uns nun ohne weitere Sperenzchen der Klarheit zu.

Vergessen Sie bitte alles, was Sie in Ihrem Leben über den Konjunktiv gehört, gelesen oder sich selbst ausgedacht haben.

Zeichen zeigen auf etwas

Der Konjunktiv ist ein grammatisches Zeichen. Wir nennen etwas ein Zeichen, wenn es auf etwas zeigt: Ein Stoppschild zeigt als Verkehrszeichen immer auf das Gebot anzuhalten. Es bedeutet nicht an der einen Kreuzung Halt und an einer anderen etwas anderes.

Der Genitiv zeigt als grammatisches Zeichen auf einen Bezug zwischen zwei Wörtern. Ein Zeichen kann immer nur eindeutig auf eine einzige Sache zeigen und nicht auf zwei oder drei Sachen oder gar vieldeutig auf eine Möglichkeit, einen Wunsch, die Nichtwirklichkeit, das Hörensagen und indirekte Rede.

Die oben erwähnte Grammatik beschrieb den Konjunktiv als ein einziges Zeichen *(sei, wäre)* mit mehreren Funktionen. Tatsächlich ist der Konjunktiv zwei Zeichen, die jeweils eine einzige Funktion haben:

	ERSTES ZEICHEN	ZWEITES ZEICHEN
sein	ich sei	ich wäre
haben	du habest	du hättest
gehen	er gehe	er ginge
lieben	sie liebe	sie liebte

Das Missverständnis gründet wieder einmal auf dem Namen. Beide Zeichen werden aus lateinischer Tradition unter dem Namen Konjunktiv zusammengefasst. Heute nennt man das erste Zeichen Konjunktiv 1 *(sei)* und das zweite Konjunktiv 2 *(wäre),* aber diese Unterscheidung bewahrt die wenigsten davor, alles durcheinanderzubringen.

Für das Lateinische mag der Begriff angebracht sein, allerdings ist der lateinische Konjunktiv historisch nicht mit dem deutschen verwandt und jede Ähnlichkeit zwischen den beiden Zufall, Nachahmung oder Einbildung. Selbst wenn die beiden aus einer gemeinsamen urindogermanischen Form hervorgegangen wären, so läge zwischen ihnen immer noch die getrennte Entwicklung von fünftausend Jahren. Sollten Sie also etwas über den lateinischen Konjunktiv wissen, vergessen Sie es jetzt.

Wir verabschieden uns am besten von dem Begriff des Konjunktivs und geben den beiden Zeichen einen eigenen Namen, der auf ihrer einzigen Funktion gründet.

Die Sei-Form nennen wir Obliquus,
die Wäre-Form Irrealis.

Der Obliquus

Die einzige Funktion liegt beim Obliquus darin, innerliche Abhängigkeit auszudrücken.

Ein Satz ist innerlich (oder inhaltlich) abhängig, wenn er den Inhalt einer Äußerung oder eines Gedankens formuliert.

▶ Hugo versprach, er komme zurück.
Sein Versprechen, er komme zurück, hat er eingehalten.
Sabine zweifelte an ihrer Idee,
der Konjunktiv könne eine Möglichkeit ausdrücken.
Horst hatte das Gefühl, etwas stimme nicht.

Wo nicht gesprochen, gedacht, gefühlt oder sonst wie seelisch erlebt wird, steht der Indikativ:

▶ Es ist eine Tatsache, dass sich die Erde um die Sonne dreht.

Eine Tatsache hat zwar auch einen Inhalt, der durch einen äußerlich (formal) abhängigen Satz formuliert wird, einen Glied- oder Nebensatz also, aber die Inhaltlichkeit wird bereits durch *dass* markiert. Alle Dass-Sätze sind Inhaltssätze.

Der Obliquus ist älter als dieses Schema. Er kann in Dass-Sätzen stehen, ist aber nicht darauf angewiesen. Er erzeugt in jedem Haupt- und Nebensatz ohne fremde Hilfe innerliche Abhängigkeit.

▸ Hugo versprach, er komme zurück.
Hugo versprach, dass er gleich zurückkomme.
Hugo wandte sich zur Tür. Er komme gleich zurück.
Und schon war er weg.

Das Bezugswort muss eine Äußerung sein. Es kann sich dabei wie oben um vernehmliches Sprechen handeln, es kann aber auch gesungen, geschrieben oder nur still gedacht, beabsichtigt oder empfunden werden, denn Denken und Fühlen ist Sagen, ohne zu sprechen.

▸ Er schrieb mir, er komme zurück.
Sie fand einen Zettel, auf dem stand,
er komme gleich zurück.
Sie dachte/nahm an, er komme gleich zurück.
Ihre Hoffnung, er komme gleich zurück,
gab sie im Morgengrauen auf.

Das ist alles, was der Obliquus im Deutschen tut. Es kommt einem ziemlich wenig oder gar überflüssig vor. Wenn das Bezugswort bereits das Sagen ausdrückt, erwartet man doch ohnehin, dass einem der Inhalt des Sagens im Anschluss verraten wird. Wieso muss uns noch ein Zeichen darauf hinweisen? Zeichen stellt man eigentlich nur auf, wenn man das, worauf es zeigt, übersehen würde oder ohne das Zeichen etwas anderes gölte, zum Beispiel beim Fehlen eines Stoppschildes rechts vor links.

Aus diesem Grund benutzen wir den Obliquus beim Sprechen kaum. Hier sind unsere Sätze kurz und so deutlich eingeleitet, dass es eines Zeichens nicht bedarf.

Anders beim Schreiben. Hier stellen wir das Zeichen auf und können deshalb das Bezugswort weglassen:

▸ Der Minister schlug mit der Faust auf den Tisch. Er habe gar nichts zuzugeben! Außerdem müsse er los, sonst komme er noch zu spät zum Golf. Er sprang auf und erklärte die Pressekonferenz für beendet.

Wir sehen den Minister mit der Faust auf den Tisch schlagen. Dass er dazu etwas sagt, erkennen wir bloß, weil der folgende Hauptsatz im Obliquus steht. Sobald der Obliquus aufhört, verstehen wir, dass der Erzähler nicht mehr mit den Worten des Ministers, sondern mit seinen eigenen spricht.

Die Form des Obliquus wird aus der Gegenwartsform (Indikativ Präsens) abgeleitet:

PRÄSENS	OBLIQUUS
ich liebe	dass ich liebe → dass ich liebte
du liebst	dass du liebest
er/sie liebt	dass er/sie liebe
wir lieben	dass wir lieben → dass wir liebten
ihr liebt	dass ihr liebet
sie lieben	dass sie lieben → dass sie liebten

Wo sich der Obliquus nicht vom Indikativ unterscheidet, wird zur Verdeutlichung die andere Konjunktivform benutzt, der Irrealis, der von der Vergangenheitsform gebildet wird. Es handelt sich hierbei um eine Notlösung, die nur zustande kommt, weil Obliquus und Irrealis in früheren Zeiten einmal funktional miteinander verbunden waren.

Diese Verbindung nennt man *cōnsecūtiō témpŏrum* (Zeitenfolge). Jeder hat als Schüler unter ihr gelitten, entweder im Latein- oder im Englischunterricht, wo die Zeitenfolge *Backshift* (Rückverschiebung) heißt.

Nicht jedoch im Deutschunterricht. Dem Deutschen fehlt nicht nur eine ordentliche Bezeichnung für die Sache, sondern die Sache selbst. Der Obliquus bleibt im Deutschen stets, wie er ist, die Sei-Form ist ganz einfach unveränderlich. Doch diese Einfachheit müssen wir uns klarmachen:

▸ Englisch: Peter SAYS that he *is* sick.
Mittelhochdeutsch: Peter SAGET daz er siech *sī.*
Modernes Deutsch: Peter SAGT, dass er krank *sei.*

Bisher gleichen sich die drei Sprachen. Nun versetzen wir das einleitende Verb des Sagens von der Gegenwart in die Vergangenheit. Achten Sie darauf, was im Nebensatz geschieht:

▸ Englisch: Peter SAID that he *was* ill.
Mittelhochdeutsch: Peter SAGETE daz er siech *wære.*
Modernes Deutsch: Peter SAGTE, dass er krank *sei.*

Das Englische und das Mittelhochdeutsche wechseln zur W-Form: *was* und *wære.* Wenn das Verb des Sagens in die Vergangenheit tritt, folgen ihm die Zeiten im abhängigen Nebensatz dorthin. Dennoch ist Peter immer noch krank, *während* er es ausspricht.

Wir Deutsche behalten dagegen die Sei-Form, und zwar mit kategorischer Strenge seit vierhundert Jahren.

Im nächsten Beispiel ist der erste Konjunktiv noch richtig, der zweite falsch:

Manning sagte, er *habe* sich in der Haft wie ein eingesperrtes Tier im Käfig gefühlt und *hätte* Angst um sein Leben gehabt.
Spiegel Online

Wenn einer sagt, er habe Angst gehabt, dann drückt der Obliquus darin nicht mehr aus, als dass das Haben der Inhalt des Sagens ist. Ein Urteil über die Richtigkeit der Behauptung fällt der Obliquus nicht.

Ganz anders *hätte:* Wenn der Verfasser diesen Manning sagen lässt, er hätte Angst gehabt, gibt er unmissverständlich zu verstehen, dass Manning lügt.

Das wollte der Verfasser des letzten Beispiels gar nicht ausdrücken, dafür der des nächsten. Er tut es nur nicht:

Angela Merkel spielt der Öffentlichkeit vor, alles sei in Ordnung, während sie selbst ganz offensichtlich längst anderer Überzeugung ist.
Spiegel Online

Wo von Vorspielen die Rede ist, kann nur eine Lüge folgen. Die kann die Sei-Form nicht ausdrücken. Allein die Wäre-Form *wäre* (und nicht *sei*) hier richtig gewesen.

Der Irrealis

Die Wäre-Form nennen wir Irrealis. Wo er auftritt, wird es mit einem Schlag und ohne Graustufen unwirklich. Seine einzige Aufgabe besteht darin, Dinge zu unterstellen, die es in Wahrheit gar nicht gibt. Der Irrealis kann eine Lüge entlarven:

▸ Peter sagte, er wäre krank.

Und er kann darüber hinaus jede Form der Unwahrheit oder Unwirklichkeit artikulieren:

▸ Nehmen wir an, die Sonne drehte sich um die Erde.
Als könntest du fliegen!
Wärest du nicht zu stolz, würdest du es schaffen.
Wenn er doch endlich käme!

Das klingt nach einem mächtigen Werkzeug. Der Irrealis vermag sogar noch mehr: Stellen Sie sich vor, Sie würden in Ihrem Sportwagen mit Karacho auf einen Schwertransporter zurasen. Was rufen Sie im Augenblick vor dem unausweichlichen Aufprall, der Ihrem Leben ein Ende setzen wird? ›Aaaaaaaaaaa!‹ vielleicht? Warum nicht mit Stil dem Tod ins Auge blicken:

▸ Das dürfte/könnte eng werden.

Obwohl es tatsächlich eng ist, diesmal sogar zu eng, noch heil aus der Situation herauszukommen, macht der Irrealis glauben, es wäre gar nicht eng. Er spottet der Wirklichkeit.

Das nennt man uneigentliches Sprechen oder Ironie. *Eirōn* ist im Griechischen ein Mensch, der sich unwissend gibt, der vorgibt, die Wahrheit nicht zu kennen – *Eirōneíā* ist die Abstraktion (a-Wort) daraus: die Verstellung.

Diese Verstellung dient nicht immer dem Spott. Meist bewirkt sie das Gegenteil: Höflichkeit!

▸ Dürfte ich mal vorbei?
Würde es Ihnen etwas ausmachen,
wenn ich den Termin verschiebe?

Wo wir andere um etwas bitten, formulieren wir unsere Bitte mit dem Irrealis als unwirklich und geben unserem Gegenüber damit zu verstehen, dass es sich bei unserem Anliegen nicht vor vollendete Tatsachen gestellt fühlen sollte. Lehnt der andere ab, verneint er damit nur eine hypothetische Überlegung.

Auch bei Vorschlägen gehen wir so vor:

▸ Ich hätte da eine Idee!

Das Mittel klingt ein wenig abgenutzt, weil wir ständig danach greifen, doch liegt sein Wert im Erfüllen der Konvention. Er tritt erst zutage, wenn wir die Konvention verletzen, zum Beispiel wenn sich ein Egomane im Lokal den freien Stuhl neben uns greift und dabei murmelt:

▸ Macht Ihnen doch nichts aus!

Noch viel uneigentlicher spricht man in England miteinander:

Doctor	Would you mind breathing in and out for me, thank you?
Patient	Uuuuu, aaaaa!
Doctor	Splendid! That's lovely. Thank you very much!

Es kommt uns ein wenig übertrieben vor, dass der Arzt etwas lovely findet, wo doch eigentlich er uns mit dem Abwenden von

Tod und Krankheit einen Dienst erweist. Würde er es jedoch weglassen, empfände es der englische Patient als bloody rude.

Als bloody rude gelten bei uns auch die Bayern. Dennoch haben sie es im uneigentlichen Sprechen zur höchsten Meisterschaft gebracht. Oder aus der Warte eines Norddeutschen zu einer Psychose. Im Bairischen wird grundsätzlich alles im Irrealis ausgedrückt. Hier ein Dialog von Bruno Jonas (in abgemilderter Version):

Der eine	Was tätest denn du sagen, wenn ich dich fragen täte, ob du morgen Zeit hättest?
Der andere	Täte ich sagen, könnten wir drüber reden.
	Am nächsten Tag:
Der eine	Ich wäre jetzt da.
Der andere	Zeit wärs.

Der Bayer redet nicht aus Höflichkeit so, das wäre unter seiner Würde. Der Irrealis drückt aus, was der Bayer von der Existenz als solcher hält: Er betrachtet sie unter Vorbehalt.

Den Indikativ verwendet er nur, um mit Ausländern zu parlieren.

Bayer	Gengas amoi her da, Sie Depp, Sie Preißischa!
Berliner	Wattn, mein Herr?
Bayer	Jetzat sog I Eana amoi was!
Berliner	Erna hammwa hier nich, aber Hertha könnse ham.

ALS OB ICH LIEBTE Der Irrealis schöpft seine Formen aus der Vergangenheit (Präteritum). Am leichtesten geht das bei den schwachen Verben. Sie bilden die Vergangenheit mit dem t-Suffix und sind treffsicher daran zu erkennen, dass die Ich-Form der Vergangenheit auf *-e* endet. Will man daraus den Irrealis ableiten, braucht man gar nichts zu tun:

PRÄTERITUM	IRREALIS
ich liebte	als ob ich liebte
du liebtest	als ob du liebtest
er liebte	als ob er liebte
wir liebten	als ob wir liebten
ihr liebtet	als ob ihr liebtet
sie liebten	als ob sie liebten

Diese Bildung ist so einfach, dass ihr viele nicht trauen. Sie fürchten, der Irrealis könnte mit der normalen Vergangenheit verwechselt werden. Diese Furcht ist unbegründet, weil aus der Satzstellung und dem Umfeld hervorgeht, ob es sich um Indikativ oder Irrealis handelt.

ALS OB ICH SPRÜNGE Bei den starken Verben klingt der Irrealis dagegen oft ein bisschen anders als die Vergangenheit. Die bilden sie durch Ablaut: *springen – sprang – gesprungen.*

Ablaut ist der Wechsel des Vokals in der Wurzel eines Wortes und bei Verben ein grammatisches Zeichen, mit dem die Vergangenheit *(ich gab)* von der Nichtvergangenheit *(ich gebe)* unterschieden wird. Wir werden ihn uns später noch einmal in einem anderen Zusammenhang ansehen (Seite 307).

Die Ich-Form endet bei starken Verben in der Vergangenheit nicht auf ·*e*, abgesehen von dem Verbum *werden – wurde – geworden*, bei dem die Vergangenheit *ich wurde* im Laufe der Neuzeit das alte *ich ward* abgelöst hat, seit wir *werden* eifrig für das Passiv und das Futur verwenden.

Bei den starken Verben unterscheidet sich der Irrealis bei einigen Verben nur durch die Endung von der Vergangenheit, und zwar dann, wenn der Ablautvokal *i(e)* ist:

PRÄTERITUM	IRREALIS
ich blieb·∅	als ob ich blieb·e
ich blies·∅	als ob ich blies·e
ich hieß·∅	als ob ich hieß·e
ich empfing·∅	als ob ich empfing·e
ich ging·∅	als ob ich ging·e

Lautet der Ablautvokal in der Vergangenheit allerdings *a, o* oder *u*, wird er für den Irrealis zu *ä, ö, ü* umgelautet.

Beachten Sie bitte, dass Umlaut etwas anderes ist als Ablaut. Wenn *a, o, u* zu *ä, ö, ü* werden, tun sie nichts anderes, als im Mund von hinten nach vorn zu wandern. Es handelt sich um eine Sprechbequemlichkeit, die im 8. Jahrhundert aufkam, wo eine spätere Silbe *i* oder *j* enthielt.

Der Umlaut ist eine Vokalangleichung:

Die Laute /i/ und /j/ ziehen die hinteren Vokale *a, o, u* in früheren Silben zu sich nach vorne und lassen sie dadurch zu *ä (e), ö, ü* werden. Sogar *e* wird zu *i* gehoben.

Kraft	kräftig
Lob	löblich
Stunde	stündlich
geben	freigiebig
bran+jan	brennen

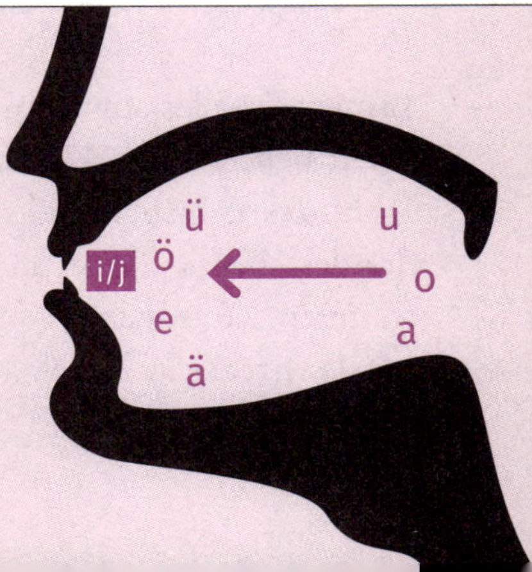

Wo wie in *kräftig* das *i* noch zu sehen ist, ist es bei den Beugungsendungen längst geschwunden: althochdeutsch *du faris* → neuhochdeutsch *du fährst.*

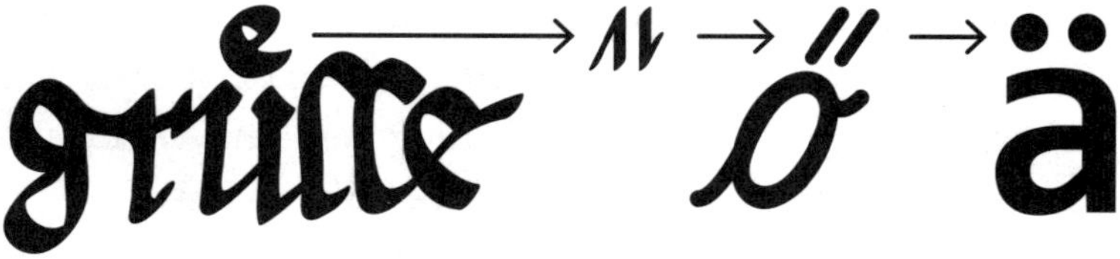

Der Umlaut wurde im Hochmittelalter durch ein e über dem umgelauteten Vokal markiert. In der neuzeitlichen deutschen Schreibschrift besteht e aus zwei Strichen, was noch in unserer Schreibschrift als Umlautstriche erhalten ist. Die Punkte sind eine Stilisierung der Schriftsetzerei.

Der Irrealis enthielt im Frühmittelalter in allen Personen den vorderen Vokal *i* in der Endung und ist gänzlich umgelautet:

PRÄTERITUM	IRREALIS
ich sprang	als ob ich spränge
du sprangst	als ob du sprängest
er sprang	als ob er spränge
wir sprangen	als ob wir sprängen
ihr sprangt	als ob ihr spränget
sie sprangen	als ob sie sprängen

Bisher war alles so, wie wir es als Muttersprachler aus dem Effeff beherrschen. Nur manchmal schwanken wir bei der Wahl des Umlauts, und diese Fälle gehören alle zu einem Sonderschema: Endet die Wurzel auf *·r/l/m/n* und einen weiteren Konsonanten (außer *·ng* wie oben bei *springen*), hat der Irrealis *ü* oder *ö*.

PRÄTERITUM	IRREALIS
ich befahl	als ob ich beföhle (nicht befähle)
ich begann	als ob ich begönne (auch begänne)
ich empfahl	als ob ich empföhle (nicht empfähle)
ich gewann	als ob ich gewönne (auch gewänne)
ich half	als ob ich hülfe (nicht hälfe)
es rann	als ob es rönne (auch ränne)
ich sann	als ob ich sönne (auch sänne)
ich schwamm	als ob ich schwömme (nicht schwämme)
ich starb	als ob ich stürbe (nicht stärbe)
ich verdarb	als ob ich verdürbe (nicht verdärbe)
ich warb	als ob ich würbe (nicht wärbe)
ich wurde/ward	als ob ich würde (nicht wärde)
ich warf	als ob ich würfe (nicht wärfe)

Das ist das Erbe von Umbaumaßnahmen bei den starken Verben in der frühen Neuzeit. Die ü-Formen sind altertümlich, die ö-Formen sehen nur altertümlich aus, sind aber ganz neu aus den ä-Formen entstanden, wo Nachbarlaute wie *w* oder *l* eine Anspannung der Lippen bewirkten.

RÜCKUMLAUTENDE VERBEN Ebenfalls umgelautet ist der Irrealis bei einer Handvoll schwacher Verben, die man rückumlautende Verben nennt:

PRÄSENS	PRÄTERITUM	IRREALIS
ich brenne	ich brannte	als ob ich brennte
ich kenne	ich kannte	als ob ich kennte
ich nenne	ich nannte	als ob ich nennte
ich renne	ich rannte	als ob ich rennte
ich sende	ich sandte	als ob ich sendete
ich wende	ich wandte	als ob ich wendete

Schwache Verben sind mit einem Suffix abgeleitet, und bei diesen hier steckte im Suffix ein Jot. Deshalb ist der gesamte Wortstamm umgelautet. Nur im Präteritum war das Jot schon geschwunden, als der Umlaut aufkam. Die allerfrüheste Umlautwelle wird nicht mit *ä,* sondern mit *e* geschrieben.

MODALVERBEN Die Modalverben beugen wir Germanen ganz wundersam. Sie sehen in der Gegenwart aus wie die starken Verben in der Vergangenheit: *ich warf ~ ich darf.* Ihre Vergangenheit ist schwach.

	PRÄSENS	PRÄTERITUM	IRREALIS
dürfen	ich darf	ich durfte	als ob ich dürfte
können	ich kann	ich konnte	als ob ich könnte
mögen	ich mag	ich mochte	als ob ich möchte
müssen	ich muss	ich musste	als ob ich müsste
sollen	ich soll	ich sollte	als ob ich sollte
wissen	ich weiß	ich wusste	als ob ich wüsste
wollen	ich will	ich wollte	als ob ich wollte

Der Irrealis zeigt Umlaut, ausgenommen die beiden Verben, deren Wurzel auf *-ll* endet.

BRAUCHTE ODER BRÄUCHTE? Zu den Modalverben gehört mittlerweile auch *brauchen.* Es ist zunächst das dauerhafte Gebrauchen von etwas, zum Beispiel Geld oder Wasser. Wenn man etwas dauernd gebraucht, braucht man unablässig Nachschub. So ist *brauchen* zu seiner heutigen Bedeutung des Benötigens gekommen. Und in verneinter Form gebrauchen wir es mit anderen Verben in der Bedeutung ›nicht nötig sein → nicht müssen‹.

▸ Du brauchst nicht zu spülen, Liebling!
Brauchst es nur zu sagen, Schatzilein!

Verknüpfen wir zwei Vollverben, wird das zweite Verb mit *zu* angeschlossen. Diese Konstruktion ist richtig, wenn sie sich in einen Inhaltssatz mit *dass* umformen lässt und das Subjekt in Haupt- und Gliedsatz identisch ist:

▸ ich drohe zu kündigen
→ ICH drohe, dass ICH kündige
ich beabsichtige zu speisen
→ ICH beabsichtige, dass ICH speise
ich verspreche anzurufen
→ ICH verspreche, dass ICH anrufe
ich beginne zu arbeiten
→ ICH beginne damit, dass ICH arbeite

Das Arbeiten ist der Inhalt des Beginnens, die Speise der Inhalt der Absicht und so weiter. Probieren wir das einmal mit *brauchen:*

▸ ich brauche nicht zu arbeiten
→ ICH brauche nicht, dass ICH arbeite

Der Dass-Satz ergibt leidlich Sinn, nur ist es nicht der richtige, denn die Konstruktion des ursprünglichen Satzes bedeutet selten, dass ich es nicht nötig habe zu arbeiten, sondern dass ich es gerade umstandshalber nicht muss.

▸ Du brauchst nicht (= du musst nicht) abspülen,
Liebling, das mache ich später.
→ ES ist nicht nötig, dass DU abspülst.

Müssen ist ein Modalverb und steht vor anderen Verben ohne *zu,* weil das Abspülen hier nicht der Inhalt des Müssens ist, sondern umgekehrt das Müssen eine Modifizierung des Abspülens.

Auch *nicht brauchen* mit einem zweiten Verb ist eine solche Modalkonstruktion, deshalb hat *zu* hier nichts zu suchen. Wir finden es im Schriftdeutschen nur als Verstandesirrtum, wo der Gebrauch als Vollverb *(ich brauche Geld)* nicht ordentlich von dem als Modalverb *(ich brauche nicht arbeiten)* getrennt wird.

Wer die alte Form mit *zu* sein Leben lang gebraucht hat, kann das bis zu seinem Tode fortsetzen. Darüber hinaus hat der Verstand gegen das Sprachzentrum keine Chance. Weil es *nicht brauchen* als Modalverb einschätzt, macht es zudem aus *als ob ich brauchte* (schwache Verben haben keinen Umlaut im Irrealis) *als ob ich bräuchte* (Modalverben haben Umlaut im Irrealis).

Wo sich Irrealis und Obliquus berühren

In ihrer Funktion berühren sich Obliquus (innerliche Abhängigkeit) und Irrealis (Unwirklichkeit) nicht. Wohl aber in ihren Formen.

Wie bei den Substantiven sind auch die Endungen der Verben im Laufe der letzten tausend Jahre verblasst. Beim Obliquus klingen die Ich-, Wir- und Sie-Form wie die des Indikativs. Aus dieser Not greift man hier zu den Formen des Irrealis, und zwar schon seit der Zeit, als die beiden Konjunktive noch über die *cōnsecūtiō témpŏrum* (Achtung! Es heißt *témpŏrum* und nicht *tempórum*!) verbunden waren:

PRÄSENS	OBLIQUUS
ich liebe	dass ich liebe → dass ich liebte
du liebst	dass du liebest
er/sie liebt	dass er/sie liebe
wir lieben	dass wir lieben → dass wir liebten
ihr liebt	dass ihr liebet
sie lieben	dass sie lieben → dass sie liebten

Das ist dieselbe Tabelle, die Sie oben bei den Formen des Obliquus gesehen haben. Achten Sie bitte diesmal auf die einzelnen Personenformen: Nur bei tatsächlichem Gleichklang einer Obliquusform mit dem Indikativ springt der Irrealis im Einzelfall ein, nicht grundsätzlich.

Würde

In der gesprochenen Sprache umschreiben wir den einfachen Irrealis gern mit *würde:*

- als ob er fiele → als ob er fallen würde

So beliebt diese Umschreibung ist, so schlecht ist ihr Leumund, was wohl mit dem Geflöchte und Geglömme zu tun hat. Doch warum sollen Konstruktionen schlechter als einfache Formen sein? Damit haben wir ja bei der zusammengesetzten Vergangenheit auch kein Problem. Der Vorteil von *als ob er sagen würde* gegenüber *als ob er sagte* liegt nicht nur darin, dass *sagte* wie der Indikativ klingt. Die Umschreibung ist auch länger, und je länger der Ausdruck, desto sicherer der Empfang. Das Grammatikzeichen wird in ein eigenes Wort ausgelagert, das nicht zu überhören ist.

Beim Schreiben lässt sich diese Länge ebenfalls nutzen, zur Betonung der Irrealität oder um den Rhythmus zu verschönern.

In Bedingungssatzgefügen, in denen die Bedingung hypothetisch ist und damit auch die Folge, kann man sich an die alte Weisheit halten: Dem Hauptsatz gebührt die Würde.

▸ Wenn es niemals regnete, würden die Blumen verdursten.

Umschreibungen meiden wir generell bei *sein* und *haben*:

▸ Wenn das Wörtchen wenn nicht wär,
wär mein Vater Millionär.

Romane werden meist im Präteritum erzählt. Das Präteritum beschreibt die vor den Augen des Lesers ablaufende Gegenwart. Was bereits vergangen ist, schildert das Plusquamperfekt. In diesem Tempussystem sind alle Zeiten und sogar die beiden Konjunktive verschoben. Der Irrealis lautet:

▸ Wirklichkeit:	Ich täte es nicht.
Roman:	Der Kommissar hätte es nicht getan.

Der Obliquus verschiebt sich ebenfalls und klingt dadurch wie der Irrealis in der Wirklichkeit:

▸ Der Kommissar ging früh zu Bett.
Morgen würde er sich den Gärtner vornehmen.

Würde und nicht *werde,* das klänge sonderbar falsch. Der Obliquus tritt im Roman gewöhnlich nur in dieser speziellen Konstruktion des innerlichen Futurs auf, bei der die Erzählstimme aus dem Inneren einer Figur berichtet (innerliche Abhängigkeit). Das kommt auch im echten Leben vor:

- Warum hast du nicht auf Knut gewartet? –
  Ich hatte den Eindruck, dass er nicht mehr kommen würde.

Meist sagen wir einfach:

- Ich hatte den Eindruck, dass er nicht mehr kommt.

Sonst kommt der Obliquus im Roman nicht vor, weil Figuren lieber wörtlich reden. Soll es aber doch indirekte Rede sein, greift man zum normalen Obliquus:

- Ede sank in sich zusammen. Er habe seine Hände nur um den Hals von seiner Erna gelegt, damit sie sich beruhige. Er habe vielleicht ein wenig gerüttelt und geschüttelt, aber seine Erna doch nicht gleich umbringen wollen!

Obliquus versus Irrealis

Was passiert, wenn ein Satz innerlich abhängig und zugleich irreal ist? In diesem Fall setzt sich der Irrealis durch:

Chef	Wo ist denn Watzmann schon wieder, Klimke?
Klimke	Hat gerade angerufen, Chef, und gesagt, er wäre krank.
Chef	Schon wieder Verdacht auf Hirntumor?
Klimke	Ja, Chef, wie immer am Aschermittwoch und an Brückentagen.

DER KONJUNKTIV IM ÜBERBLICK

Präsens	**Präteritum**
Der Vokal stimmt immer mit dem Präsens überein: *ich liege → dass ich liege*	Der Vokal stimmt immer mit dem Präteritum überein und ist bei den starken Verben umgelautet: *ich lag → als ob ich läge*
↓	↓
Obliquus	**Irrealis**
innerliche Abhängigkeit	Unwirklichkeit Unterstellung
kein Bezug zur Wirklichkeit	absolute Unwirklichkeit

Irrealität wiegt immer schwerer als innerliche Abhängigkeit.

Nicht abgeschlossen in Bezug auf die Äußerung:

~~dass ich liege~~ ··········>	als ob ich läge
dass du liegest	als ob du lägest
dass er liege	als ob sie läge
~~dass wir liegen~~ ··········>	als ob wir lägen
dass ihr lieget	als ob ihr läget
~~dass sie liegen~~ ··········>	als ob sie lägen

Bei Gleichklang von Obliquus und Indikativ springt im Einzelfall der Irrealis ein.

Abgeschlossen in Bezug auf die Äußerung:

~~dass ich gelegen habe~~ ·····>	als ob ich gelegen hätte
dass du gelegen habest	als ob du gelegen hättest
dass er gelegen habe	als ob sie gelegen hätte
~~dass wir gelegen haben~~ ·····>	als ob wir gelegen hätten
dass ihr gelegen habet	als ob ihr gelegen hättet
~~dass sie gelegen haben~~ ·····>	als ob sie gelegen hätten

Die innerliche Abhängigkeit ist auch ohne Obliquus noch zu erkennen. Darum verzichten wir beim Sprechen ganz auf ihn *(er sagt, er ist krank)*. Striche man dagegen den Irrealis, verschwände auch die Lüge.

Auf keinen Fall zieht man die Sei-Form vor, damit es feiner klingt:

> Aber es wäre übertrieben zu behaupten, dass sich [der Schriftsteller] aus der Öffentlichkeit zurückgezogen *habe.*
> *Bayerischer Rundfunk*

Der Schriftsteller hat sich nicht zurückgezogen, es handelt sich um eine Unterstellung. Sie wiegt schwerer als die innerliche Abhängigkeit, die bei einer Unterstellung ohnehin vorauszusetzen ist. Deshalb kann hier nur *hätte* richtig sein.

Wer Ohren hat zu hören, der höre!

Es wäre alles über den Konjunktiv gesagt, wenn Sie anfangs tatsächlich meiner Aufforderung gefolgt wären, alles zu vergessen, was Sie je zuvor darüber gehört haben. Der Mensch ist nun einmal kein Computer, der Löschbefehlen blind gehorcht. Früher oder später fällt Ihnen ein Konjunktiv wie *es sei denn* ein, der mit innerlicher Abhängigkeit nicht zu erklären ist, oder Sie stoßen in einer Grammatik auf die vielen Fähigkeiten, die der Konjunktiv sonst noch haben soll.

Die erste dieser mythischen Fähigkeiten wird Optativ genannt (*coniūnctīvus optātīvus,* von lateinisch *optō* ›ich wünsch mir was‹). Werfen wir noch einmal einen Blick in Sabines

Hausgrammatik. Darin finden sich alle Irrtümer, die uns Deutschen den Blick auf unseren Konjunktiv vernebeln:

> Mit dem Konjunktiv Präsens können Wünsche oder Ausrufe formuliert werden.
> Er kommt auch in einigen festen Redewendungen vor:
> - Sei gegrüßt! Sie lebe hoch! (Ausruf)
> - Er ruhe in Frieden. (Wunsch)
> - Komme, was da wolle. Es sei denn, dass … (Redewendung)
>
> *Ines Balcik, Klaus Röhe, Verena Wröbel: Die große Grammatik. Deutsch. Pons, Stuttgart 2009. Seite 298.*

Ausrufen kann man so gut wie alles: Huch! Rüdiger! Das ist aber schön! Zieht den Bayern die Lederhosen aus! Mit dem Konjunktiv werden keine Wünsche formuliert, er kann in Wünschen nur wie vieles andere auftreten, und zwar zu dem Zweck, den Wunsch uneigentlich zu formulieren.

Streichen Sie gleich noch das Beispiel ›Sei gegrüßt!‹ – das ist kein Konjunktiv, sondern die Befehlsform (Imperativ). Die Sei-Form lautet *du seiest.*

Außerdem soll der Konjunktiv Wünsche erschaffen und auch in festen Redewendungen vorkommen. Die verbliebenen Beispiele sind allesamt solch feste Redewendungen. Kein einziges zeigt, wie der Konjunktiv frei aus einer Aussage einen Wunsch kreiert. Weil er es nicht kann. Wünsche formulieren wir frei mit allerhand Ausdrücken:

- bitte → Bitte komm!
  mögen → Er möge kommen.
  wünschen → Ich wünsche mir, dass er kommt.
  hoffentlich → Hoffentlich kommt er.

wenn doch → Wenn er doch käme!
wenn nur → Wenn sie doch nur endlich anriefe!
Uneigentlicher Irrealis → Ich hätte gern ein Eis,
aber zack, zack!

Was an ›Sie lebe hoch!‹ Ausruf sein soll und an ›Er ruhe in Frieden‹ nur Wunsch, werden die Verfasser wohl mit ins Grab nehmen. Diese beiden Beispiele sind natürlich genauso feste Redewendungen wie *es sei denn.* Niemand sagt:

▸ Der Herr vor mir gehe bitte schneller!
Frau Müller komme bitte zu Kasse drei!

Wir haben es hier mit Relikten aus fernen Zeiten zu tun, die man in Frankreich *(Viv·e la France!)* oder sogar dort findet, wo der Konjunktiv ganz ausgestorben ist:

▸ God sav·e the Queen! Gott schütz·e die Königin!
Com·e what may. Komm·e, was wolle.
So be it. So sei es.

In diesen fernen Zeiten, die mit dem Mittelalter oder spätestens der frühen Neuzeit endeten, drückte der Konjunktiv tatsächlich Wünsche aus. Darin lag sogar seine ursprüngliche Funktion, und die innerliche Abhängigkeit, heute die einzige Funktion, war damals nur ein Spezialfall im Nebensatz, die in der Neuzeit an Bedeutung gewann. Zugleich ging die Funktion des Wünschens im Hauptsatz ein, weil die Endungen von Indikativ und Konjunktiv verblassten und schließlich gleich klangen: Wo der Indikativ einst *ich suochu* und der Konjunktiv *ich suoche* lautete, heißt es heute in beiden Formen *ich suche.*

Wo sich der Optativ in festen Wendungen erhalten hat, korrespondiert er meist mit einer lateinischen Version:

▸ Requiem aeternam
dona ei, Domine.
Et lux perpetua
luceat ei.
Requiescat in pace. Amen.

Die ewige Ruhe
gib ihm, Herr.
Und das ewige Licht
leuchte für ihn.
Er *ruhe* in Frieden. Amen.

Oder:

▸ *Vivat!*
Sie *lebe* hoch!

Ganz erstarrt ist die Sei-Form in den Phrasen *sei(en) es* und *es sei denn.* In jenem ist die Bildung als Wunsch noch nachzuvollziehen, bei *es sei denn* durchdringt man sie erst, wenn man weiß, dass sie einst eine Verneinung enthielt: *ez en sī (denne)* ›dann sei nicht‹ → *es sei denn.*

Als wandelnde Mumie spukt der Optativ noch in Kochrezepten herum, aber nur mit dem Pronomen *man:*

▸ Man verrühre ein Ei mit einem Liter Wodka
und trinke es in einem Zug.

Wer so schreibt, will die gute alte Zeit schmecken. Mehr Feuer bekommt die Sache, wenn man wie in der Naturwissenschaft, wo Experimente immer vor den Augen des Lesers veranstaltet werden, im Indikativ schreibt:

▸ Das Natrium wird nun ins Wasser getaucht
und dann – Ach du liebe Güte!

In der Wissenschaft stößt man ebenfalls auf Relikte:

- Es sei(en) ausdrücklich erwähnt …
  Auf den Paragrafen 384 sei nicht
  noch einmal hingewiesen.
  Ein Kreis habe den Radius 3 Zentimeter.

Der Grund ist Nachahmerei. In diesem Milieu übernimmt die junge Generation die Sprachschablonen der älteren, um dazuzugehören. Dass sie jenseits der Mauern der Universität ungebräuchlich sind, bringt einen Nachahmer niemals ins Zweifeln – es bestärkt ihn.

Der Optativ ist also bloß noch Relikt und nicht mehr frei mit jeder Person und jedem Verb anwendbar. Es ist deshalb falsch, die unvollständigen Formen weiterhin unter dem Namen Konjunktiv zu führen, der als vollständige Beugungsform sonst einheitlich etwas ganz anderes verrichtet.

In der Wirklichkeit der heutigen Sprache füllen diese Formen die Lücke im Imperativ und machen in der Schriftsprache unpersönliche Vorgaben:

(du)	sei!
es	sei(en)! (nur schnöseldeutsch)
man	zerschneide eine Zwiebel (altertümlich)
(wir)	seien wir!
(ihr)	seid!

Der Konjunktiv als Möglichkeit

Am Beginn dieses Kapitels haben wir festgestellt, dass der Konjunktiv keine Möglichkeiten ausdrückt. Wo er in Sätzen vorkommt, die eine Möglichkeit ausdrücken, huscht er als zufälliger Passant durchs Bild.

Und das war in der Geschichte der deutschen Sprache niemals anders. Woher kommt also der Drang bei den Grammatikern, dem Konjunktiv unter dem Schlagwort Potentialis (*coniūnctīvus potentiālis,* von lateinisch *potēns* ›könnend‹) die Möglichkeit unterzujubeln?

Woher auch der Rest der klassischen Grammatik stammt: aus dem Lateinischen. Dort lässt sich ohne Modalverb eine Aussage in eine Möglichkeit verwandeln, indem man die Endung des Indikativs durch die des Konjunktivs Präsens und Perfekt austauscht:

INDICĀTĪVUS	CONIŪNCTĪVUS POTENTIĀLIS
dic·it aliquis *jemand sagt*	dīc·at aliquis *es könnte jemand sagen*
nēmō dubit·at *niemand zweifelt*	nēmō dubit·et *niemand zweifelt wohl*
crēd·ō *ich nehme an*	crēdid·erim *ich darf wohl annehmen*

Der Römer beschränkte sich dabei aber auf Ausdrücke des Annehmens und Behauptens, sonst fehlte ihm jeder Sinn für das Mögliche. Entweder tat er etwas oder er ließ es bleiben.

RÖMER	DEUTSCHER
ich bekenne	ich muss bekennen
ich höre nicht	ich will davon nichts hören
ich ertrage es nicht	ich kann es nicht ertragen
ich hoffe	ich darf wohl hoffen
ich bin genötigt	ich sehe mich genötigt
mich bewegt	ich fühle mich bewogen

Werfen Sie einen Blick in die Zeitung. So gut wie jeder Satz darin ist moduliert. Wenn Sie eine tiefgehende Erfahrung machen wollen, dann formulieren Sie einmal den nächsten Text auf Ihrer Agenda ohne ein einziges Modalverb.

Sie werden dabei immer wieder zu dem Ergebnis kommen, dass man manche Dinge im Deutschen nicht ohne *können* sagen könne. Und ob man kann! Der Verzicht auf Modalverben verlangt Ihnen jedoch ab, Ihre Aussage noch einmal anders zu denken und bei den Vollverben alle Register zu ziehen. Der Text klingt dadurch dichter.

Zurück zum lateinischen Konjunktiv: Er verdient den Fachbegriff Potentialis, allerdings ist er historisch nicht mit dem deutschen Konjunktiv verwandt. Diese Verschiedenheit hat die Grammatiker nie davon abgehalten, dem Deutschen die Grammatiktheorie des Lateinischen überzustülpen und dabei jeden existierenden Fachbegriff einem Phänomen im Deutschen zuzuordnen.

Der Konjunktiv *(dass er sage, als ob sie sagte)* bildet mit dem Indikativ *(er sagt)* und dem Imperativ *(sag!)* die sogenannten Modi des Verbums. Möchten wir herausfinden, welche Funktion ein Verbalmodus als grammatisches Zeichen ausübt, betrachten wir allein die Verbform. Unsere Erkenntnis lautet: Die Sei-Form drückt innerliche Abhängigkeit aus, die Wäre-Form Unwirklichkeit und Vorstellung.

Daneben kennt die klassische Grammatik noch den sogenannten Aussagemodus. Er bezieht sich nicht auf die Verbform allein, sondern auf den ganzen Satz.

Ist die Aussage des Satzes in seiner Gesamtheit wirklich oder neutral, spricht man vom Realis: *Der Kommissar ging früh zu Bett.*

Schildert die Aussage des Satzes die Unwirklichkeit (eine Unterstellung oder Lüge), spricht man vom Irrealis: *Der Kommissar wäre gern früh zu Bett gegangen.*

Wird durch den gesamten Satz eine Möglichkeit ausgedrückt, spricht man vom Potentialis: *Könnte ein Gewitter geben. Es gibt wohl ein Gewitter.*

Verbalmodus und Aussagemodus darf man nicht durcheinanderbringen. Ich habe es zuvor selbst getan, indem ich die Wäre-Form in Irrealis umgetauft habe, doch hier ist es lässlich, weil die Wäre-Form nichts anderes ausdrückt. Unwirklichkeit ist ihre einzige Funktion. Das möchte ich Ihnen mit dem Begriff einimpfen.

Beim Potentialis führt die Verwechslung von Verbalmodus und Aussagemodus im Deutschen geradewegs ins Verderben. Dem deutschen Konjunktiv (Verbalmodus) wird Potentialität unterstellt, weil er in Sätzen vorkommt, die als Ganzes (Aussagemodus) eine Möglichkeit ausdrücken:

- Es *könnte* ein Gewitter geben.
  Es kann ein Gewitter geben.
  Es gibt wohl/vielleicht ein Gewitter.

Er schaut in diesen Sätzen nur vorbei, um die Zurückhaltung durch uneigentliches Sprechen hervorzukehren, und ist nie allein ohne einen weiteren Ausdruck anzutreffen, mit dem die Möglichkeit steht und fällt.

Inhalt und Vergleich

Lassen Sie uns nun aus unseren Erkenntnissen Gewinn schlagen. Ist Ihnen aufgefallen, dass ich in den Tabellen die Obliquusform mit *dass* einleitete, den Irrealis mit *als ob?*

OBLIQUUS	IRREALIS
dass er gehe	als ob sie ginge

Nicht selten liest man jedoch: *als ob sie gehe.* Wer Obliquus und Irrealis nicht voneinander unterscheiden kann, greift hier zur Sei-Form, weil sie in seinen Ohren feiner klingt. Er hält sie für feiner, weil der Pöbel einzig richtig im Irrealis spricht. Wenn man nach *als (ob)* die Sei-Form gesprochen hört, meist in vorgetragenen oder geskripteten Äußerungen, handelt es sich immer um abgefärbte Schriftsprache mit irrtümlichem Motiv. Warum nur feiner als andere schreiben, wenn man auch feiner als andere sprechen kann!

In der natürlichen, gesprochenen Sprache und deshalb auch in der Schriftsprache ist der Obliquus nach *als (ob)* nichts anderes als falsch. Meist ist der ganze Vergleichssatz fehl am Platz. Wird ein Gliedsatz mit *als* eingeleitet, enthält er einen Vergleich mit dem Hauptsatz:

▸ Der nächste Mord geschah eher,
  als dem Kommissar lieb war.
Der Kommissar schoss schneller,
  als Ede fliehen konnte.

Hier wird die Aussage mit etwas verglichen, was wirklich geschieht. Reale Vergleichssätze stehen darum im Indikativ. Ein Spezialfall ist der Vergleich bei Gleichzeitigkeit:

▸ Als der Mord stattfand,
schlief der Kommissar schon.

Oft vergleichen wir eine Aussage mit etwas, was es gar nicht gibt. Wir erfinden es nur zum Zwecke des Vergleichs. Wir unterstellen es. Welches Mittel markiert einen Vergleich als Unterstellung?

▸ Der Kommissar benahm sich mal wieder,
als *wäre* jeder verdächtig.

Der Irrealis zeigt, dass in Wirklichkeit gar nicht alle verdächtig sind. Der Kommissar benimmt sich nur so, als wären sie es. Irreale Vergleichssätze stehen im Irrealis.

Und nicht im Obliquus, dessen Funktion nichts mit dieser Sache zu tun hat. Zwar galt hier im Mittelalter noch *cōnsecūtiō tempŏrum,* doch unsere Ahnen empfanden die innerliche Abhängigkeit noch eher als Inniglichkeit und der Irrealität näher. Zwischen ihnen und uns klaffen viele Jahrhunderte, in denen sich der Konjunktiv so fundamental verändert hat, dass *als sei* keine Fortsetzung alter Gewohnheiten beanspruchen kann. Im Gegenteil, die Klassiker der Neuzeit stehen auf unserer Seite.

Da wir den Irrealis beim Sprechen reichlich nutzen und aus dem Effeff beherrschen, bedarf es eines Motivs aus unserem Verstand, den falschen Konjunktiv zu erwischen: Weil man die Wäre-Form im Mündlichen dauernd hört, klingt sie alltäglich. Wer etwas auf sich hält, möchte sich davon mit der Sei-Form absetzen. Das Motiv ist also Schnöseligkeit.

In irrealen Vergleichssätzen macht sich *wie wenn* neben *als ob* noch ganz gut. Im Englischen werden sie mit *as though* oder *as if* eingeleitet. Achten Sie darauf, wie klar der Irrealis (*were* oder *would be*) im Englischen gesetzt wird:

All my life I've looked at words
as though I were seeing them for the first time.
Mein ganzes Leben lang habe ich Wörter angesehen,
als würde ich sie zum ersten Mal erblicken.
Ernest Hemingway: Selected Letters 1917–1961.
Herausgegeben von Carlos Baker. New York 1981.

Ich krame diesen Satz nicht nur um seiner Grammatik willen noch einmal hervor. Er ist eine narrensichere Anleitung für vollkommenes Deutsch. Wo wir sie missachten, schreiben wir bald Dinge, die wir gar nicht meinen, und nichts anderes ist schlechtes Deutsch.

▸ Der Kommissar sah aus,
als ob er ein Nickerchen vertragen könnte.

Mit diesem Satz stimmt etwas nicht. Er sieht aus wie ein Vergleich, ist jedoch keiner. Das Nickerchen ist kein Vergleich, schon gar kein irrealer, sondern wonach der Kommissar tatsächlich aussieht: Er kann wirklich ein Nickerchen vertragen. Der Nebensatz ist der wahre Inhalt des Aussehens.

Kein Beinbruch, wenn man das beim Sprechen strapaziert. Es wäre auch nicht falsch, es aus Vorsatz zu tun, um uneigentlich zu sprechen: *Das könnte knapp werden! Sieht ein wenig danach aus, als wäre das mein Ende!* Man könnte diesen Vorsatz sogar aufs ganze Leben ausweiten, wenn man es als einzige Farce empfindet oder wie ein englischer Butler klingen will.

Nur eines mündet in schlechtem Deutsch: Wenn man glaubt, man würde sich damit auf eine feinere Ebene hieven.

Das klingt, als lasse die CDU die FDP im Stich.
Tagesthemen

Je schnöseliger der Gesamtauftritt, desto häufiger stößt man darin auf fade oder unechte Vergleiche. Oft werden Vergleiche in einem statischen Rhythmus gesetzt.

Gutes Erzählhandwerk setzt ein einziges sauberes und umwerfendes Bild zur rechten Zeit und geht dann lange geradeaus weiter:

Zwar war sie nicht unbedingt das, was man eine schöne Frau nennen würde, doch sie war anziehend wie ein glatter Stein am Strand.
Theodor Kallifatides: Ein leichter Fall. München 2001.

Es verwendet Vergleichssätze, wo etwas mit etwas anderem verglichen wird. Inhalte stehen dagegen in Inhaltssätzen. Sie werden mit *dass* eingeleitet.

▸ Der Kommissar sah ganz danach aus,
dass er ein Nickerchen vertragen konnte.

Sein und Schein richtig trennen

Der Dass-Satz steht im Indikativ, wenn die Aussage nicht ausdrücklich unwirklich ist:

▸ Es sah so aus, dass der Staubsauger den Geist aufgegeben *hatte*. Da war nichts mehr zu machen.

Er steht im Irrealis, wenn die Aussage unwirklich ist:

▸ Es sah so aus, dass der Staubsauger den Geist aufgegeben *hätte*. Dabei saß nur der Stecker locker.

Ein Vergleichssatz folgt nur, wenn der Inhalt mit einem Bild veranschaulicht wird.

▸ Er benahm sich, als gehörte ihm die ganze Welt.

Der Inhalt des Benehmens ist Jovialität oder Unverschämtheit, der Besitz der ganzen Welt nur ein Bild dafür.

Es lohnt sich, dieses Schema beim Schreiben eine Zeitlang ganz kleinkariert durchzuhalten, bis man die Zwangsläufigkeit des Vergleichens überwunden hat. Später kann man Scheinvergleiche in Einzelfällen gezielt anwenden, wo der Inhalt entfernter klingen soll.

Kunde	Ich hatte für einen Wimpernschlag den Eindruck, als wollten Sie mir etwas aufschwatzen.
Verkäufer	Aber wie kommen Sie denn darauf, mein Herr? Wir bei Media Markt haben den Saugblaser Heinzelmann alle selbst zu Hause. Der wird Sie bis zu Ihrem Lebensende nicht im Stich lassen.

Das Aufschwatzen ist tatsächlich der Inhalt des Eindrucks, er wird aber wie ein reichlich übertriebener Vergleich formuliert. Das ist fein, solange die Finesse nicht zur Manier oder Marotte wird.

WIE ES SCHEINT Wo wir Eindrücke schildern, tritt häufig das Wort *scheinen* auf. Es hat seit jeher die Bedeutung des Strahlens:

▸ Die Sonne scheint.

Der Schein trügt erst, wenn er ausdrücklich dem Sein gegenübergestellt wird.

▸ Er ist mehr Schein als Sein.

Wenn auf Einleitungen wie ›es scheint‹ oder ›es hat den Anschein‹ ein Dass-Satz im Indikativ folgt, hat der Schein Substanz.

▸ Huch! Wo sind denn die Möbel?
Es scheint, dass mich meine Erna verlassen hat.

Mit dem Irrealis trügt der Schein.

▸ Erst sah es so aus, dass der Film bald endete,
aber dann ging er weiter.

Vergleichssätze haben hier nichts zu suchen, weil man nichts mit dem leeren Schein vergleichen kann. Der Inhalt des Dass-Satzes wird durch den Schein nur ans Licht getragen.

Darum konnten bis in die Neuzeit hinein nur Dinge scheinen, die es wirklich gab. Trügerischen Schein findet man im Mittelalter nur in Einzelfällen, vor allem in der Mystik. Im echten Leben wurde er anders ausgedrückt, und zwar durch *Trug, Getäusche, Dünkel* (Einbildung) oder *Wahn* (Vorstellung und Phantasie).

SCHEINBAR UND ANSCHEINEND Auch das Wörtchen *scheinbar* bedeutet nur, dass etwas den Schein trägt und wie die Sonne gut zu sehen ist. Es ist eines der ältesten Wörter auf *·bar.*

Das Element *·bar* rührt vom Verb *beran* (tragen) her, das es im Englischen noch in Wendungen wie *to bear something in mind* (wörtlich: etwas im Sinn tragen) gibt, im Deutschen jedoch nur noch als *gebären* (austragen), als *entbehren* oder als *Bahre* (Trage). Was man vor sich herträgt, ist gut zu sehen.

Unsere Vorfahren haben dieses Wortbildungselement ohne besonderes Interesse über Jahrhunderte mitgeschleift, ehe es plötzlich ungeheuerlich produktiv wurde. Inzwischen können wir uns das Leben nicht mehr ohne *·bar* vorstellen: *belastbar, bestellbar, unbeschulbar.* Die zeitgenössischen Bildungen sind von transitiven Verben (Verben mit einem Objekt) abgeleitet und haben passivische Bedeutung: Essbar ist, was gegessen werden kann.

Ursprünglich schloss man es allerdings an Substantive an und erhielt ein Adjektiv mit aktivischer Bedeutung: *dankbar* (Dank tragend), *wunderbar* (Wunder tragend), *sonderbar* (Besonderheit tragend).

Auch *scheinbar* (Schein tragend) gehört noch zum alten Schlag. Es wurde lange Zeit verwandt, wenn eine Sache klar zutage trat, offensichtlich und augenfällig war, bis im

17. Jahrhundert Grammatiker begannen, die Deutschen umzuerziehen: Als scheinbar sollte fortan gelten, was etwas zu sein schien, es aber in Wahrheit gar nicht war.

Es klingt nach einer guten Idee, mit *scheinbar* einen unmissverständlichen Begriff für trügerische Eindrücke zu haben und mit *anscheinend* einen anderen, bei dem die Dinge wohl so sind, wie sie aussehen.

Sie hat sich nur nie durchgesetzt. Wer es heute genau nimmt, verzweifelt daran, dass es die anderen nicht tun oder einfach nicht begreifen, wie *scheinbar* und *anscheinend* im Deutschen definiert sind.

In Wirklichkeit wird im Deutschen überhaupt nichts definiert. Solche Versuche sind stets gescheitert. Mögen die Wörterbücher und Schullehrer diese Kunstdefinition auch zweihundert Jahre lang gepredigt haben, der althergebrachte Gebrauch von *scheinbar* als Attribut für eine Sache, die so aussieht, wie sie aussieht, hat sich im Alltag die ganze Zeit gehalten. Wer hat beim Einkaufen schon einen in Logik geschulten Lektor dabei, der eingreift, ehe man sich an der Wursttheke um Kopf und Kragen redet?

Wenn sich diese simple Binärlogik nicht durchgesetzt hat, liegt es nicht an der Beschränktheit der Sprecher. Auch wenn sich der Verstand viel von der logischen Opposition zweier Ausdrücke verspricht, die natürliche Selektion hat ihr das Dasein verwehrt, weil sie nicht dazu taugt, das Leben angemessen darzustellen. Nur das wirkt in der Sprache als evolutionärer Vorteil.

Heute bedeutet all das nur zum Schein, wo der Schein einer Sache vorangetragen wird: *Schein·heiliger, Schein·angebot, schein·schwanger.* Dagegen verstehen wir *wahrscheinlich* und *anscheinend,* zwei Wörter, die nicht mit *schein·* beginnen, nicht als trügerisch.

Scheinbar gehört für sich genommen nicht in dieses Schema, weil sein Hinterglied nur ein Suffix ohne Substanz ist. Nur vorangehend vor einem anderen Begriff trägt *scheinbar* einen Schein voran: Unter der scheinbaren Position eines Sterns versteht unser Verstand, dass sich der Stern woanders befindet, als es von der Erde aus aussieht. Er weiß um all die gravitativen Einflüsse und das trügerische Flimmern der Luft, die Sternenlicht durchdringt, ehe es uns ins Auge fällt.

Das kann man so sehen. Man kann es aber auch so sehen wie die Astronomen in früheren Zeiten: Die scheinbare Position eines Sterns ist dort, wo man ihn am Himmel findet. Dort scheint er nämlich!

Hier liegt der Grund, warum sich die Kunstdefinition nie durchgesetzt hat: *Scheinbar* lässt sich als Adjektivattribut vor einem Substantiv verwenden, *anscheinend* dagegen nur als Adverb.

– Kommt Peter etwa nicht?
– Anscheinend nicht.

Anscheinend gehört zu einem längst ausgestorbenen Verbum: *Es scheint dir an.* ›Man sieht es dir an.‹ Doch selbst als Adverb zieht die natürliche Sprache *scheinbar* vor.

– Kommt Peter etwa nicht?
– Scheinbar nicht.

Es sieht aus der Warte der Logik zwar nach einer sauberen Lösung aus, zu *anscheinend* zu greifen, wenn der Antwortende nicht mehr an Peters Ankunft glaubt, und zu *scheinbar*, wenn er entgegen dem Augenschein noch mit

Peter rechnet, doch diese Logik ist im Alltag – und dort wird nun einmal die Allgemeinsprache meist verwendet – nutzlos. Hier lässt sich im Moment der Äußerung gar nicht entscheiden, ob etwas scheinbar oder anscheinend ist. Die Urheber und Verfechter der Kunstdefinition haben übersehen, dass diese Unterscheidung nur in ihrem Kopf, nicht aber in der Wirklichkeit von Vorteil ist. Sprache unterliegt aber der Evolution: Was keinen Vorteil bringt, hat keinen Erfolg.

Das ist eine gute Gelegenheit für einen wichtigen Hinweis: Wenn es um die Erkundung des Wesens der Sprache geht, führen Laien gerne alles ins Feld, was sie sich vorstellen können. Die Sprachwissenschaft gleicht aber nicht der Mathematik (einer Geisteswissenschaft), wo Forscher im Kopf ergründen, wie viele Schlaufen ein imaginäres brezelförmiges Objekt im fünfdimensionalen Raum haben kann, das nur in ihrem Kopf und nirgendwo sonst im Universum als Ding existiert. Sie gleicht der Physik (einer Naturwissenschaft) und erkundet nur, was es in der Wirklichkeit gibt. Sie untersucht ausschließlich Sätze, die in der Wirklichkeit schon einmal als natürliches Sprechen geäußert worden sind. Sie konstruiert keine irrwitzigen Satzgefüge, um zu zeigen, dass sie je nach Kommasetzung verschieden verstanden werden können. Unsere Kommasetzung hat sich mit echten Sätzen entwickelt, deshalb gelangt sie in der Wirklichkeit auch nie an solche Grenzen.

Die hohe Schule des Zitierens

Einmal im Jahr berichten die Zeitungen in eigener Sache: Es soll leichter sein, für eine bemannte Marsmission ausgewählt zu werden, als die anstehende Aufnahmeprüfung für eine Journalistenschule zu meistern. Sie sei einer der härtesten Brocken für Berufsanfänger in Deutschland, hieß es einmal bei Spiegel Online.

Journalistenschulen erwarten von Bewerbern eine Reportage als Arbeitsprobe und Allgemeinwissen, das bei der Deutschen Journalistenschule darin besteht, sich noch genau zu erinnern, ob der Arabische Frühling im Jahre 2010 oder doch erst 2011 angebrochen ist. Das sind Daten, die man vor einer Veröffentlichung ohnehin auf jeden Fall noch einmal nachprüfen muss.

Die Regeln des Zitierens sind dagegen für einen Journalisten, was für einen Schmied der Hammer ist. Wenn man auf einer Journalistenschule eines lernen sollte, dann das.

Versetzen wir uns einmal in die Lage eines Journalisten, der an seinem Schreibtisch sitzt und im Fernsehen einen Minister dies sagen hört:

> Ein solcher Konflikt, eine solche Krise hat immer ein Davor.
> *Bundesentwicklungsminister Gerd Müller,*
> *ZDF-Morgenmagazin am 20.8.2014*

Der Journalist möchte über diese militärische Krise berichten und die Haltung der Regierung darstellen. Eine solch langweilige und zu erwartende Äußerung schreit nach einem Bericht. Der gibt dem Journalisten die Gelegenheit, seine Kunden mit substantivierten Adverbien zu verschonen (siehe Seite 188) und die Äußerung gleich zu bewerten.

▶ Die Regierung will weiter zusehen und nichts tun.

Die andere Möglichkeit ist das Zitat. Hier kommt der Minister selbst zur Sprache. Die einfachste Form des Zitats ist die wörtliche Rede. Sie steht in Anführungszeichen.

> »Eine Geschichte wie diese hat immer ein Davor.«
> *Beckmann, ARD am 22.8.2014*

Moment mal! War das wirklich die Stimme des Ministers? Er sprach nicht von einer Geschichte wie dieser, sondern von einem solchen Konflikt, einer solchen Krise. Was halten Sie davon?

> Soweit nach den Bestimmungen dieses Abschnitts die Benutzung eines Werkes zulässig ist, dürfen Änderungen an dem Werk nicht vorgenommen werden.
> *Paragraf 62, Urheberrechtsgesetz*

Seit drei Jahren vergleiche ich Zitate aus Fernsehen und Zeitung mit dem Original. Gehen Sie nach vorsichtiger Schätzung davon aus, dass es sich bei neun von zehn Zitaten um Fälschungen von solcher Schwere handelt, dass sie auf Antrag des Geschädigten, in diesem Falle des Ministers, vom Staatsanwalt strafrechtlich verfolgt würden. Schlimmer ist für den Journalismus allerdings, dass ihm seine Kunden nicht mehr über den Weg trauen, wenn sie davon erfahren.

Wissen Journalisten vielleicht in großer Fülle nicht, wie man Konjunktiv und Anführungszeichen richtig verwendet? Sie sind doch einmal zur Schule gegangen und haben dort zum Beispiel im Englischunterricht in der achten Klasse wochenlang geübt, wie man einen Satz in *reported speech* verschiebt, indem man das Verb umwandelt, das Pronomen in die dritte Person setzt und absolute in relative Zeitangaben umbaut *(yesterday → the day before).* In der Regel haben Journalisten im Anschluss eine Universität besucht und sich dort mit einer eidesstattlichen Versicherung zur guten Praxis bekannt. Sobald sie ihre Arbeit aufnehmen, stehen sie unter den ebenso eindeutigen und eindringlichen Vorschriften von Pressekodex oder Rundfunkstaatsvertrag.

Das wäre der Weg, bei dem man es durch jahrelanges Lernen zur wahren Meisterschaft bringt. Wie in allen Massenberufen haben auch im Journalismus viele ihren Beruf nicht erlernt und auch nicht Zweck und Wirkung seiner Werkzeuge durchdrungen. Sie haben nur gelernt, den Eindruck zu imitieren, den der Journalismus täglich abgibt. Zum Beispiel durch das Einflechten von Zitaten in statischem Rhythmus. Der Imitator setzt stur quantitativ nach jedem zweiten bis dritten Satz ein Zitat, ohne sich zu fragen, welchem Zweck Zitate eigentlich dienen.

Wenn er dann seinen Text in der Zeitung betrachtet, sieht das schon verdammt nochmal nach Journalismus aus! Es klingt nur todlangweilig. Kein Wunder, denn das mechanische Zitieren von zitierunwürdigen Äußerungen kann nun einmal zu keinem anderen Klang führen. Da gehört Pep in die Sache! Der Journalist beginnt, die Folge an Sätzen flüssiger zu gestalten.

Für Angela Merkel war es ein Wahltag,
»der uns Freude gemacht hat«.
Spiegel Online

Das ist der Schritt vom schlechten Schreiben in die Kriminalität. Wovon sich der Journalist Esprit und Verve verspricht, ist nichts anderes als literarische Montage, eine Technik, bei der Wirkliches in Fiktion eingebaut und damit selbst fiktional wird. In der Schriftstellerei ist dieses Mittel legitim, weil in einem Roman ohnehin alles fiktiv ist. Wenn in einem Roman eine Bundeskanzlerin namens Angela Merkel vorkommt, die der wirklichen aufs Haar gleicht, darf der Erzähler mit ihr machen, was die Dramaturgie erfordert.

Journalisten sind keine Schriftsteller und dramaturgisch an die Wirklichkeit gebunden. Davon ahnt unser Journalist nichts. Was wird er tun, wenn die Figuren seiner Geschichte nicht so sprechen, wie er für seine Dramaturgie benötigt?

Insofern also gestern ein Abend,
an dem wir uns freuen konnten.
Ansprache von Angela Merkel
im Konrad-Adenauer-Haus (Transkript)

Unser Journalist tut, was jeder gute Schriftsteller tut: Er überarbeitet die Figurenrede so lange, bis er zufrieden ist.

Für Angela Merkel war es ein Wahltag,
»der uns Freude gemacht hat«.
Spiegel Online

Denn Romanfiguren leben nicht wie echte Menschen um ihrer selbst willen. Ihre Existenz dient einem dramaturgischen Ziel.

Diese Überarbeitung der Wirklichkeit klingt gar nicht so schlimm? Auch in den anderen Sätzen kürzt und ändert er mit Bedacht. Und mit ungeheurem Erfolg für die Dramaturgie. Denn wo sich Angela Merkel in der Wirklichkeit in ihrer üblichen Nüchternheit bescheiden und knapp über den Wahlsieg am Vorabend äußert, ohne ihn in einen größeren Zusammenhang zu stellen, errichtet ihre fiktionale Version ein Gebäude aus Täuschung und Irreführung, damit es der Journalist anschließend zusammenfallen lassen kann: »Alles gut also für die CDU? Mitnichten.«

Die Fälscherei ist jedoch kein Vorsatz, die langweilige Wirklichkeit unterhaltsamer zu machen. Nicht jedem Journalisten gelingt es wie beim letzten Beispiel, seine Figuren so gezielt in die Katastrophe zu steuern.

US-Präsident Barack Obama darf bei den nächsten Wahlen im November 2016 nicht mehr antreten, deshalb hält er sich aus dem Vorwahlkampf bislang weitgehend heraus. Doch nun hat sein Sprecher Josh Earnest den republikanischen Präsidentschaftsbewerber Donald Trump ungewöhnlich scharf kritisiert. Mit seiner Forderung nach einem generellen Einreiseverbot für Muslime disqualifiziere sich Trump für das Präsidentenamt, sagte Earnest in Washington. Trump sei ein »Marktschreier« mit »falschem Haar«.

Spiegel Online

Nach den Regeln des Zitierens muss der Pressesprecher im Original gesagt haben: »Trump ist ein Marktschreier mit falschem Haar.« Und zwar wortwörtlich, mit ungewöhnlicher Schärfe und als Einmischung der endenden Regierung in den Wahlkampf.

Tatsächlich hat sich Earnest gar nicht eingemischt, sondern so zurückhaltend wie möglich auf die Frage einer Reporterin geantwortet. Zunächst verwies er darauf, dass sich der Präsident bereits drei Tage zuvor in einer Fernsehansprache zum islamistischen Terror geäußert hatte. Was Earnest dann anfügte, diente nur dem Zweck klarzustellen, dass er Trumps Äußerung für indiskutabel hält.

Die Trump-Kampagne hat seit Monaten eine Qualität vom Müllhaufen der Geschichte. Von den geistlosen Slogans bis zu den glatten Lügen und sogar bis zum unechten Haar. Die ganze Jahrmarktschreierroutine, die wir seit einiger Zeit sehen.

Josh Earnest: The White House, Daily Press Briefing. 8.12.2015.

Earnest konnte sich aus dem Stegreif sicher sein, die Meinung seines Chefs wiederzugeben. Denn Obama hatte Trump seine ganze Amtszeit über öffentlich als *carnival barker* bezeichnet, nachdem Trump zuvor jahrelang verbreitet hatte, Obama wäre nicht in den Vereinigten Staaten geboren. *Carnival barker* war seitdem in den USA ein festes Epitheton für Donald Trump und damit das Gegenteil von ungewöhnlicher Schärfe.

All diese Hintergründe und die Bedeutung der Äußerung sind dem Journalisten entgangen, weil er nicht eine Sekunde lang recherchiert hat. Stattdessen schmiedet er sich eine eigene Geschichte in seiner Phantasie zusammen, in der der amtierende Präsident in den Wahlkampf für den nächsten Präsidenten eingreift, und fälscht das Zitat so, dass der Wortlaut in seine Phantasie passt. Auch die Überschrift bei Spiegel Online ist übrigens eine Fälschung: Earnest sprach von einer Qualität vom Müllhaufen der Geschichte, Spiegel Online zitiert ihn: »Trumps Kampagne gehört auf den Müllhaufen der Geschichte.«

Wie viele seiner Kollegen hat der Journalist die Verwendung von Konjunktiv und Anführungszeichen nicht einmal technisch verstanden.

Das zeigt sich in der Manier, alle nichtverbalen Wörter in der indirekten Rede in Anführungszeichen zu setzen.

Trump sei ein »Marktschreier« mit »falschem Haar«.
Spiegel Online

Das ist genauso absurd, wie wenn man um Verben in der Vergangenheit herum alle Unverben in Frakturschrift setzen würde, weil man sie nicht ins Präteritum setzen kann.

▸ **Der Kommissar** ging **früh zu Bett**.

Man dürfte erwarten, dass dem Verfasser bei seiner Konstruktion Zweifel kommen, weil sie sich weder in Büchern noch woanders im Schriftbild des Deutschen findet. Eine solche Reflexion ist dem Imitator jedoch verwehrt. Er versucht stattdessen seine wirre Praxis im Nachhinein als professionelle Zitierpraxis zu rationalisieren. Beim echten Zitieren zitiert man entweder in indirekter Rede oder in direkter Rede.

- Man setzt eine Äußerung in ihrer Gänze in indirekte Rede, indem man das Verb in die Sei-Form setzt, so wie man einen Satz in die Vergangenheit setzt, indem man allein das Verb in die Vergangenheit setzt. Außerdem werden in indirekter Rede die Fürwörter in die dritte Person gesetzt und absolute Umstandsangaben in relative konvertiert. Es dürfen keine Anführungszeichen vorkommen.
- Man setzt eine Aussage in direkte Rede, indem man die Aussage ohne jede Änderung in Anführungszeichen setzt und darauf achtet, dass sie nicht von außen in einen falschen Zusammenhang gebracht wird.
- Im Hinblick auf die Authentizität unterscheiden sich indirekte und direkte Rede nicht.

Der Imitator glaubt unterschwellig, es gäbe verschiedene Grade bei der Authentizität von Zitaten. Weil die direkte Rede auch wörtliche Rede heißt, nimmt er an, die andere wäre weniger wörtlich.

Betrachten Sie die letzte Kostprobe aus der Totalen, ohne sie genau durchzulesen.

»Dieser Bedrohung treten wir heute entschlossen entgegen.« Das Verbot umfasse jegliche Beteiligung an dieser Organisation, auch in sozialen Medien oder bei Demonstrationen. Es schließe das Tragen von Kennzeichen oder das Sammeln von Spenden ein. »Das heutige Verbot ist ein wichtiger Schritt im Kampf gegen den internationalen Terrorismus«, sagte de Maizière. Das Verbot tritt mit der Veröffentlichung im Bundesanzeiger um 12 Uhr in Kraft. Der IS werbe »gezielt und aggressiv auch in deutscher Sprache um Anhänger«, betonte der Minister. Reisebewegungen deutscher Islamisten nach Syrien und in den Irak machten ihm große Sorgen. De Maizière sprach von hundert nach Deutschland zurückgekehrten Islamisten. »Sie haben gelernt zu hassen und zu töten.«
Spiegel Online

Es sieht nach einem Bericht aus, in dem mehrmals der Minister wörtlich zitiert wird. Extrahieren wir, was der Journalist alles berichtet:

- sagte de Maizière
- betonte der Minister
- De Maizière sprach von

Der ganze Rest stammt mit den üblichen Fälschungen aus dem Munde des Ministers. Der Journalist hat einfach den Vortrag des Ministers übernommen und die Sätze abwechselnd in direkte und indirekte Rede gesetzt. Gegenüber der direkten Rede mit ihren Anführungszeichen soll die indirekte Rede eigene Arbeit vortäuschen.

Das Zitieren ist damit in ein Mittel der Täuschung umgeschlagen. Dabei liegt sein Zweck in der Klarstellung.

Das Zitat formuliert einen Standpunkt.
Standpunkte erzeugen Konflikt.

In wissenschaftlichen Texten führt man die Standpunkte anderer Forscher an. Der Konflikt ergibt sich zwischen den Standpunkten oder der Kritik daran.

Wenn im Roman eine Figur spricht, dann wird sie von der Erzählstimme zitiert. Dialog dient allein dem Zweck, den Konflikt zwischen den Figuren anzuschüren. Sie sprechen aneinander vorbei und machen mit jedem Wort alles nur schlimmer. Die Standpunkte von Romanfiguren müssen unvereinbar sein, sonst gibt es keine Geschichte.

Wenn Zitate keine Standpunkte ausdrücken und keinen Konflikt erzeugen, sind sie nutzlos und todlangweilig.

Im Journalismus entsteht Spannung wie in jedem anderen Sachtext auch, zum Beispiel in diesem Buch: Im ersten Kapitel habe ich den augenfälligen Standpunkt zum Wesen des grammatischen Geschlechts dargestellt, indem ich Guy Deutscher zitierte. Dem setzte ich dann meinen eigenen Standpunkt entgegen, die Wirklichkeit.

Journalisten messen Standpunkte an der Wirklichkeit. Die muss man allerdings erst einmal ausfindig machen, und das erfordert Arbeit!

Das Anführungszeichen

Schlechte Texte quellen über vor Anführungszeichen, die nichts anführen. Daran erkennt man sie heutzutage mit einem Blick.

- Wo ein Text ohne Zeichensetzung missverständlich ist oder die Zeichensetzung gar an ihre Grenzen zu stoßen scheint, stimmt etwas mit dem Inhalt und seiner Formulierung nicht. Man kann einen Rohrbruch nicht beheben, indem man das Rohr lackiert.
- Noch mehr Interpunktion macht alles nur schlimmer.
- Nur Überarbeitung bringt Besserung.

Der Trick liegt wieder im mechanischen Verzichten: Streichen Sie sämtliche Anführungszeichen aus Ihrem Text – auch bei den Zitaten! Lassen Sie wieder einige Tage verstreichen, ehe Sie sich den Text vornehmen. Wo Sie den Drang verspüren, die Anführungszeichen wiederherzustellen, dürfen Sie es nicht tun. Stattdessen formulieren Sie die Passage so lange um, bis es keiner Anführung mehr bedarf.

Im Extremfall tun Sie das mit einem Romankapitel voll mit Figurenrede. Alle Gänsefüßchen fliegen raus! Dann formulieren Sie die Dialoge um, bis die Rede der Figuren so geschärft ist, dass man beim Lesen versteht, wann welche Figur und wann die Erzählstimme spricht. Mit der Rede wird auch ihr Standpunkt geschärft. Das fördert die Inszenierung und den Konflikt. Erst dann, zehn Minuten vor dem Druck des Romans, setzen Sie die Anführungszeichen wieder ein, wo Figuren wörtlich sprechen.

In einem Sachtext setzen Sie die Anführungszeichen gleichfalls nur dort ein, wo Sie wörtlich zitieren. Sie müssen dabei ganze Sätze umschließen.

Gibt es denn nicht auch Anführungszeichen, wo nichts zitiert wird? Sind die etwa alle falsch?

Das sind sie! Falsch bedeutet allerdings mehr, als dass sie nicht richtig sind. Es bedeutet, dass Ihre Leser ständig stocken und sich überlegen müssen, was Sie wohl diesmal mit den Anführungszeichen ausdrücken wollen.

Der Irrtum besteht allerdings gar nicht in der Annahme, Anführungszeichen hätten noch weitere Aufgaben als das Zitieren. Jedes falsche Anführungszeichen entsteht, weil sein Schöpfer annimmt, es würde gerade etwas wiedergegeben, was gesagt wird. Es ist eher ein diffuser Eindruck. Was sich hinter diesem diffusen Eindruck verbirgt, ergründen wir erst an einem einfacheren Fall:

▸ Susi's Nagelstudio

Das nennen böse Zeitgenossen einen Deppenapostroph. Unter einem Deppen verstehen wir jemand, der zu wenig denkt. Susis Problem liegt jedoch darin, dass sie zu viel denkt. Sie macht Annahmen, die in die Irre gehen müssen, weil sie nicht angebracht sind. Nicht beim Sprechen natürlich, da sind Susis Deklinierkünste tadellos, denn Susi spricht den ganzen Tag mit ihren Kunden, während sie ihre Nägel pimpt. Erst wenn sie die Feile weglegt und zur Feder greift, macht sie sich das Deklinieren bewusst und entdeckt Schwierigkeiten, die es gar nicht gibt.

Und jetzt das Gleiche mit Anführungszeichen:

Mittagstisch »hausgemacht« – Unsere Bratkartoffeln schmecken »wie bei Muttern« und auch Salate gibt's frisch!

Eppendorfer Grill-Station, bekannt aus Dittsche

Was bedeuten diese Anführungen? Sie bedeuten, dass dem Verfasser wie Susi das Schriftbild des Deutschen nicht geläufig ist, weil er nicht viel liest und schreibt. Er tut es nur bei Gelegenheit, und das verleitet ihn zu der Annahme, es würde sich um eine besondere Gelegenheit handeln. Er spürt den diffusen Drang, dem Leser mit der Anführung einen besonderen Wink zu geben, damit der nichts falsch versteht.

Den Drang zu winken spüren nicht nur Autoren mit seltener Gelegenheit zum Schreiben, sondern auch Menschen, die viel schreiben. Oft sogar viel zu viel.

> Den in Heideggerschen Belangen Geübten soll die Arbeit einige anregende »Winke« geben[.]
>
> *Stefan Zenklusen: Seinsgeschichte und Technik bei Martin Heidegger. Marburg 2002. Seite 9.*

Den Satz habe ich aus dem Vorwort gefischt. Der Wink tritt darin zum ersten Mal auf. Was also gebiert die Not, ihn in Anführungszeichen zu setzen?

Dieselbe Not, unter der der Wirt des Eppendorfer Grills litt. Sie lässt den Verfasser das ganze Buch hindurch nicht los. Und nicht nur ihn – sie hält das gesamte Milieu der Massengeisteswissenschaften in ihren Fängen. Ihre Absolventen sind es auch, die als Journalisten an den oben behandelten Zitierschwierigkeiten leiden.

Falsche Anführungszeichen verstören beim Lesen so sehr wie ein Stoppschild auf der Autobahn. Sie sind falsch, wenn sie nicht die Aufgabe verrichten, die Anführungszeichen in unstrittigen Fällen wie der wörtlichen Rede erfüllen.

So wie der Konjunktiv ein grammatisches Zeichen ist, ist das Anführungszeichen ein Schriftzeichen. Es zeigt eindeutig auf die immergleiche Sache. Die wörtliche Rede lässt keinen Zweifel, um welche Sache es sich handelt.

Anführungszeichen führen etwas an.
Umberto Eco: Eröffnungsrede zum Weltkongress der Tautologen. Baden-Baden 1991.

Jeder Text hat eine Erzählstimme. Wo sie verstummt und eine andere Stimme zu Wort kommen lässt, führt sie diese Stimme an.

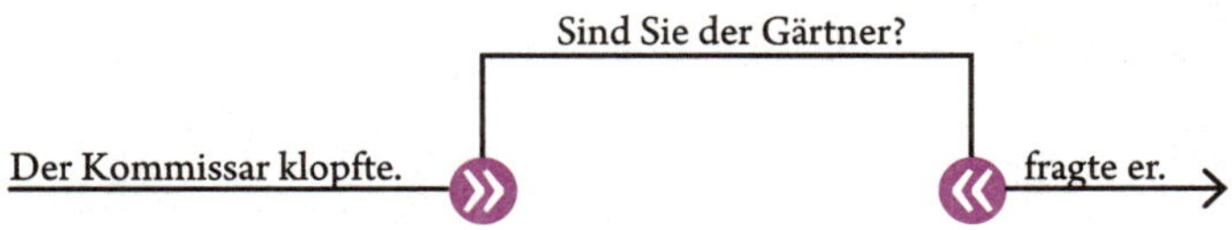

Anführungszeichen heben eine Äußerung von der normalen Textebene, auf der Wörter für Dinge stehen, auf die Nennebene, die Ebene der Namen. Die Erzählstimme nennt die Äußerung der Figur.

Komplizierter liegt der Fall bei diesem Buch. Es besteht aus Sprache über Sprache. Wo immer ich ein Wort nicht wie üblich verwende, sondern beim Namen nenne, führe ich es an. Dazu benutze ich keine Gänsefüßchen, sondern eine andere Form des Auszeichnens, die *Kursivierung*. In Zeiten der Fraktur und der Schreibmaschine griff man zur S p e r r u n g – und auch bei den blauen Links aus der Frühzeit des Internets handelt es sich um eine Form der Auszeichnung.

TYPOGRAFIE DES ANFÜHRUNGSZEICHENS

„Hallo !“

Gänsefüßchen haben im Deutschen die Form $_{99}$ …^{66} und werden in Handschriften und Ausdrucken verwendet.

“Hello !”

Im Englischen haben Anführungszeichen die Form ^{66} …^{99}.

»Hallo !«

Guillemets sehen im Gegensatz zu Gänsefüßchen wie Gänsefüße aus und sind nach einem gewissen Guillaume benannt. Sie sind im Druck üblich, weil sie die Fläche eines Kleinbuchstabens bedecken und keine Löcher ins Schriftbild reißen. In Deutschland und Österreich ragt die Spitze nach innen, damit man den Abstand zum Buchstaben daneben nicht nachrichten muss (guillemets allemands).

«Grüezi !»

In der Schweiz ragen die Guillemets mit der Spitze nach außen (guillemets français). Sie bedürfen liebevoller Pflege.

« Salut ! »

In Frankreich werden Anführungszeichen mit Leerzeichen abgesetzt.

Im Internet waren Links generell blau und unterstrichen. In der Sprachwissenschaft werden alle Wortanführungen kategorisch ausgezeichnet, selbst dann, wenn man die Anführung auch so erkennen würde.

Wir haben es mit einer Konvention zu tun, die nur in einer bestimmten Textsorte gilt und sonst nicht. In wissenschaftlichen Texten ist es üblich, die Namen von anderen Autoren in VERSALIEN oder KAPITÄLCHEN zu setzen.

▸ Wie MEYER (1992:12) darstellt, erobert die Steinlaus mit dem Fortschreiten der Klimaerwärmung die Antarktis. SCHMITTKE (1989:371) konnte bereits in den Achtzigern Populationen in eisfreien Küstenregionen nachweisen. HUBER (2014:198) geht davon aus, dass die Steinlaus bis zur Mitte des Jahrhunderts den Südpol gänzlich verspeist haben wird. Und danach sind wir dran!

Diese Konvention fördert den Überblick über die Quellen und Standpunkte. Mit demselben Ziel werden Namen von Zeitungen in einer Zeitung in Anführungszeichen gesetzt.

▸ Wie »Spiegel Online« am Vormittag eingestand, wird sich der nächste Weltuntergang bis zum Abend verzögern.

Hier wäre Kursivierung ideal, aber Formatierungen gehen schnell verloren, wo es hektisch zugeht. Spiegel Online wird in diesem Text als Quelle genannt und deshalb ausgezeichnet.

Das ist eine Konvention im Journalismus. Anderswo gilt sie nicht! In einem Roman können Zeitungen unmöglich als Quelle genannt werden, wenn nicht ein Zeitungstext imitiert wird. Der Name einer Zeitung ist dort nicht mehr als ein Name, und Namen werden niemals angeführt.

> Die Patenschaft für »Jana«
> hat Marianne Felk übernommen.
> *Schild im Berliner Zoo*

Frau Felk ist eine menschliche Zoobesucherin, Jana ein Braunbärweibchen. Tiere tragen Namen wie Menschen.

In normalen Sachtexten und besonders in Romanen wird niemals konventionell angeführt. Da führt man nur an, wenn im Einzelfall ein Missverständnis droht:

▸ Der Kommissar lief noch einmal zurück.
Er hatte die »Zeit« vergessen.

Dem Kommissar ist gar nicht die verstreichende Zeit entronnen, er hat eine Zeitung mit diesem Namen auf dem Schreibtisch liegenlassen.

Das Beispiel ist ziemlich an den Haaren herbeigezogen; kaum eine andere Zeitung führt zu solchen Missverständnissen – nicht einmal *die* Bild.

▸ Deutsches Filmplakat:	Amerikanisches Kinoplakat:
Jagd auf Roter Oktober	The Hunt for Red October

Programmhinweis bei Arte:
Jagd auf »Roter Oktober«

Großschreibung und Beugung machen jedes Missverständnis unmöglich. Wer dennoch nicht darauf kommt, dass hier kein Monat in rot, sondern ein Unterseeboot gemeint ist, den bringen auch die Anführungszeichen nicht weiter.

Das Missverständnis liegt jedoch nicht in diesem Einzelfall, sondern in dem unter Journalisten verbreiteten Irrtum, Schiffsnamen würden kategorisch (konventionell) angeführt. Dieser Irrtum ist alt und stammt aus der Zeit, als Schiffe Namen wie Kaiser Wilhelm der Große, Kronprinz Wilhelm, Deutschland oder Vaterland trugen. Damals wollte man im Einzelfall abwenden, dass sich die Leute zu früh freuten, wenn sie erfuhren, Kronprinz Wilhelm sei abgesoffen, ehe er unter seinem späteren Titel Wilhelm II. einen Weltkrieg anzetteln konnte. Denn es handelte sich nur um ein Schiff, das seinen Namen trug.

Sehen wir uns an, wie es richtig geht:

Titanic Sinks Four Hours after Hitting Iceberg.
The New York Times am 16.4.1912

Einen Tag später erreichte die Nachricht Deutschland:

Schiffbruch der »Titanic«
Flensburger Norddeutsche Zeitung am 17.4.1912

Der Journalist übernahm die Gänsefüßchen, obwohl es weit und breit keinen Kronprinzen namens Titanic gab. Er war es einfach gewohnt, Schiffsnamen angeführt zu sehen, und hat, wie bei Imitatoren üblich, das Umständliche mit dem Wesentlichen verwechselt.

Hundert Jahre sind seitdem verstrichen, ohne dass ein deutscher Journalist die Frage entdeckt hat, was diese Anführung soll. Im Gegenteil, er ist stolz zu wissen, dass man Schiffe anführt – und dass es andere nicht wissen. Er wird diese Gewohnheit, deren Sinn er nicht versteht, zur Not aufs Bitterste verteidigen.

Denken Sie daran: Für den Homo sapiens zählt nichts anderes als Status. Das macht den Zweifel am eigenen Werk zum wichtigsten Werkzeug des Autors:

All my life I've looked at words
as though I were seeing them for the first time.

Ernest Hemingway: Selected Letters 1917–1961.
Herausgegeben von Carlos Baker. New York 1981.

Ohne diesen Zweifel treibt man es besinnungslos immer weiter:

Prüfer zweifeln an Flugtauglichkeit des »Eurofighter«[.]

Spiegel Online

Der Verfasser ahmt zuerst die Anführung des Namens nach, weil er sie anderswo beobachtet und falsch generalisiert hat: Namen würden doch meist gerufen, sagt er sich, also gehört dieser Ruf angeführt. Aber man ruft einen Namen doch nicht im Genitiv! Deshalb erklärt er den Ruf kurzerhand für unbeugsam und lässt die Endung weg.

Die Kette aus verheerenden Annahmen überschreibt sein Sprachgefühl, in dem maskuline Substantive im Genitiv nie endungslos sein können: *des Mann·es, des Tag·es, des Dollar·s, des Euro·s, des Eurofighter·s.*

Dem könnte er nur entrinnen, wenn er sich auf unsere Übung besönne. Alles streichen und von vorne beginnen!

▸ Prüfer zweifeln an der Flugtauglichkeit des Eurofighters.

Unsere Übung ist dem Verfasser allerdings als Ausweg verstellt, weil er nicht an sich und seinem Werk zweifelt. Er kann nicht zweifeln, weil er nicht weiß, was Anführungszeichen eigentlich tun. Er macht sich vor, dass niemand in den vergangenen Jahrtausenden so gut, so feingeistig und so professionell geschrieben hätte wie er und die hergebrachten Mittel seinen Ambitionen nicht genügten. Deshalb müsste er sie neu erfinden.

Dabei übersieht er, dass er nicht für sich selbst schreibt. Er schreibt für andere Menschen, die sich nicht in seinem Annahmengeflecht verfangen haben und das Wirrsal als das empfinden, was es ist.

> Ein Autor muss vorhersehen, welche Wirkung er erzielt. Das gelingt ihm, indem er seinen Text beim Überarbeiten aus verschiedenen Winkeln betrachtet.

WORTZITATE In einem normalen Satz bezeichnen alle Wörter ein Ding in der Welt.

▶ Der Kommissar lag im Bett.

Kommissar bezeichnet einen Menschen, *Bett* einen Gegenstand. Bezeichnet ein Wort dagegen ein Wort, wird es angeführt.

▶ »Konjugieren« konjugiert man schwach.

An der ersten Stelle bezeichnet *konjugieren* sich selbst, an der zweiten dagegen die Sache des Konjugierens.

▸ Espresso ist in aller Munde.
→ Alle Welt trinkt Espresso.

»Espresso« ist in aller Munde.
→ Alle Welt spricht über Espresso.

In diesem Buch wimmelt es von solchen Anführungen, für den gelegentlichen Gebrauch im Alltag kennt das Deutsche ein eleganteres Mittel: Es führt Wörter nicht durch ein schriftliches, sondern ein grammatisches Zeichen an.

▸ Der Begriff des Espressos ist in aller Munde.

Es handelt sich dabei um eine Anwendung des Genitivs, die man *genĭtīvus defīnītīvus (Definitionsgenitiv)* oder *genĭtīvus explicātīvus (Erklärgenitiv)* nennt. Er taugt auch für Namen:

▸ Falsch:	Der Name »Müller« stand auf der Liste.
Richtig:	Der Name Müller stand auf der Liste.
Gut:	Müllers Name stand auf der Liste.
Auch gut:	Müller stand auf der Liste.

Die Anführung kann nicht nur grammatikalisch ersetzt werden, sondern auch lexikalisch, also mit Wörtern, die das Sprechen über eine Sache bereits ausformulieren:

Berlin spricht von einer »Tragödie«.
FAZ

Der Satz formuliert bereits, was sein Verfasser mit der Anführung signalisieren will. Wo das Sagen ausformuliert ist, sind Anführungszeichen falsch, weil die Ebene der Erzählstimme nicht verlassen wird. Das gilt auch nach *sogenannt* oder wo es nur gedacht wird:

Kampagne gegen »Schlaf-Baustellen«
Tagesschau

Die Tagesschau möchte wohl andeuten, dass verwaiste Baustellen im Volksmund Schlafbaustellen genannt werden. Wenn das stimmt, ist *Schlafbaustelle* die normale Vokabel, so wie *Baustelle* die Vokabel für eine Baustelle ist. Die Tagesschau benutzt sie sogar selbst, hält sie jedoch für so extraordinär und ihre Zuschauer für so schwer von Begriff, dass sie den Begriff auszeichnet und auch noch mit Bindestrich segmentiert, damit der Zuschauer das nicht in seinem Sprachzentrum tun muss.

Das folgende Beispiel ist ein »Hilfe!«-Schrei:

Der Welt für immer »Lebewohl« sagen
Bayerischer Rundfunk

Besonders *ja* und *nein* machen einigen Schwierigkeiten:

▸ Falsch: Er sagte Ja.
Auch falsch: Er sagte »ja«.
Doppelplusungut: Er sagte »Ja«.
Einzig richtig: Er sagte ja!

Man schreibt *ja* und *nein* klein, weil sie Adverbien sind.* Bloß weil etwas als Inhalt des Sagens empfunden wird, gehört es noch lange nicht angeführt:

- Falsch: Sie wünschte »Guten Tag!«.
  Richtig: Sie wünschte guten Tag.

IRONIE UND SPOTT Beliebt sind Anführungszeichen bei der Ironie:

> Am liebsten würde wohl unser Finanzminister Deutschland zum »Welt-Sozialamt« erklären. Und zwei Drittel unserer »Volksvertreter« gackern ihm zu.
> *Leserkommentar auf Zeit Online*

Das ist keine liebenswerte Hilflosigkeit mehr, wir haben es mit einem Narzissten zu tun, der uns die Freiheit nehmen

---

*Das amtliche Regelwerk erlaubt übrigens irrtümlich die Großschreibung. Die Adverbien *ja* und *nein* hält der Rechtschreibrat für Adverbien, die erst substantiviert würden, obwohl sie keines der drei im Regelwerk aufgeführten Kriterien für die Substantivierung erfüllen. Als Substantive müssen sie dann in den adverbialen Akkusativ treten (sie sind keine Objekte), damit sie wieder adverbial fungieren können.

Sie werden also erst virtuell de- und dann wieder virtuell readverbialisiert. Dabei ist dieser adverbiale Akkusativ nur für Substantive gedacht, die als Adverbien auftreten sollen: *Maschine schreiben* (man schreibt auf einer Maschine, also maschinell). Es müsste dann möglich sein zu sagen: *Er sagte zwei Jas.* Stattdessen sagen wir aber, wie es bei nativen Adverbien zu erwarten ist: *Er sagte zweimal ja.*

will, etwas an seinen Ansichten falsch zu verstehen. Das würde ihn sehr wütend machen.

Als ob der Satz nicht sonnenklar wäre, muss die Verstellung – denn nichts anderes ist Ironie – durch Klarstellung narrensicher gemacht werden.

Ich kann es nachempfinden. Wenn ich ein Paket einpacke, steigt Panik in mir auf, das Paket könne sich beim Transport öffnen. Deswegen wickle ich so lange Paketband darum, bis die Rolle zur Neige geht. Erst dann finde ich Ruhe.

Mir ist auch egal, dass mich Zoll und Empfänger beim Anblick meines Pakets für einen Irren halten, wenn ich dafür verhindern kann, dass diese Hallodris mit ihren falsch kalibrierten Sortiermaschinen den Inhalt meines Pakets beschädigen. Dass alle anderen, von Menschen ohne Zwangsstörung verschickten Pakete unbeschadet ankommen, halte ich für reinen Zufall.

Wenn man alle anderen für Narren hält,
ist das ein sicherer Hinweis,
dass man selbst der einzige Narr weit und breit ist.

Die Manie kennt bekanntlich keine Grenzen:

▸ Dieser »Freundschafts«-Dienst
richtete großen Schaden an.

Der Verfasser wird von dem Wahn heimgesucht, der Leser könnte übersehen, dass der Dienst nach hinten losgegangen ist. Damit man es auch wirklich versteht, weist der Verfasser freundlich darauf hin, welcher Teil von *Freundschaftsdienst* ironisch und welcher nicht ironisch zu verstehen ist. Im Eifer des Gefechts verwechselt er sie jedoch. Das Motiv

(Freundschaftlichkeit) ist nicht gescheitert, nur hat es dem Freund nicht gedient.

▸ Keiner erwartet noch etwas vom ehemaligen
»Vorzeige«-Minister außer seinem Rücktritt.

Ihren Esprit schöpft die Ironie ganz daraus, dass sie nicht markiert, sondern vom Empfänger selbst erkannt wird. Sonst sinkt sie hinab zu blankem Spott.

Wenn man schon zur Barbarenironie greift und die Verstellung richtigstellt, ehe sie den Empfänger erreicht, dann führt man das ganze Wort an. Wenn ein Vorzeigeminister nicht mehr vorzeigbar, aber noch Minister ist, dann ist er in Gänze kein Vorzeigeminister mehr und nicht nur kein Vorzeige.

Wo wir gerade dabei sind: Anführungszeichen stehen nicht im Inneren eines Wortes.

»Eier ab«-Attacke
»Fair use«-Politik
»Hartz IV«-Empfänger
»Laissez faire«-Haltung
Spiegel Online

Erst recht stehen keine Leerzeichen im Inneren eines Wortes, denn Leerzeichen haben keine andere Aufgabe, als die Grenze zwischen Wörtern zu markieren. Das schwant dem Verfasser sogar, weil er versucht, die durch das Leerzeichen gespaltenen Wortteile wieder aneinanderzuklammern. Diese Aufgabe erfüllt allein der Bindestrich (siehe Seite 73): *Hartz-IV-Empfänger, Laissez-faire-Haltung* (besser: *Laissez-faire*).

Das immergleiche Spiel: Dem Verfasser ist zwar irgendwie klar, dass man Wörter zusammenschreibt. Er weiß nur nicht, wie das geht. An diesem Punkt müsste er sich eingestehen, dass er es nicht weiß, und dann herausfinden, wie man zusammenschreibt, was zusammengehört. Er zweifelt jedoch niemals an sich selbst, sondern immer nur am Rest der Welt. Er glaubt allen Ernstes, dass die Rechtschreibung, die das Deutsche über Jahrhunderte entwickelt hat, nicht für das gewappnet ist, was er heutzutage niederschreiben möchte. Also muss er die Rechtschreibung neu erfinden, so wie Leibniz die Integralrechnung erfand, weil er ein Rechenergebnis benötigte, das man bis dato nicht ausrechnen konnte.

Ein Trick zum Abschluss

Wem die Übung im mechanischen Verzichten zu anstrengend ist, kann diesen Test anwenden.

> Wenn man den Satz genau so sagen könnte, wie man ihn niederschreiben will – und das sollte man unbedingt! –, sind alle Anführungszeichen darin sinnlos und schaden dem Text.

Diese Devise bringt sogar sinnlose Anführungszeichen zur Strecke, die tatsächlich etwas anführen sollen, wo nichts anzuführen ist.

Die Rede ist von Einwortanführungen, die in den Massengeisteswissenschaften und bei den dorther stammenden Journalisten beliebt sind. Nehmen wir an, jemand möchte über meine Ansichten über das weibliche Genus unserer Baumnamen referieren und dabei den von mir geprägten Begriff der Artigkeiten übernehmen. Dann kann er bei der ersten Nennung ausformulieren, dass ich davon spreche.

Weil er es ausformuliert, sind Anführungszeichen fehl am Platze. Übernimmt er den Ausdruck für seine eigenen Überlegungen, zitiert er meinen Ausdruck nicht mehr, er benutzt ihn wie jedes andere Wort. Im Gegenteil, wenn er den Begriff inmitten seiner eigenen Gedanken weiterhin zitierte, würde er mir Gedanken unterjubeln, die ich gar nicht gehabt habe.

4

Deutsch in der Zukunft

Warum alle Voraussagen über die Zukunft des Deutschen falsch sind.

Wie wird die deutsche Sprache in hundert Jahren klingen? Oder in tausend? Wäre es nicht spannend, einen Blick in die Zukunft zu werfen?

Stellen wir uns vor, dem Schriftstellermönch Otfrid hätte sich im 9. Jahrhundert ein solcher Blick eröffnet. Er hätte sich ansehen dürfen, was Sie den lieben, langen Tag mit Ihrem Laserdrucker und Ihrem Smartphone zum Besten geben.

Er wäre entsetzt gewesen! Nicht über Sie freilich, denn Sie bedeuten Otfrid nichts. Er wäre darüber entsetzt gewesen, dass die Welt gar nicht an Neujahr 1000 untergegangen ist. Ich wiederum würde im Jahre 3016 erst einmal nachsehen, auf welchem Tabellenplatz der FC Bayern steht. Jeder sucht nach dem, was in seinem Leben Bedeutung hat, und ist dann entweder erleichtert oder schockiert. Den Rest, die eigentliche Zukunft, nehmen wir achselzuckend zur Kenntnis.

Überspringen wir Otfrids Entsetzen und sein Unverständnis darüber, warum Sie überhaupt so viel schreiben. Die Kommas wird er für versehentliche Tintenkleckse halten, an den Anführungszeichen und Konjunktiven bleibt sein Auge hängen.

Sie erklären ihm *in frenkiska zungun,* was es damit auf sich hat: wörtliche Rede, innerliche Abhängigkeit, den ganzen Kram. In unserer Zeit vernimmt man eben gern, wer welchen Standpunkt zu den vielen Themen dieser Welt vertritt.

In Otfrids Welt gibt es keine Standpunkte und nur ein einziges Thema: die herrliche Süße von Gottes Unermesslichkeit. Darin endet bei ihm jeder Gedanke nach spätestens zehn Wörtern.

In unserer Welt würde Otfrid diese herrliche Süße Gottes vergeblich suchen. Er würde unsere Themen nicht verstehen, selbst wenn wir ihm erklärten, was wir mit Burnout meinen. Wer unser Leben nicht versteht, versteht auch die Sprache nicht, deren einziger Zweck darin liegt, unser Leben in Worte zu fassen.

Selbst wenn wir das Leben in hundert oder tausend Jahren als Szene vor uns sähen, würden wir es nicht verstehen, wie wir unser eigenes Leben verstehen. Man muss Teil dieser Szene sein, damit sie Bedeutung gewinnt.

Ohne Bedeutung keine Spannung. Eine Actionszene im Film interessiert uns erst, wenn wir verstehen, was die Charaktere dazu antreibt und was auf dem Spiel steht.

Seien Sie nicht enttäuscht! Ich habe etwas Spannenderes als die tatsächliche Zukunft:

Alle Prognosen, die je zur Zukunft des Deutschen aufgestellt wurden, sind mit Sicherheit falsch.

Wie kann ich von Sicherheit sprechen, wenn ich die Zukunft gar nicht kenne?

Prognosen schöpfen aus der Gegenwart und der Vergangenheit. Wir haben nicht mehr zu tun, als zu überprüfen, ob die Prognose alles, was bisher geschehen ist, richtig verstanden hat.

Wird das Deutsche untergehen?

Beginnen wir mit dem schlimmsten Fall: Wird es das Deutsche in hundert oder tausend Jahren überhaupt noch geben?

Sprachen sind unsterblich. Solange kein Meteor in Wiesbaden einschlägt und allen Deutschen zwischen Hamburg, Zürich und Wien den Garaus macht, wird die deutsche Sprache existieren.

Aber wir müssen nicht unbedingt den Löffel abgeben. Es gibt noch eine andere Möglichkeit, wie das Deutsche seine Sprecher verlieren könnte: durch Überfremdung.

Behalten Sie diesen Begriff einmal für den kommenden Gedankengang im Mund, ohne ihn auszuspucken oder zu schlucken.

Seit dem Zweiten Weltkrieg sind über vier Millionen Immigranten in Deutschland eingebürgert worden, zudem leben etwa sechs Millionen Ausländer unter uns. Zusammen stellen sie gut ein Achtel eines Volkes, dessen Ureinwohner sich ungern fortpflanzen.

Die aktuellen Flüchtlingswellen sind dabei noch gar nicht berücksichtigt. Packen Sie ruhig nach eigenem Ermessen einige Millionen obendrauf.

Zu den Ureinwohnern gehören alle, die man weder am Aussehen noch am Namen als Fremdlinge wahrnimmt. Dazu zählen auch die Nachfahren von Protestanten, die vor dem Sonnenkönig aus Frankreich hierher geflohen sind, und die Nachkommen von Polen, die gleich nach ihrer Ankunft im Ruhrgebiet ihren Namen von Woycek in Wollner geändert haben und heute bestenfalls noch durch ihre Liebe zu schneeweißen Gardinen zu erkennen sind.

Rechnet man diese Verhältnisse auf hundert oder tausend Jahre hoch, wird einem um die deutsche Sprache angst und bange. Denn es besteht kein Zweifel daran, dass Sprachen von anderen Sprachen verdrängt werden können. Nebenan in Frankreich spricht man nicht etwa Gallisch, sondern eine besondere Weiterentwicklung des Lateinischen.

In Britannien folgte eine Sprachinvasion auf die andere. Ursprünglich sprach man dort Sprachen, die bis auf Spuren im Dunkel der Vergangenheit versunken sind. Eine solche Spur ist englisch *pet* ›Haustier‹, das weder aus dem Germanischen noch aus dem Keltischen stammt, sondern von den Pikten, den Ureinwohnern Britanniens.

Diese vorurindogermanischen Sprachen wurden zuerst vom Keltischen überdeckt. Später drang mit den Römern das Lateinische nach Britannien vor und ließ das Keltische nur an den abgelegenen Rändern der Inseln am Leben, in Wales, Cornwall, Irland, Man und Schottland.

Die Römer blieben nicht lange. Bald trafen die Sachsen aus deutschen Landen ein und mit ihnen das Deutsche. Nichts anderes war das Englische im Südosten Englands im Frühmittelalter: Sächsisch aus dem Munde von Kelten, die erst ein, zwei Generationen zuvor latinisiert worden waren.

Im 11. Jahrhundert trafen die Nordmänner ein und verdrängten die sächsische Oberschicht von der Macht. Das Westsächsische war dem massiven Einfluss des Nordischen ausgesetzt und verlor mit einem Schlag all sein Prestige. Dadurch kamen die nordenglischen Dialekte zum Vorschein. Sie gingen nicht wie das Westsächsische im Süden Englands auf das deutsche Sächsisch zurück, sondern auf die weniger deutschen Dialekte Anglisch und Friesisch. Dadurch entfernte sich die englische Sprache charakterlich vom Deutschen, zum Beispiel indem sie die für das Deutsche so typische Klammerstellung des Verbums aufgab.

▶ I *want to see* you again.
Ich *will* dich wieder·*sehen.*

Im Spätmittelalter bildeten sich die Engländer ein, rechtmäßige Eigentümer von Frankreich zu sein, weil ihre Könige wiederum aus Frankreich stammten. Die Franzosen sahen das natürlich umgekehrt. Aus diesem Zank entspann sich der Hundertjährige Krieg, in dem sich die Oberschicht Englands im Norden Frankreichs herumtrieb, dabei zum Französischen wechselte und es in ihre Heimat einschleppte. In dieser Phase war das Englische ernstlich in seiner Existenz bedroht.

Das Norwegische ging in ähnlicher Lage unter. Unter dänischer Herrschaft sprach man in Oslo und bald sonst wo in Norwegen nur noch Dänisch. Was heute unter dem Titel Norwegisch firmiert, ist nichts anderes als Dänisch, das man bei der Unabhängigkeit Norwegens am Beginn des 20. Jahrhunderts mit der Feile etwas aufgeraut und in Norwegisch umgetauft hat.

Nur eine Kraft bringt Menschen dazu, ihre bisherige Muttersprache aufzugeben und zu einer anderen zu wechseln:
Herrschaft.

Herrscher ist, wer den Ton angibt! Wer die Sprache der Herrscher spricht, erwirbt Prestige. Siedeln zwei Sprachgruppen auf demselben Grund und Boden, wird sich die Sprache der Gruppe mit dem höheren Prestige durchsetzen. Diese Regel gilt für große Reiche ebenso wie für Indianerstämme am Amazonas.

Wer es als Einwanderer bei uns zu etwas bringen will, wechselt zum Deutschen. Das allein ist bei uns die

Prestigesprache. Oder können Sie fünf Wörter aus dem Türkischen aufzählen? Das ist die Sprache der größten Einwanderergruppe.

> Nur ein Meteor kann das Deutsche in seiner Existenz gefährden. Mit jedem Einwanderer wird es stärker.

Americani ite domum!

Sorge bereitet vielen Menschen ohnehin nicht Überfremdung, die von ihren Urhebern persönlich vorbeigebracht wird. Wir fahren morgens mit dem Zug ins Büro, verbringen den Tag mit Memos und Meetings und sitzen abends vor dem Fernseher. Auf all diesen Stationen werden wir mit übermotiviertem Werbe- und Powersprech malträtiert, in dem Anglizismen eine wichtige Rolle spielen.

Die Werbeleute wollen uns durch heftigen Gebrauch der Prestigesprache Englisch den Eindruck aufdrängen, bei der Deutschen Bahn würde es sich um einen jugendlichen Transportkonzern mit Zukunft im internationalen Cargo- und Logistics-Business handeln.

Sie gehen dabei der gleichen Fehleinschätzung auf den Leim, die uns schon beim Powersprech im zweiten Kapitel begegnete. Wir Deutsche empfinden die Bahn als das, was sie immer schon war, und erwarten von ihr keine strategischen Geschäftsfelderweiterungen, sondern pünktliche Züge und freundliche Schaffner.

Ignorieren Sie das als Geschmacksverirrung, wie Sie alle anderen Zumutungen im Alltag ignorieren: rüpelhaftes Verhalten, Textdokumente in Blocksatz und mit lauter sinnlosen

Anführungszeichen, das hässliche Kaufhaus aus den Sechzigern mitten in der Altstadt.

Ein Architekt sagte einmal, dass Städte, in denen das Leben tobt, niemals schön sind. Das gilt auch für die Sprache im Alltag: Sie kann keine Dichtkunst sein. Das würde ihr das Leben nehmen und zugleich der Dichtung ihren Wert.

Wir Deutsche befinden uns in der glücklichen Lage, Alltagskrempel wie Router, Backups und Smartphones aus einem unerschöpflichen Spezialwortschatz zu benennen, den Dichter nicht anrühren. Der Dichtung sind dafür andere Merkmale wie der Verzicht auf Füllwörter eigen. Dazwischen liegt eine breite Übergangszone. Eine solche Differenzierung ist das Merkmal einer lebendigen Sprache und kein Zeichen für Verfall.

Anglizismen kommen im Alltag dauernd vor und sind dadurch ein Kennzeichen für Gewöhnlichkeit.

An rechter Stelle sind Anglizismen eine Bereicherung: *Router* und *Like* sind zusammen mit den Neuigkeiten, die sie bezeichnen, ins Deutsche gelangt und fallen uns kaum auf.

Aufdringlich wirken Anglizismen dort, wo sie aus Aufdringlichkeit angewandt werden. Es geht uns auf die Nerven, wenn die Bahn den Fahrkartenschalter in *Service Point* umbenennt, ohne dass der Service besser würde, und die Menge an Schaltern zu allem Übel zu einem Zweimanncounter zusammenrationalisiert wurde. Wer dort ansteht und dabei auf ein Schild starrt, das ihm das Gehirn waschen soll, grollt mit Fug und Recht. Das Schild soll uns eine Attitüde aufdrängen, die wir auf Anhieb durchschauen.

Mit jedem Poweranglizismus wächst der Verdruss und in uns der Eindruck, das Deutsche werde diesem Bombardement nicht mehr lange standhalten. Vielleicht werden es unsere Enkel ganz aufgeben und zum Englischen wechseln.

Das wird auf keinen Fall passieren. Damit ein Volk seine Sprache wechselt, bedarf es einer handfesten Invasion auf deutschem Grund und Boden.

Es ist menschlich, aus der Menge an Anglizismen, die auf uns niederprasseln, den Schluss zu ziehen, es würden immer mehr. Sehr menschlich sogar! Hier wirkt dasselbe Routineschema des ungesunden Menschenverstands, der uns dazu bringt, dem Vollmond unsere Schlaflosigkeit in die Schuhe zu schieben. Das negative Erlebnis prägt sich uns besser ein als durchschlafene Nächte. Und der Vollmond fällt uns dabei eher auf als die endlose Schwärze der Nacht.

Nicht die Zahl an Anglizismen, denen wir täglich begegnen, gibt den Ausschlag. Zählen Sie einmal alle an einem einzigen Tag in deutscher Sprache gesprochenen Sätze. Es gibt rund hundert Millionen Deutschsprecher. Nehmen wir an, jeder davon würde am Tag einhundert Sätze sprechen, obwohl es in Wirklichkeit mehr sind. Dann erhalten wir eine Menge von zehn Milliarden Sätzen. In wie vielen davon kommen wohl Anglizismen vor? Trotz *Router* und *Toaster* ist ihr Anteil winzig. Noch winziger ist der Anteil an Wegwerfanglizismen wie *Service Point.*

WELTSPRACHE DEUTSCH Gern wird bei solchen Überlegungen angeführt, wie sehr sich die Anzahl der Sprachen auf der Welt in den vergangenen Jahrtausenden verringert hat. Es handelt sich dabei jedoch um kleine Sprachen ohne Schriftkultur, die zugunsten von Kultursprachen aufgegeben wurden.

Das Deutsche gehört nicht nur zu solchen Kultursprachen, es ist sogar eine Weltsprache. Bei diesem Prädikat kommt es nicht darauf an, wie viele Menschen auf dem Globus das Deutsche als Verkehrssprache verwenden oder wo man es überall auf der Welt hört. Das Deutsche ist eine Weltsprache, weil sich die große, weite Welt in ihm spiegelt.

Wir siedeln seit langer Zeit im Herzen Europas. Unsere Sprache ist seit über 1200 Jahren darauf optimiert, Fremdes zu integrieren.

Darin liegt der Grund, warum es der Sprachwissenschaft bisher nicht gelungen ist, die Betonung im Deutschen vollständig darzustellen: Es handelt sich um ein System, das jede Entlehnung aus einer fremden Sprache mit spielerischer Leichtigkeit aufnimmt. Wir können fremde Wörter nicht nur systematisch betonen, sondern auch in all seinen Lauten ins Klangbild des Deutschen einfügen und grammatikalisch beugen.

Abgelegene Kleinsprachen wie das Isländische, obwohl dem Deutschen historisch nah verwandt, tun sich in all diesen Punkten schwerer. Isländer betonen alles auf der ersten Silbe (Mária gélag auf dem Cánapee), ihr Deklinationssystem sitzt so eng auf dem germanischen Erbwortschatz wie der Helm auf dem Kopf eines Wikingers. Entlehnungen aus dem Englischen müssen vorbehandelt werden, ehe sie in einem isländischen Satz zu gebrauchen sind: englisch *slang* → isländisch *slang·ur /ßlaunkür/.*

Eine Weltsprache wächst dagegen mit allem, was sie in sich aufnimmt – und verändert sich dabei. Im 14. Jahrhundert führte die Oberschicht von England massenhaft französische Wörter ins Englische ein. Darum sagt man dort heute *to inform* statt *to meld* und *to accuse* statt *to betitle.* Die Oberschicht selbst heißt nicht mehr *edelings,* sondern *nobles.*

Auch das Deutsche bedient sich seit dem Mittelalter aus dem Französischen. Da es aber nicht französischer Herrschaft ausgesetzt war, pickt es sich nur die Rosinen heraus, etwa *Abenteuer* aus *aventure.* In umgekehrter Richtung war der Fluss seit den Zeiten des Frankenreichs ebenso stark: deutsch *blau* wurde im Französischen zu *bleu,* das wiederum zu englisch *blue* wurde. Sonst würde man heute Blaues im Englischen als *heawen* (eigentlich ›meeresfarben‹) beschreiben.

Erst in der Neuzeit fanden die Deutschen so richtig Gefallen am Französischen. Zu Bismarcks Zeiten wollte jeder Kommis (kaufmännischer Angestellter, von französisch *commissaire*) à la manière française parlieren (von französisch *parler* ›sprechen‹). Noch mein Urgroßvater verdankte seine Stelle als höherer Postinspektor lächerlicherweise seinen Französischkenntnissen. Und meine Großmutter war zeit ihres Lebens niemals krank; wie viele höhere Töchter fühlte sie sich schlimmstenfalls maladig. Dabei war sie gar keine höhere, sondern eine ganz gewöhnliche Tochter, doch diese Tatsache hat sie kraft des Französischen ihr Leben lang erfolgreich verdrängt.

Was von diesem Französisch geblieben ist, kommt uns heute ziemlich deutsch vor. Das *Büro* verbinden wir allein dank unserer Bildung mit dem Französischen und nicht, weil es fremdländisch klänge. Das viel ältere *Kontor* würde niemand mehr auf *le contoir* (eigentlich ein Rechentisch) zurückführen. Ebenso wenig die Mehrzahlendung *·s,* die noch vor kurzem nur an Entlehnungen wie *Chef·s* angefügt wurde, heute jedoch die Standardendung bei allen neuen Wörtern ist, die auf einen Vokal enden: *Sozis, Audis,* ja sogar */be·em·we·s/, Pornos* und *Infos, Kommas, Omas* und *Sofas.*

Unproduktiv blieb dagegen *·tion* wie in *Information* und *·ing* wie in *Happening.* Das Deutsche besitzt bereits eigene Mittel für die Ableitung von Verbalabstraktionen. Alle Wörter auf *·tion* sind fix und fertig aus dem Französischen, Lateinischen oder Englischen entlehnt; wer ein Abstraktum frisch aus einem Verb ableiten möchte, verwendet *-ung.*

THE WHOLE GESTALT! Entlehnungen können eine Sprache also durchaus verändern. Allerdings wird das Deutsche dadurch um keinen Deut französischer oder englischer.

Bei Entlehnungen ist eine wichtige Erkenntnis zu berücksichtigen:

Wenn ein Wort zum allerersten Mal in einem deutschen Satz verwandt wird, ist es von diesem Augenblick an ein deutsches Wort.

Und nicht etwa ein ausländisches Wort in einem deutschen Satz, wie der ungesunde Menschenverstand annimmt. In- und Ausland sind Ideen unseres Verstandes, die im Sprachzentrum nicht existieren können, und erst recht ist es das Wissen, woher ein Wort stammt.

Gelangt ein Wort aus einer fremden Sprache ins Deutsche, wird es nach den Sprechregeln des Deutschen ausgesprochen: */Kapputschinoh/.* Den Laut */tsch/* kennt das Deutsche seit der frühen Neuzeit selbst: *Quatsch, Tratsch, fletschen.* Dieser Klang behagt uns, was sich in den vielen Entlehnungen mit diesem Laut niederschlägt: *Cello, Bitch, Fettuccine.*

Es kommt uns zwar so vor, dass wir diese Wörter wie in der Herkunftssprache aussprechen würden, aber tatsächlich ersetzen wir jeden Laut darin mit dem nächstliegenden Laut im Deutschen. Das gilt besonders für die Vokale. An den Vokalen verrät man sich auch noch nach Jahren der Lernerei im Ausland als Ausländer.

Englisch */th/* ist dem Deutschen fremd. Es findet sich kein ähnlicher Laut in unserem Lautinventar, weshalb man in der

Allgemeinsprache kaum Anglizismen mit *th* findet. Was sich nicht auf Anhieb als deutsch interpretieren lässt, hat es im Deutschen schwer.

Entlehnungen werden bei der ersten Verwendung in einem deutschen Satz der deutschen Grammatik unterstellt. Der Plural von *Cello* lautet deshalb *Cellos*. Der italienische Plural *Celli* ist nicht Teil der deutschen Grammatik und immer motiviertes Sprechen, bei dem der Verstand die Grammatik überschreibt. Das kann man bei Gefallen tun, aber dann sollte das Cello auch bis ins letzte Detail so klingen, wie es ein Italiener ausspricht. Wem das gelingt, der zitiert wahrlich das Italienische innerhalb eines deutschen Satzes. Und das klingt ziemlich befremdlich.

Nicht nur Äußerlichkeiten wie Aussprache und Grammatik werden im Deutschen teutonisiert, sondern auch die Bedeutung.

Wird in Amerika ein neues Ding erfunden, zum Beispiel ein tragbares Musikabspielgerät mit Festplatte, ein Nachrichtensystem im Internet oder ein Gerät, das alle Computer im Haus mit dem Internet verbindet, dann gelangen diese Erfindungen mit ihrem englischen Namen zu uns: *the iPod, the e-mail, the router.* Sie werden sofort eingedeutscht: *der iPod, die E-Mail, der Router.*

Sobald wir Deutsche etwas erfinden, kommt uns die Benennung zu, zum Beispiel Johann Philipp Reis, einem der beiden Erfinder des Telefons. Er schuf 1860 den Begriff des Telefons, und deshalb trägt dieses Gerät bis heute auf der ganzen Welt einen deutschen Namen.

Besonders deutsch sieht *Telefon* zwar nicht aus, doch der Eindruck trügt. So gut wie alle gräzisierten Kunstwörter sind deutsche Schöpfungen aus dem 19. Jahrhundert. Auch die Nekrophilie und die Homosexualität gehören dazu. Sie wurden neben vielen anderen im Jahre 1886 von dem deutschen Nervenarzt Richard von Krafft-Ebing in seinem Meisterwerk *Psychopathia Sexualis* als sexuelle Abartigkeiten erschaffen, und ein Nervenleiden blieb Homosexualität weit ins 20. Jahrhundert hinein.

iPod und *Telefon* bezeichnen ein äußerliches Ding, das man betrachten oder gar in die Hand nehmen kann, deshalb verstehen Amerikaner und Deutsche unter einem iPod ein und dasselbe.

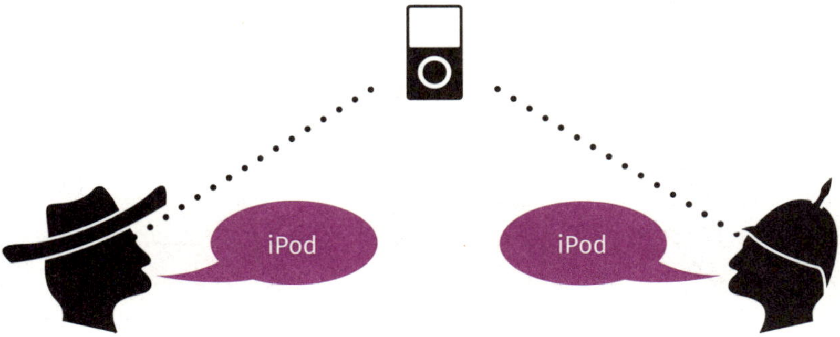

Das gilt auch für die Homosexualität als erkennbaren Wesenszug, aber nicht mehr für den Run, denn im Englischen hat *run* zahlreiche Bedeutungen und Anwendungen, die im Deutschen fehlen:

- on the first run (beim ersten Anlauf)
  go for a run in the morning (morgens joggen gehen)
  have a practice run (einen Probelauf durchführen)
  run for president (Kandidatur als Präsident)
  a run of bad luck (eine Pechsträhne)
  a chicken run (Auslauffläche für Hühner)

Der entlehnte *Run* trägt nur eine einzige der vielen Bedeutungen im Englischen, nämlich den Andrang oder Ansturm. Er ist also nicht das Gleiche wie *the run*. Er kann nicht gleich sein, weil es sich um zwei Begriffe handelt, die in verschiedenen, in sich geschlossenen Sprachen existieren.

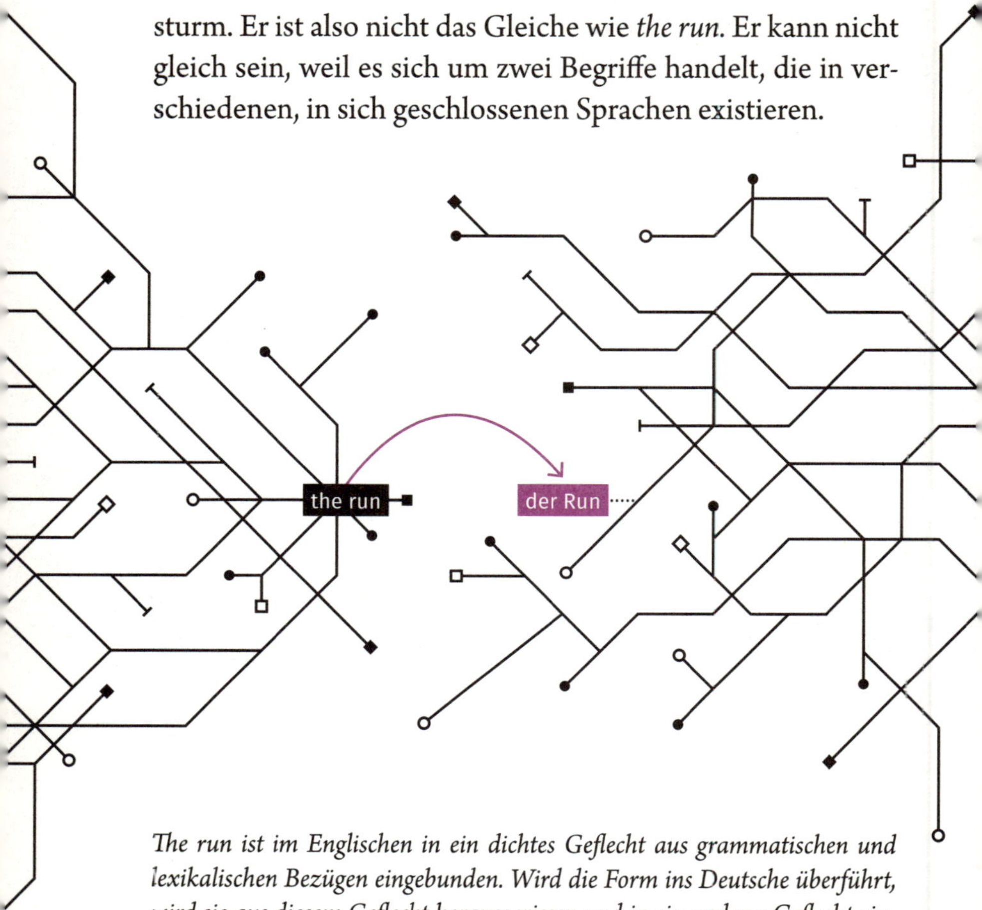

The run ist im Englischen in ein dichtes Geflecht aus grammatischen und lexikalischen Bezügen eingebunden. Wird die Form ins Deutsche überführt, wird sie aus diesem Geflecht herausgerissen und in ein anderes Geflecht eingebunden. Die beiden Geflechte, das Deutsche und das Englische, sind nicht miteinander verbunden.

THE PEOPLE IN GERMANY In einer normalen deutschen Unterhaltung gibt es so gut wie keine Anglizismen. Erfolg haben Entlehnungen nur dann, wenn sie eine Lücke im Wortschatz schließen und sich gut in den Sound des Deutschen einfügen. *Router* erfüllt beide Eigenschaften, *Run* nur die zweite, deshalb hat er es nie von der motivierten Werbesprache in die Allgemeinsprache geschafft.

Auf solche Entlehnungen haben es Menschen mit genereller Abneigung gegen Lehnwörter abgesehen:

> Wir wollen der Anglisierung der deutschen Sprache entgegentreten und die Menschen in Deutschland an den Wert und die Schönheit ihrer Muttersprache erinnern. Wir wollen unsere Sprache bewahren und weiter entwickeln. Die Fähigkeit, neue Wörter zu erfinden, um neue Dinge zu bezeichnen, darf nicht verloren gehen.
>
> *Verein deutscher Sprache auf seiner Webseite*

Damit sollte der VdS am besten selbst beginnen, indem er von Deutschen oder Leuten spricht, statt *the people in Germany* als False Friend einzudeutschen. So sehen die perfiden Anglizismen aus, auf die wir gleich zu sprechen kommen. Sprachreinigern entgehen sie, weil sie etwas schwerer zu erkennen sind.

Eindeutschung kann sich das Deutsche als Weltsprache nicht leisten. Sie wäre übrigens auch undeutsch. Unsere Grammatik und Aussprache ist seit Jahrhunderten darauf spezialisiert, Fremdes ohne deutsche Paraphrasierung aufzunehmen: Jedermann kann jederzeit ein Wort vom anderen Ende der Erde in einem deutschen Satz verwenden.

Stellen Sie sich vor, der Vorschlag der Sprachreiniger würde Wirklichkeit! Wenn dann in der Welt der Programmierer eine neue Sache wie *Plugin* aufkäme, würde jeder deutsche Programmierer eine eigene Paraphrase schöpfen und alle würden aneinander vorbeireden. Oder sie würden gemeinsam warten, bis eine Sprachkommission eine Standardbenennung vorschreibt, und dann vor dem Bundesverfassungsgericht klagen, denn das Grundgesetz verbietet in Artikel 5 jeden Eingriff in die Freiheit der Rede.

BEKOMME EINEN FREUND! Perfide Anglizismen bestehen zur Gänze aus deutschen Wörtern. Sie verraten sich nicht durch ihre äußerliche Gestalt, wenn man davon absieht, dass sie plötzlich von einem Tag auf den anderen einfach da sind.

Wir haben im Englischunterricht gelernt, *bekommen* nicht mit *to become* zu übersetzen, sondern mit *to get.* Doch auch in dieser Gleichung lauert eine Gefahr, die sich neuerdings in der Werbesprache offenbart:

▸ Buy a cup of coffee and get another one for free!

Die Übersetzung in deutschen Coffeeshops lautet:

▸ Kauf dir eine Tasse Kaffee
und bekomme eine zweite umsonst dazu!

Das urgermanische Verb *get-* bezeichnete das Begreifen im handgreiflichen Sinne: nach etwas langen oder zulangen. Daneben gab es noch ein anderes Verb, das ebenfalls das Ausstrecken der Hand bezeichnete: *nem-*. Man streckt die Hand aus, um entweder etwas zu nehmen oder zu geben. Im Griechischen reduzierte sich die Bedeutung von *némein* auf das Geben, bei uns im Deutschen auf das *Nehmen.*

Wir haben es also mit einer Bewegung zu tun, die man in zwei Richtungen ausführen kann. Im Laufe der Geschichte verengt sich die Bedeutung solcher Verben meist auf eine der beiden Richtungen.

▸ englisch: to show (schauen machen)
deutsch: schauen

Ein solch bidirektionales Verb war auch urgermanisch *bī·kwema·* mit der Bedeutung ›beikommen, nahekommen‹. Ebendas bedeutete *bi·qiman* bei den alten Goten. In der konkreten Überlieferung wird es als ›überfallen‹ übersetzt, im Kopf eines Goten bedeutete es aber ›sich an jemand heranmachen‹. Eine Drive-by-Attacke.

Die Annäherung, die urgermanisch *bī·kwema·* beschreibt, kann in zwei Richtungen geschehen, die im frühen Deutsch beide erhalten waren, ehe es eine der beiden Richtungen aufgab. Es schlug die Richtung ein, bei der das Objekt dem Subjekt des Satzes nahekommt: Wer einen Brief bekommt, dem naht der Brief. Das Englische wandte sich in die Gegenrichtung: Hier naht sich das Subjekt dem Objekt, es wird zum Objekt.

▸ Jennifer wanted to become a doctor.
Jennifer wollte Ärztin werden.

Diese Bidirektionalität findet sich auch in *schaffen.* Hier wurden zwar beide Richtungen behalten, aber das Verb in zwei Formen gespalten: Wo die Handlung vom Subjekt ausgeht und das Subjekt etwas erschafft, heißt es *schaffen, schuf, geschaffen: Am Anfang schuf Gott Himmel und Erde.* Bewegt sich dagegen das Subjekt auf die Sache zu, sagen wir *schaffen, schaffte, geschafft: Er schaffte es ins Ziel.*

Weil sich im Deutschen *nehmen* fürs Nehmen durchsetzte und im Englischen *to take,* verkümmerte das andere Verb *get·* in der Bedeutung des Zulangens in beiden Sprachen. Übrig blieb nur *vergessen* und englisch *to forget,* bei dem das Zulangen als Bild auf den Geist angewandt wird: Wer etwas vergisst, der verliert es aus dem Griff. Das andere Relikt ist das Ergötzen. Wer jemand ergötzt, der macht ihn aus dem Griff verlieren. Loslassen und Relaxen.

Das Englische entlehnte *to get* im Mittelalter erneut aus dem Nordischen, wo *nehmen* unbekannt und *geta* in seiner alten handgreiflichen Bedeutung erhalten war. Deshalb steht *to get* für aktives Zugreifen und Holen.

▸ I'll get you a drink! ›Ich hole dir etwas zu trinken!‹
Linda got the form signed by a doctor. ›Linda ließ sich das Formular von einem Doktor unterschreiben.‹
Could you get the door? ›Könntest du die Tür übernehmen (das heißt öffnen)?‹
Get a life! ›Hast du nichts Besseres zu tun?‹

Im Mittelalter strebte man mit *to get* auch nach Liebe, Freundschaft oder Ruhm. Weil man dabei manchmal auf das Entgegenkommen anderer angewiesen ist, kann man heute mitunter sagen: *to get the flu* ›sich die Grippe holen‹ oder *to get a letter* ›einen Brief erhalten‹. Doch dieser scheinbar passivische Gebrauch ist nur eine Nische.

Das deutsche Bekommen ist dagegen gänzlich passiv: Hier kommt etwas auf das Subjekt zu. Im Slogan ist deshalb das aktivische ›get!‹ nicht passivisch mit dem sinnlosen Befehl ›bekomme!‹ zu übersetzen, sondern aktiv mit ›hol dir!‹. Damit gibt man wieder, was tatsächlich im Sprachzentrum eines Englischsprechers vor sich geht.

Die Werbung ist voll mit Imperativen, deren Sinnlosigkeit dem Verfasser ins Auge stechen müsste. Karl Valentin brachte damit einen ganzen Saal zum Lachen: *Du bleibst da, und zwar sofort!*

Falsch ist im Slogan nicht nur, dass man Bekommen nicht befehlen kann. Die zweite Hälfte des Satzes braucht man überhaupt nicht zu befehlen: Sie ereignet sich zwangsläufig, wenn man dem Befehl in der ersten Hälfte folgt.

YOU CAN MAKE IT! Auch *machen* und *to make* sind False Friends.

Das deutsche *machen* kennt nur die Richtung, die vom Subjekt ausgeht: *Ich mache einen Termin/ein Butterbrot.* Englisch *to make* kann diese Richtung ebenfalls ausdrücken *(to make an appointment/a sandwich),* daneben aber auch die Gegenrichtung:

▸ *He made the team.* ›Er schaffte es in die Mannschaft.‹
You can make it! ›Du kannst es schaffen!‹
Kids have no sense of their own mortality. That's why they make good soldiers. ›Kinder sind sich ihrer Sterblichkeit nicht bewusst. Deshalb geben sie gute Soldaten ab.‹

Und in dieselbe Richtung:

▸ *I'll help you make sense of it all.*
›Ich helfe Ihnen, das alles zu überblicken.‹
This doesn't make any sense!
›Das ergibt für mich keinen Sinn!‹

Diese Wendung hat im Sprachzentrum eines Englischsprechers die Bedeutung: Das ergibt für mich kein plausibles Bild. Die Übersetzung ›Das macht keinen Sinn‹ ist ein False Friend, der das Englische nicht richtig wiedergibt. Sie hat sich zwar bei uns durch den Sprachgebrauch weniger Menschen eingebürgert, klingt aber unangenehm macherisch, weil *machen* im Deutschen ein reines Macherwort ist. Nicht die Amerikaner, die es nur zu etwas bringen wollen, sind die Macher, sondern wir!

Das Machen ist kein äußeres Ding. Es ist eine Idee, die nur in unserem Kopf existiert. Im Deutschen wurde es früh für das Herstellen und Erzeugen einer Sache verwendet. Im Englischen sprach man dagegen lange von *gewyrcan* ›etwas machen, herstellen‹, das heute noch imperfektiv (ohne zu einem Ergebnis zu führen) als *to work* und im Deutschen mit etwas anderem Anwendungsfeld als *wirken* existiert.

Angemessen wäre also die Übersetzung: ›Das ergibt keinen Sinn.‹

So angemessen wie möglich zumindest, denn das hintere Glied dieser Wendung stimmt auch noch nicht. Auch der Sinn ist nicht mehr als eine Idee in unserem Kopf, und zwar eine, die man im Deutschen wie den Erfolg oder den Sieg nur mit einem Ziel und einer Portion Glück erlangen und dann genießen, aber nicht herstellen kann.

Es handelt sich dabei nicht um dieselbe Idee, wie sie englisch *sense* verkörpert. Die beiden Wörter schimmern zwar arglistig in Klang und Bedeutung überein, doch auf den zweiten Blick entdeckt man in *sense* einen Laut, der *Sinn* fehlt. Die Übersetzungsgleichung ist ein Trugbild.

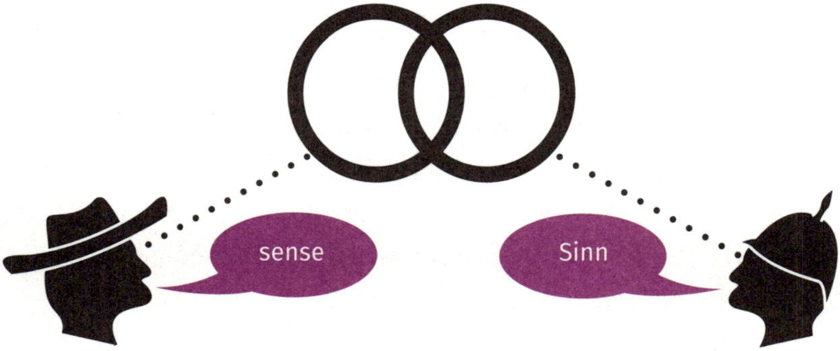

Sense gelangte im Hochmittelalter aus dem Französischen *(le sens)* ins Englische und hatte dort bloß die Bedeutung, die sein Ahn *sēnsus* im Lateinischen hatte: Sinneseindruck, Wahrnehmung und äußerliches Verständnis.

Das kommt unserem *Sinn* als Sinnhaftigkeit zwar nah, aber nicht nah genug. Im Englischen spricht man deshalb nicht von *sense of life,* sondern von *meaning of life.*

Der lateinische *sēnsus* ist vom Verbum *sentīre, sēnsī, sēnsus* abgeleitet, das allein die Bedeutung des Wahrnehmens hat und auf die urindogermanische Wurzel *sen·t·* zurückweist.

Spulen wir diese Wurzel ins Deutsche vor, gelangen wir zum althochdeutschen Substantiv *sind,* das heute ausgestorben ist – und zum Verbum *sinnan, ich sann, gesunnen* gehörte. Es bedeutet aber nicht, was Sie erwarten würden:

Tho wolt er sar in morgan in Galilea sinnan.
Da wollte er [Jesus] am Morgen nach Galilea gehen.
Otfrid von Weißenburg, Quatuor Evangelia Theodisce versa.
Buch 2, Kapitel 7, Vers 39, Codex Palatinus, Seite 52 verso.

Sinnan bedeutet ›gehen, reisen, streben‹. Davon abgeleitet ist das Verbum *senden* ›sinnen machen → auf die Reise schicken‹. Der *sind* ist ein Weg. Wer einen auf diesem Weg begleitete, hieß Gesinde.

Dieser *sind* ist also nicht unser *Sinn,* den man früher natürlich auch schon als *sin* kannte. Der rührt von der urindogermanischen Wurzel *sen·ch·* her.

Die beiden Wurzeln *sen·t·* und *sen·ch* sind unklare Erweiterungen oder Varianten ein und derselben Wurzel *sen·*, die sowohl die Wahrnehmung umfasst als auch die räumliche Fortbewegung. Sie verschmelzen zu einer einzigen Handlung, wenn man einer Fährte folgt.

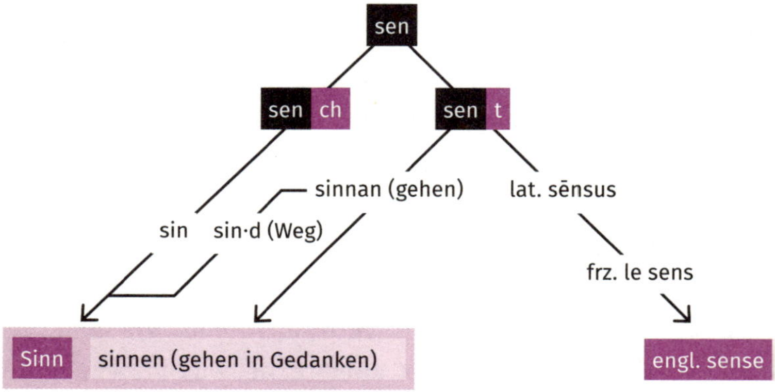

Nur im Deutschen existierten lange zwei ähnliche Substantive mit unterschiedlicher Bedeutung eng nebeneinander:

- *sind* ›Weg‹
- *sin* ›Sinneswahrnehmung‹

Der *sind* ist nicht einfach ausgestorben, sondern im Sinn aufgegangen. Dabei erweiterte er ihn um das Ziel, das man am Ende eines Weges erreicht. Schließlich gesellt sich der *sant* hinzu, der zu *senden* gehört und ›Zweck, Erfolg‹ bedeutete.

Zweifelhaft ist dagegen, ob es auch das Verb *sinnen* seit jeher doppelt gegeben hat. Es erscheint im Frühmittelalter allein im Sinne der Fortbewegung: *widari·sinnan* ›zurückkehren‹, *hera·sinnan* ›herkommen‹ usw. Es handelt sich dabei nie um Lustwandeln ohne Richtung, sondern stets um das Streben zu einem Ort.

Als der Sind im Sinn aufging, warf sich das Sinnen in all seinen Formen dem Sinn an den Hals. Wo *gisinnan* vorher reines Hingehen war, verbinden wir heute die Gesinnung mit nichts anderem als mit dem Sinn.

Deshalb sind Sinn und Sinnen im Deutschen zielgerichtet: Erst wenn wir das Ziel erreichen, stellt sich heraus, ob die ganze Reise einen Sinn gehabt hat.

Dieser Geist fehlt dem englischen *sense* völlig. Wo auch immer es so aussieht, dass er unserem Sinn nahekommt, hat ein Englischsprecher tatsächlich das Bild von etwas Wahrnehmbarem und das Wahrnehmen eines Bildes im Kopf:

► *Let's get a sense for it!*
Lasst uns ein Gespür dafür entwickeln!
Lasst uns die Sache sondieren!

Wer *making sense* mit Wörtern eindeutscht, die den englischen Komponenten klanglich ähneln, erhält eine Phrase, die auf Deutsche ganz anders wirkt als das Original auf Engländer: das Erzeugen eines Ziels.

Kein Wunder also, dass sich bei uns viele gegen das Sinnmachen sträuben. Wenn Linguisten das mit einer generellen Aversion gegen Entlehnungen aus dem Englischen erklären, urteilen sie ad hoc, und Ad-hoc-Urteile sind immer falsch. Denn dieselben Menschen, die sich am Sinnmachen stören, bemerken Anglizismen sonst nicht, wenn sie zwar zu neuartigen, aber nicht in sich widersprüchlichen Syntagmen führen.

Wer dem Sinnmachen zugeneigt ist, kann mit Recht ins Feld führen, dass unsere Betrachtungen zwar erklären, warum sich diese Wendung im Deutschen nicht von selbst ergeben hat, aber doch nichts dagegen spricht, dass man sie erfindet. Denn es geht beim Sinnmachen ja gar nicht um die akkurate Übersetzung dessen, was im Sprachzentrum eines Engländers vorgeht.

Es geht darum, einen neuen Alltagsausdruck zu schmieden, von dem sich der Anwender neue Expressivität und Prestige verspricht.

Bei allen als False Friend eingedeutschten Anglizismen handelt es sich um motivierte Sprache. Der Powersprecher versucht, sich durch Sprache zu profilieren, vermag das aber nicht innerhalb der Spielregeln und sucht so die Raffinesse im Brechen der Regeln. Er schöpft dabei gar nicht persönlich aus dem Englischen, sondern springt nur auf etwas an, was längst im Deutschen existiert und auffällig schräg klingt. Der Powersprecher verwechselt die Schräge der Falschheit mit dem Esprit der Raffinesse.

> Die Version 0.7 (…) hat laut Angaben der Macher auch viele Bugfixes spendiert bekommen.
> *Cashys Blog*

Der englische *maker of something* ist zwar einer, der etwas hervorbringt, aber im Englischen sind die Verben *to make* und *to do* anders verteilt als *machen* und *tun.*

Im Deutschen ist ein Macher ein Machertyp, der immerzu macht und macht. Ein Filmemacher ist nicht etwa einer, der diesen einen Film gemacht hat, von dem gerade alle sprechen. Er macht andauernd Filme. So wie Spaßmacher immerzu Späßchen machen und Krachmacher wesenhaft lärmen. Spricht man vom Filmemacher nur aus Anlass seines neuen Films, ist er der Regisseur oder der Schöpfer des Films, aber nicht sein Macher.

Den *Schreiber* gibt es als Powerdeutsch schon viel länger. Auch er kann nur einer sein, der wesenhaft schreibt. Darum nannte man einst Beamte in Schreibstuben so oder am Ende des 20. Jahrhunderts Leute, die Programmiercode abtippten. Wer einen Kommentar im Internet veröffentlicht oder gar ein Buch, das heißt einen gewissen Text, ist dagegen nicht der Schreiber des Texts, sondern sein Verfasser. *Verfassen* ist eine Tätigkeit, die in *Verfasser* abgeschlossen ist. Ein *Schreiber* ist dagegen noch nicht mit dem Schreiben fertig.

Das Englische gibt also nur einen Impuls von außen, ohne wirklich einzudringen: Weder die Teile noch das Produkt solcher False Friends haben etwas Englisches an sich. Sie sind ganz und gar deutsch.

Die Zukunft wird stark

Wer sich zur Mitte des vergangenen Jahrhunderts unsere heutige Gegenwart ausmalte, hatte eine toupierte Hausfrau mit plutoniumgetriebenem Staubsauger vor Augen. Besser ermaß man unsere Gegenwart am Beginn des 20. Jahrhunderts: Hipster lernten damals eifrig Esperanto. Das galt als Voraussetzung für das künftige Informationszeitalter. Niemand zweifelte daran, dass es heute ein weltumspannendes Informationsnetz geben würde, denn man erlebte gerade den Aufstieg des Telefons und verlängerte einfach die Gegenwart in die Zukunft.

Zukunftsprognosen scheitern nicht an der Unvorhersehbarkeit der Zukunft. Wir leben schließlich in einem deterministischen Universum, das sich vom Urknall bis zum Ende aller Zeiten durchrechnen lässt. Prognosen scheitern mit atemberaubender Verlässlichkeit, weil der Mensch seine Gegenwart und die Vergangenheit falsch einschätzt.

Weitgehend verschwinden werden in den nächsten 100 Jahren auch die starken beziehungsweise unregelmäßigen Verben, sagte der Linguist voraus. Heute gibt es nur noch etwa 170 Verben, bei denen die Vergangenheitsformen unregelmäßig gebildet werden – wie etwa »reiten, ritt, geritten« oder »erschrecken, erschrak, erschrocken«.
Von den schwachen, also regelmäßigen Verben – etwa »lieben, liebte, geliebt« – gibt es mindestens zehnmal so viele. Wie sich starke in schwache Verben verwandeln, kann man täglich beobachten. »Vor 50 Jahren verwendete man für das Imperfekt von backen noch buk, aus stecken machte man stak. Heute sagt man backte und steckte«, erklärte Jäger.

Cornelia Varwig: Was wird aus unserer Sprache?
In: Bild der Wissenschaft. Heft 2, 2010. Seite 67.

Gerhard Jäger ist Professor für theoretische Linguistik an der Universität Tübingen. Mit seiner Prognose steht er nicht allein da. Man stößt auf sie, wo auch immer über die Zukunft des Deutschen spekuliert wird, und selbstverständlich auch bei Bastian Sick und Thomas Steinfeld.

Jägers Berechnung stützt sich auf die Menge der starken Verben *(schwimmen, schwamm, geschwommen)*. Sie ist gegenüber der Menge der schwachen Verben *(lieben, liebte, geliebt)* gering.

Mengenverhältnisse dienen in der Sprachgeschichte niemals als Beweis. Das Isländische hat nicht einmal eine halbe Million Sprecher, das ihm nah verwandte Färöische sprechen weniger Menschen, als Nachbarn in Ihrem Wahlkreis wohnen. Dagegen übertrumpft Bengalisch das Deutsche in der Zahl seiner Sprecher um das Doppelte.

Isländisch und Färöisch haben eine rosige Zukunft, denn ihre Sprecher vermehren sich mit Leidenschaft, lieben ihre Muttersprache, verachten das Englische, und wie man ihnen beim Englischsprechen anhört, verachtet das Englische auch sie.

Bangladesch und die angrenzende indische Provinz Westbengalen liegen zu großen Teilen auf der Höhe des Meeresspiegels von gestern. Das Wasser kommt dort nicht nur vom Meer, sondern auch von unten (hoher Grundwasserspiegel), von hinten (Himalaya) und von oben (Monsun). Wenn die Bengalischsprecher in Zukunft nicht ertrinken wollen, müssen sie in den Westen Indiens fliehen, mitten hinein in die Domäne des Hindis, der allergrößten und prestigevollsten Sprache Indiens. Malen Sie sich den Rest selbst aus.

Das Mengenverhältnis zwischen starken und schwachen Verben bedeutet nichts. Selbst als unregelmäßige Verben, das heißt als Fossilien eines lange abgestorbenen Systems, könnten sie sich über Jahrtausende halten. Bei den seltsamen Formen *ist* und *sind* sind es genau sechs. Sechs Jahrtausende.

Auch die starken Verben sind aus diesem harten Holz. Sie waren von Anfang an von geringer Zahl. Seitdem ist kein einziges von ihnen aus eigener Schwäche umgefallen.

STARKE VERBEN Das Urindogermanische besaß eine beeindruckende Fülle von Verbalformen und konnte Handlungen aus verschiedensten Warten darstellen. Bloß eine Warte spielte im Leben ihrer Sprecher keine Rolle: wann sich Handlungen ereignen und in welcher Reihenfolge (Tempus).

Dafür aber im Leben unserer leiblichen Vorfahren! Sie hatten bereits seit Jahrtausenden auf deutschem Grund und Boden gelebt, als das Indogermanische eintraf. Bei ihrem Versuch, die neue Prestigesprache zu erlernen, machten sie

DAS FUNDAMENT DER DEUTSCHEN BEVÖLKERUNG

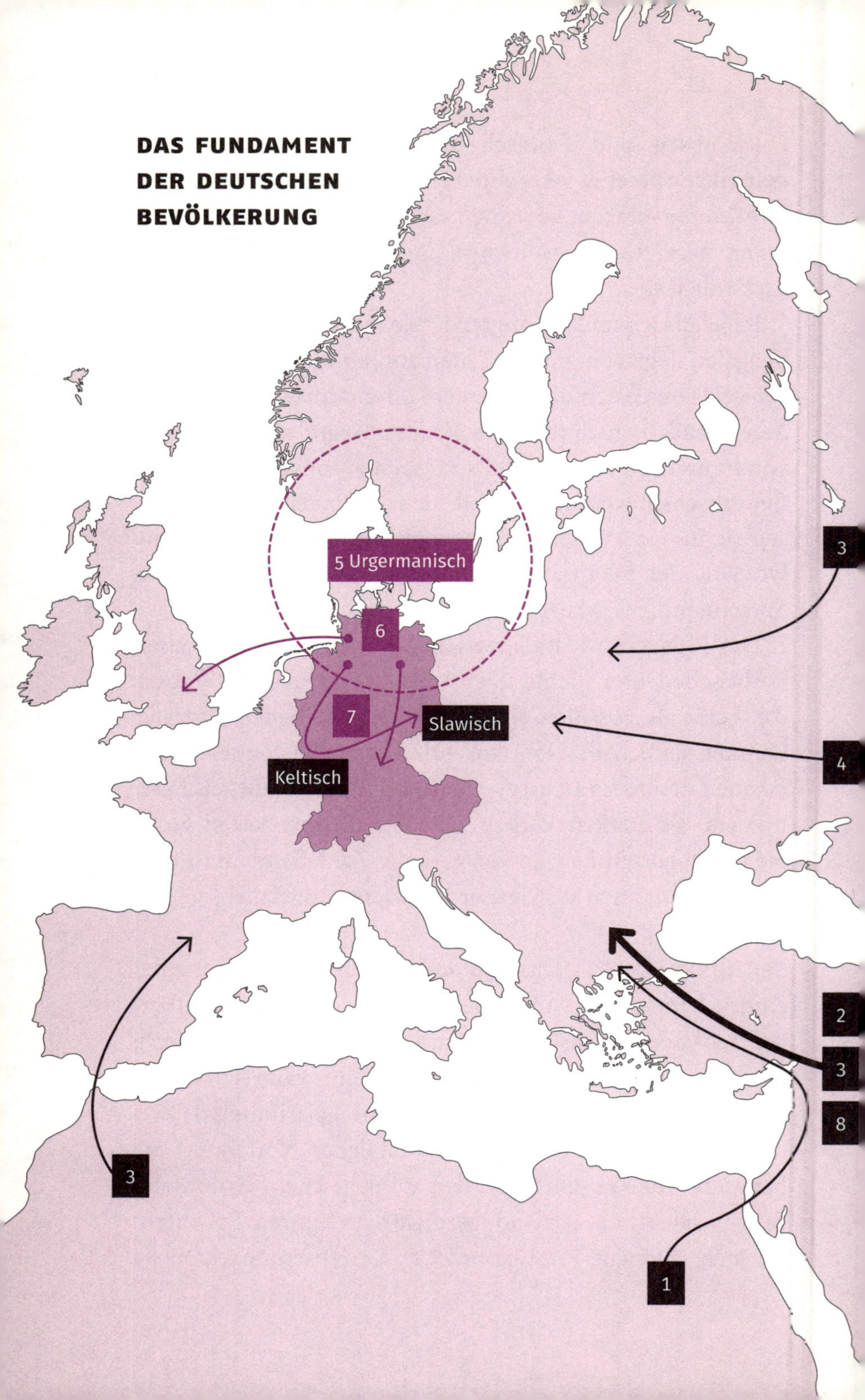

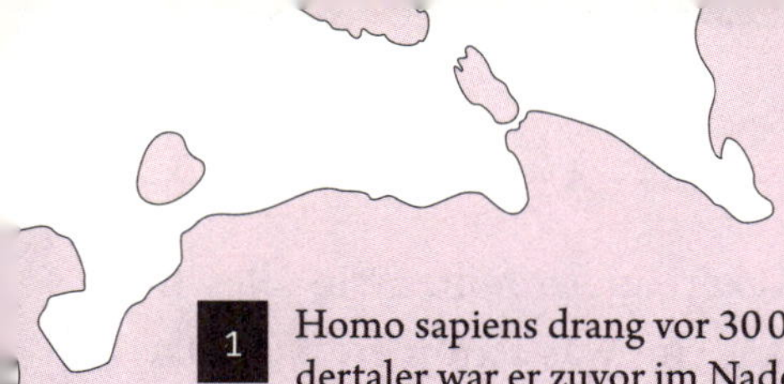

1 Homo sapiens drang vor 30 000 Jahren in unsere Gefilde ein. Dem Neandertaler war er zuvor im Nadelöhr an der Levante über den Weg gelaufen. Daher stammen die zwei Prozent seiner DNA in unserem Genom. In der Weite Europas selbst sind sich diese beiden Menschenarten nicht mehr begegnet.

---

2 Während der letzten Kaltzeit, die vor 20 000 Jahren ihren Höhepunkt erreichte, war Mitteleuropa vergletschert und fast gänzlich entvölkert.

Am Ende der Kaltzeit wurde es von vorneolithischen Jägern und Sammlern und nomadischen Viehhaltern aus Nordafrika, dem Nahen Osten und mittelbar über Nordosten wiederbevölkert. Diese Bevölkerungsschicht steckt über die mütterliche Linie in unseren Genen.

3 Vor 7400 Jahren trafen die Linearbandkeramiker in Mitteleuropa ein. Sie kamen über den Balkan und Anatolien und brachten den Ackerbau mit. Sie schlugen sich über die väterliche Linie in unseren Genen nieder.

Dieses Gemisch aus orientalischen Einwanderern erblondete und bildet das Fundament der heutigen Bevölkerung im deutschsprachigen Raum.

---

4 Das Indogermanische traf erst spät ein, wahrscheinlich früh im ersten Jahrtausend vor Christus. Ihre Sprecher waren nur eine Minderheit und haben sich kaum in unserem Genpool niedergeschlagen.

5 Aus dem Versuch der Ureinwohner, diese Sprache zu sprechen, entstand das Urgermanische. Ein Drittel des deutschen Erbwortschatzes stammt aus den vorindogermanischen Sprachen der Ackerbauern, darunter viele starke Verben.

---

6 Germanisch sprach man zuerst nur an der Küste und südlich davon Keltisch. Die frühesten Schriftzeugnisse auf deutschem Boden sind keltisch. Hochdeutsch ist der Versuch dieser Kelten, Germanisch zu sprechen.

7 Das Germanisch von Rhein und Weser drang über das Fränkische nach Mittel- und später nach Ostdeutschland vor, wo man zuvor Slawische gesprochen hatte. Die süddeutschen Dialekte stammen dagegen von der Elbe.

---

8 Die deutschen Juden gelangten als Kaufleute in der späten Römerzeit nach Mitteleuropa. Sie waren wie die Indogermanen nur eine von den vielen Minderheiten, die noch folgen sollten.

es zum Germanischen. Als Ackerbauern teilten sie alles in ihrem Leben in zwei Kategorien ein: was schon erledigt war und was man noch vor sich hatte. Vergangenheit und Gegenwart.

Mehr braucht man doch nicht! Deshalb pickten unsere Vorfahren aus der Fülle an indogermanischen Verbformen zwei heraus, die ihnen für ihren Bedarf geeignet schienen. Diese beiden Formen sind heute noch im Deutschen erhalten:

VERGANGEN	NICHT VERGANGEN
ich sah	ich sehe
ich gab	ich gebe
ich nahm	ich nehme

Dieses System ist selbstverständlich asymmetrisch wie das Genussystem: Das Präteritum ist spezifisch für alles, was ausdrücklich vergangen ist. Das Präsens ist unspezifisch und umfasst alles, was nicht ausdrücklich und gänzlich vergangen ist: *Fritz lebt seit zehn Jahren in Berlin.* Diese Aussage steht im Präsens, obwohl das Jahrzehnt in der Vergangenheit liegt – bis auf den äußersten Rand, den jetzigen Augenblick, der noch nicht vergangen ist.

Der Begriff des Präsens oder der Gegenwart bezieht sich nicht spezifisch auf den jetzigen Augenblick. Gegenwärtig (und lateinisch *praesens*) ist alles, dem man sich zuwendet: Das kann der jetzige Augenblick sein, genauso gut aber die Zukunft oder alles Zeitlose *(Petra ist klug)*.

Aus fehlendem Interesse am Tempus lieferte das Indogermanische den Ackerbauern keine Endungen, mit denen sich Vergangenheit von Nichtvergangenheit trennen ließ. Dafür aber eine Auffälligkeit: Alle Vergangenheitsformen in der obigen Tabelle enthalten den Vokal *a* im Kern, die Gegenwartsformen dagegen *e*. Das fiel den Ackerbauern ohne Tabelle auf, weil sich dieses Schema in ganz vielen Verben fand. Und wo es etwas krumm war, machten es die Ackerbauern gerade.

Eine grandiose Idee! Der Vokalwechsel (Ablaut) war im Urindogermanischen nicht mehr als eine Sprechbequemlichkeit ohne jede grammatikalische Bedeutung. Man kann dort die vielen Verbformen nicht nach dem Vokal bestimmen. Aber wenn man alles bis auf diese beiden Formen auf den Mist wirft, geht es.

Der Vokal *a* ist Vergangenheit,
e ist Gegenwart.

Vielleicht steckt mehr dahinter. In der orientalischen Urheimat dieser Ackerbauern findet man in den semitischen Sprachen identische Strukturen im Verbalsystem. Die reine Verbalwurzel besteht dort aus drei Konsonanten: phönizisch *Q-T-L* (töten). Sie tragen die Bedeutung. Aus dieser Wurzel werden zwei Hauptzeitformen abgeleitet, indem man Vokale zwischen die Konsonanten einfügt: *QaTōL* (vergangen) und *QaTaLū* (nicht vergangen).

Diese Formen sind freilich viel jünger als die Landwirtschaft in Deutschland (vor 7400 Jahren), und es steht in den Sternen, welche Sprache unsere Bauern vor dem Indogermanischen gesprochen haben. Aber man findet das Prinzip auch im benachbarten Ägyptischen, was auf ein sehr hohes Alter dieses Schemas hindeutet.

So einfach blieb das Schema im Germanischen nicht lange. Wie wir beim Genus im Englischen gesehen haben, entwickeln sich Laute nach einer Mechanik, die keine

Rücksicht auf die Grammatik nimmt. Das hat einen einfachen Grund: Die Sprecher bemerken die Veränderung gar nicht. Niemand ist vor 700 Jahren aufgefallen, wie *hūs* zu *Haus* wurde.

Die Vokale verschmolzen mit ihren Nachbarlauten, woraus fünf Ablautreihen entstanden.

1	treiben	trieb	getrieben
	drive	drove	driven
2	biegen	bog	gebogen
	choose	chose	chosen
3	singen	sang	gesungen
	sing	sang	sung
4	stehlen	stahl	gestohlen
	steal	stole	stolen
5	geben	gab	gegeben
	give	gave	given

Zudem gab es von Anfang an ein Alternativschema für eine kleine Anzahl von Verben, die bereits aus dem Indogermanischen mit *a* in der Gegenwart eingetroffen waren:

6	tragen	trug	getragen
	draw	drew	drawn

Hier wurde *ă* in der Vergangenheit zu *ā* gedehnt, das dann über mehrere Schritte zu *u* wurde.

Schließlich gab es eine weitere kleine Gruppe mit einem Vokal, der sich nicht ablauten ließ. Hier verdoppelte man nach einer alten indogermanischen Manier den Silbenkopf:

Gegenwart	slēp·	→ schlafe
Vergangenheit	sle·slēp· → sliaf	→ schlief

Dieses Konstrukt schmolz rasch zusammen und ging dann als weitere Ablautreihe durch:

7	fallen	fiel	gefallen
	fall	fell	fallen

Diese Auffaltung in sieben Ablautreihen und später in weitere Unterparadigmen stärkte die starken Verben noch, weil sich jedes neue Verb unterbringen ließ. Wenn Ihnen *gewinkt* und *gesinnt* zu farblos sind, können Sie es mit der passenden Ablautreihe tönen und erhalten *gesonnen* und *gewunken.* Beide sind nach der Ablautreihe 3 gebildet, *gesonnen* hat zudem *o* statt *u,* weil *nn* folgt.

Dabei ist *winken* eigentlich ein schwaches Verb und *ge·sinn·t* gar ein perfektives Adjektiv, das von *Sinn* abgeleitet ist wie *ge·blüm·t* von *Blume, er·pich·t* von *Pech* sowie im Englischen *talent·ed* von *talent* und im Lateinischen *barba·t·us* ›bärtig‹ von *barba* ›Bart‹.

Nicht einmal die erheblichen Lautveränderungen am Beginn des Neuhochdeutschen, die zur Umstrukturierung der Ablautreihen führten, minderten die Regelmäßigkeit der starken Verben. Das System ist heute so lebendig wie am ersten Tag. In keinem Moment der Geschichte war unklar, ob etwas vergangen war oder nicht.

SCHWACHE VERBEN Warum gibt es dann schwache Verben: *Ich liebe, ich liebte, geliebt?*

Die starken Verben sind die Benutzung der blanken Wurzel als Verb. Diese Wurzel bestand aus einer einzigen Silbe und einem Vokal in der Mitte als Tempuszeichen. Dahinter folgte gleich die Personenendung.

Überlegen Sie einmal, wie viele einsilbige Verben man aus einem begrenzten Repertoire an Konsonanten erschaffen kann, die um den Kern *e/a* herum angeordnet werden. Es sind einige. Das Deutsche benötigt aber unendlich viele Verben.

Das vollbringt nur ein grammatisches Schema, und dieses Schema lautet wie beim Genus Ableitung. Aus dem Urindogermanischen kamen bereits viele abgeleitete Verben. Die Ableitung fand mit einem Suffix statt, mit einer angehängten Silbe also, und drei dieser Suffixe fanden unsere Ackerbauern ganz praktisch.

An die früher erwähnte Wurzel *send/sand·* ›gehen‹, von der *sinnen, sann, gesonnen* herstammt, konnte man das j-Suffix anhängen. Es verwandelte die Bedeutung ›gehen‹ in ›gehen machen‹, schilderte also die Verursachung des Vorgangs, den die Wurzel und das starke Verbum bezeichnen: *sand·ej·* → *sandjan* → *senden.*

Diese sogenannten Verursacherverben (Kausative) haben aus urindogermanischer Zeit den ungrammatischen Ablaut *a* in der Gegenwart: *sandjan* und nicht *sendjan.* Erinnern Sie sich noch aus dem Konjunktivkapitel, was mit *a* passiert, wenn in der Folgesilbe ein *i* oder *j* vorkommt? Ganz recht, das *a* wandert im Mund nach vorn und wird damit zu *ä/e* (Umlaut): *sandjan* → *senden.*

Diese Verben wurden ungeheuer produktiv. Im Deutschen wimmelt es von Verbpärchen aus einem starken Verb und seinem Kausativ: *sitzen* und *setzen* (sitzen machen), *liegen* und *legen* (liegen machen).

Schwemmen ist nichts anderes als ›schwimmen machen‹, *verschwenden* ist ›verschwinden machen‹, *drängen* nichts anderes als ›dringen machen‹. Dringen kennen wir fast nur noch als Durch- oder Eindringen: Wasser dringt durch die Ritzen, ein Einbrecher dringt ins Haus, indem er sich klein und schmal macht, gedrungen also, um sich durch das kleine Fenster zu zwängen.

Apropos zwängen! Es gehört zum Zwingen: *ich zwinge, ich zwang → ich zwänge.*

Und wo wir schon beim Zett sind: Beim Zäunen macht man einen Zaun und beim Zähmen macht man zahm. Auch von Substantiven und Adjektiven lassen sich Kausative ableiten.

Obendrein noch von Fürwörtern: *Duzen* und *Siezen.* Endete die Ableitungsbasis auf einen Vokal, haben die Germanen ein kantiges *t* eingefügt, das mit dem nachfolgenden *j* im Hochdeutschen zu *z* (nach langem Vokal) oder *tz* (nach kurzem Vokal) verschmolz: Aus *du·t·jan* wurde *duzen.* Duzen ist das Machen von *du.*

Und was das Schmelzen betrifft: *das Eis schmilzt, das Eis schmolz, das Eis ist geschmolzen* (starkes Verb), aber *die Sonne schmelzt das Eis, schmelzte das Eis, hat das Eis geschmelzt* (schwaches Kausativum). Denn die Sonne macht, dass das Eis schmilzt. Doch wann schmelzt man im Alltag schon einmal etwas? So selten, dass wir die Trennung in diesem Fall aufgegeben haben und alles vom starken Verb erledigen lassen: *Die Sonne hatte den ganzen Schnee weggeschmolzen!*

Kausative gedeihen wie Unkraut. Sogar auf Ausrufen: Das Ächzen gehört zu »Ach!«, die Miezekatze ist eine, die miau macht *(miau·t·jan).*

Die beiden anderen Suffixe sind dagegen langweilig. Das o-Suffix leitet Verben aus Substantiven ab: urgermanisch *salb·ō* ›die Salbe‹ → althochdeutsch *ich salb·ō·m* ›ich salbe‹. Die Salbe wird hier nicht gemacht, dann hieße es *sälben,* sondern nur aufgetragen.

Das ē-Suffix erzeugt dauerhafte Zustände oder langwierige Übergänge:

- *ich hab·ē·m* ›ich habe‹
- *ich lern·ē·m* ›ich lerne‹
- *ich folg·ē·m* ›ich folge‹
- *ich alt·ē·m* ›ich altere‹

Im Laufe des Mittelalters verblassten die unbetonten Vokale, und die drei Arten von schwachen Verben fielen zu einer Einheitsklasse zusammen. Nur die acht Kausative mit Rückumlaut, die wir beim Konjunktiv betrachtet haben, stechen etwas hervor: *ich renne, ich rannte, gerannt.* Diesen Rückumlaut hatten einst viel mehr Kausative: *ich stelle → ich stalte, ich hœre → ich hōrte, ich küsse → ich kuste.*

Das Ableitungssuffix galt unseren Vorfahren als unüberwindliches Hindernis für das Ablauten. Sie hatten aber nur diese eine Technik auf der Pfanne, eine Handlung in der Vergangenheit auszudrücken. Was tut man als Kind, wenn einem die Vergangenheitsform nicht einfällt? Man umschreibt sie mit *tun* und bekommt dafür eins hinter die Löffel.

- ich lieben tat → ich liebte

Das *·t·,* das heute den Unterschied zwischen *ich liebe* und *ich liebte* ausmacht, ist der klägliche Rest von *tun.*

HÄNGTE UND HING Die starken und die schwachen Verben bilden gemeinsam ein einfaches und mächtiges System, mit dem sich augenblicklich jedes Verb herstellen lässt, das gerade benötigt wird. Wie stark es im Deutschen wirkt, zeigt sich am Hängen, das ursprünglich ein einsames und schwaches ē-Verb war: *ich hang·ē·m.* Es schilderte den dauerhaften Zustand des Dahängens.

Daraus machten unsere Vorfahren in jahrhundertelanger Feilerei ein starkes Verb *hängen, ich hänge am Galgen, ich hing am Galgen, ich bin am Galgen gehangen.* Dazu erschufen sie ein Kausativ für das Hängenmachen: *ich hänge das Bild auf, ich hängte das Bild auf, ich habe das Bild aufgehängt.* Die Arbeit ist noch nicht ganz abgeschlossen, denn die Grundform des starken Hängens muss noch zu *hangen* poliert werden, damit sie zu *fangen, fing, gefangen* (siebte Ablautreihe) passt.

FRAGTE ODER FRUG? Sind dann Jägers Beispiele für Verben, die einst stark waren und heute schwach sind, unbedeutende Ausnahmen?

Sie sind keine Ausnahmen, sondern Irrtümer. Am häufigsten fallen Laien auf schwache Verben mit Rückumlaut herein:

Rettet die starken Verben!
»Ihre Bestellung wurde versendet!« Wo andere sich beim Anblick dieser Betreffzeile der lang ersehnten E-Mail des Internetversandhändlers die Hände reiben, hole ich tief Luft und frage mich, wieso meine Bestellung versendet und nicht versandt wurde. [...] Vor einigen Jahren lernte ich während meines Studiums [der Germanistik], dass nicht alle Verben gleich sind. Einige sind stark, andere besonders, die meisten schwach.
Zeit Online

Die Vergangenheit ist tückisch und ganz besonders die der deutschen Sprache. Was einem plausibel erscheint oder noch in Erinnerung ist, sollte man immer nachprüfen, sonst liegt man gewiss falsch.

> Goethe schrieb oft frug; Schiller schrieb es ursprünglich auch, bekehrte sich aber später zu fragte.
> *Ludwig Reiners: Stilkunst: Ein Lehrbuch deutscher Prosa. München 1943 und 2004. Seite 182.*

Diese Behauptung geistert seit einem Jahrhundert durch die Sprachliteratur und wird dort bis zum heutigen Tag wortwörtlich kolportiert, als handelte es sich um eine urheberrechtsfreie Gewissheit. Niemand fiel in all der Zeit ein, die Gewissheit einmal zu überprüfen. Goethe schrieb genau 4-mal in seinem Gesamtwerk ›frug‹, und der romantische Kontext dieser Stellen legt nahe, dass es scherzhaft und archaisierend gemeint war. Die Trefferquote für schwache Formen beträgt dagegen 954. Goethe tat also das Gegenteil.

Und das aus gutem Grund: *Fragen* gehört zu *forschen* und bezeichnete ursprünglich den dauerhaften Zustand eines interessierten Followers. In anderen germanischen Sprachen brachte die Wurzel auch starke Verben hervor, aber im Deutschen war *fragen* zu allen Zeiten ein schwaches Verb: althochdeutsch *ich fragēm* ›ich frage‹, *ich fragēta* ›ich fragte‹.

Die starke Form *frug* entstand im Frühneuhochdeutschen spontan in Analogie zu *tragen, trug, getragen.* Solche Unsicherheiten traten an der nordwärts wandernden Front des Hochdeutschen oft auf und verpufften wieder. In diesem Fall breitete sich die Verwirrung in Norddeutschland aus und gedieh zu *ik fruuuch* im Niederdeutschen und im Niederländischen, was später zu dem falschen Eindruck führte, es würde sich um die ältere Form handeln. Goethe war viel zu klug, darauf hereinzufallen, aber unter anderen Dichtern in der Romantik und im restlichen Bildungsbürgerjahrhundert brachte es ›frug‹ als Pseudoarchaismus zu gewisser Beliebtheit.

STAK UND SCHRAK Selbst Jäger fällt an anderer Stelle im Interview auf das rückumlautende Verb *rennen* herein. Das ist übel, weil man ihn als Leser für einen Fachmann hält. Seine weiteren Belege waren:

- stecken: ich stak → ich steckte
- erschrecken: ich erschrak → ich erschreckte
- backen: ich buk → ich backte

Die Wurzel endet bei allen drei Verben auf *-ck,* und das konnte im Deutschen allein aus der Verschmelzung von *k* mit einem folgenden Konsonanten entstehen.

Starke Verben haben einsilbige Wurzeln, der folgende Konsonant kann nur von einem Suffix stammen. Deshalb müssen alle drei Verben seit jeher schwach sein.

Das Stecken war im Mittelalter ein schwaches Verb mit Rückumlaut: *ich stecke, ich stacte.* Im Partizip war der Rückumlaut schon aufgegeben:

het er sich enblecket,	hat er sich keine Blöße gegeben,
sinen pris so hoch *gestecket,*	seinen Preis so hoch gesteckt,
das in niemen kunde erreichen	dass ihn niemand erreichen konnte

Parzival, Buch 12, 613, Vers 13–15

Gestecket und nicht gestecken. *Stecken* ist das Kausativ zu *stechen:*

- urgermanisch *stek-* → *ich steche – stak-* → *ich stach*

Germanisch *k* wird im Hochdeutschen zu *ch.* Jetzt leiten wir davon das Kausativ mit dem Suffix ab:

- urgermanisch *stak-ja-* → *ich stecke, ich steckte*

Aus dem Kontakt von *k* und *j* wurde *ck: wach* und *wecken* (wach machen).

Die mittelalterliche Vergangenheit mit Rückumlaut *ich stacte* erzeugte bei der Nordausdehnung des Hochdeutschen die übliche Verwirrung, woraus sich die unhistorische starke Form *stac* ergab.

Bei *schrecken* ›springen‹, dem Kausativum zu einem unbekannten Wort, kam es statt *schracte* → *schreckte* in gleicher Weise gelegentlich zu *schrak.*

Während andere Ausrutscher dieser Art gleich wieder verschwanden, haben sich *stak* und *schrak* durchgewuselt. Der Grund liegt in der Beliebtheit der Pärchen aus starkem Verb und Kausativum. Wenn man etwas in die Tasche steckt, dann steckt es darin. Wenn das Reinstecken ein Kausativ ist (stecken machen), ist das Drinstecken dann nicht – stark? Sie *legte* es in die Tasche, dann *lag* es darin.

Falsch ist die starke Beugung natürlich nicht. Nur weil etwas unhistorisch ist, ist es noch lange nicht falsch. So heißt es heute oft *wohlgesonnen,* obwohl man ursprünglich *wohlgesinnt* sagte.

Schlösser und Wälder sind neuerdings verwunschen. Das Wünschen ist zwar vom Wunsch abgeleitet wie das Zäunen vom Zaun, aber *verwünscht* klingt nun einmal nicht so dunkel und geheimnisvoll wie *verwunschen.*

Falsch ist allerdings, diese Verben als Belege für den Untergang der starken Verben anzuführen. Sie belegen das Gegenteil!

BUK UND BACKTE *Stak* und *schrak* haben sich nie ernstlich ausgebreitet, weil der Ausgang *ck* ganz typisch für schwache Verben ist: *lecken, hocken, ducken, stricken, packen …*

Andere Versuche, starke Verben zu schöpfen, sind dagegen geglückt: *Preisen, pries, gepriesen* ist fürwahr vom Preis abgeleitet und begann im Hochmittelalter als Verbpärchen. Von *gleichen, glich, geglichen* fehlte dort noch jede Spur, es entsprang erst später dem Adjektiv *gleich.*

Mit einem Kniff findet man heraus, ob ein Verb wie *stecken* einmal stark war:

Wenn es kein starkes Partizip *(·en)* gibt,
kann die starke Vergangenheitsform nicht echt sein.

Zu *stak* fehlt *gestecken,* daher ist *stak* unhistorisch. Da es *gefragen* nicht gibt, kann *frug* nicht alt sein.

Eine Ausnahme ist *triefen,* zu dem man noch *troff* findet, und zwar in Krimis (Blut) und Liebesromanen (Leidenschaft, Schweiß), aber nicht mehr *getroffen.* Womit auch gleich erklärt ist, warum dieses Verb schwach wurde: Es kollidierte mit *treffen, traf, getroffen.*

Derselbe Grund gilt für *bleuen,* das kein Kausativ zu *blau* ist (blaues Auge schlagen), heute als starkes Verb aber *bleuen, ich blau, geblauen* lauten würde. Die Deutschen machten es schwach, um es von *blau* zu lösen, ehe es die Germanisten im Rechtschreibrat vor kurzem wieder dranklebten. Falsch übrigens, denn heute gibt es nur noch das Einbleuen und dazu kein formgleiches Wort *einblau,* wie es die Stammschreibung erfordert.

Um es kurz zu machen: Kein einziges Verb ist im Deutschen von der starken in die schwache Beugung gewechselt, weil die starke Beugung als solche schwände oder von den Deutschen nicht mehr verstanden würde. In jedem einzelnen Fall gab es einen äußeren Umstand, der den Wechsel erzwungen hat.

Das gilt auch für das Backen. Geben Sie es zu! Sie haben den Wandel von *buk* zu *backte* bisher als Zeichen für den Untergang gedeutet. Mit viel Glück haben Sie ihn sogar miterlebt.

Bleiben Sie dabei! Denn was beim Stecken und beim Schrecken funktioniert, klappt beim Backen schwerlich: Wenn es ein schwaches Verb ist, von welchem Wort sollte es abgeleitet sein?

Noch dazu findet man das starke *buk* in früheren Zeiten als gängige Form, und es gibt auch das Partizip *gebacken.*

Welcher äußerliche und zwingende Grund könnte der starken Form den Garaus gemacht haben? Etwa dass wir heute keinen Kuchen mehr backen, wenn Freunde vorbeischauen?

Tatsächlich gibt es einen äußerlichen Grund: die Hegemonie Preußens. Sie erinnern sich: Prestige!

Im Urgermanischen gab es ein Pärchen aus starkem und schwachem Backen, aber nicht das übliche: Das schwache Verbum war kein Kausativ, sondern trug ein Suffix *-n,* das im Deutschen rar war und den langsamen Entwicklungsprozess einer Handlung beschreibt. Es steckt auch in *erwähnen:* Wer etwas erwähnt, bringt es zu Bewusstsein. Noch langsamer ist der Entwicklungsprozess beim Aufwachen am Morgen: englisch *to wake* (wachen) und *to waken* (wach werden), dazu das starke *I woke, woken* (wach sein).

Auch das Backen ist ein langwieriger Prozess, bei dem aus Teig knuspriges Brot wird. Darum gab es starkes *bachen* (die

Handlung des Bäckers) und schwaches *backen* (der langsame Übergang von Teig zu Brot).

Sie haben sich nicht verlesen: *bachen, ich buoh, gebachen.* So spricht man im Oberdeutschen auf dem Land oft heute noch. Das Backen mit *ck* entstand nur beim schwachen Verb aus dem Kontakt von *k* mit *n.*

So existierten Bachen und Backen im Hochdeutschen lange Zeit einträchtig nebeneinander wie der Knabe und der Knappe. Nicht jedoch im Niederdeutschen. Weil ihm die hochdeutsche Lautverschiebung im Frühmittelalter fehlte, standen sich dort das starke *băken* und das schwache *băcken* gegenüber. In beiden Formen war der Vokal kurz und der Klang nicht zu unterscheiden. Das gilt auch für alle anderen germanischen Sprachen: Sie alle kennen das Backen nur als schwaches Verb.

Die Probleme begannen, als sich das Hochdeutsche nach Norden ausbreitete. Im nördlichen Hochdeutsch (Mitteldeutsch), wo man bisher in der Gegenwart schwach *backen* sagte, in der Vergangenheit stark *ich buch, gebachen,* infizierte man sich mit dem norddeutschen *gebacken* und gab dann auch bald *ich buch* für *ich buk* auf. In dieser Phase schrieb Luther.

Aus dem Süden ließen die Bayern und Alemannen ausrichten, dass man zwar gern *Arschlecken* mit *ck* sage, aber in der Backstube weiterhin *bachen* bevorzuge.

Doch auch ihnen war seit jeher *backen* geläufig. Als die Norddeutschen mit der Expansion Preußens und der Gründung des Deutschen Reichs Rückenwind bekamen, arbeitete sich das *ck* durch alle Formen des Verbs und durch das deutsche Sprachgebiet bis zu den Alpen. Hintendrein folgte die schwache Beugung, denn ck-Verben – da sind sich die Deutschen seit jeher einig – können nicht stark sein.

Das Partizip gehört nicht so eng zum Denkschema der Verbbeugung. Es bleibt stark *(geback·en),* wenn das Präteritum schwach wird. Auch die Gegenwart *bäckt* blieb stark und wurde nicht zu *backt.*

Lang lebe die deutsche Sprache!

Wie das Genussystem unseren Wortschatz fortlaufend an unsere Lebensbedingungen anpasst, so tut es das Verbalsystem. Der Ablaut wirkt als Mittel zur Formenbildung im gesamten Wortschatz: *trinken, ich trank, der Trank, getrunken, der Trunk.* Der Umlaut hat sich dieser Aufgabe längst angeschlossen: *Affe → nachäffen, der Gast → die Gäste.*

Es spielt keine Rolle, wie groß die Zahl der starken Verben ist. Da starke Verben nicht abgeleitet sind, war ihre Zahl von Anfang an klein – und da schwache Verben abgeleitet sind, war ihre Zahl seit jeher sehr groß.

Die heutige Zahl von 170 starken Verben ist gar nicht gering. Sie gehören alle zum hochfrequenten, inneren Kern unseres Wortschatzes und können es in diesem Bereich mit der Zahl der schwachen Verben aufnehmen, die in den meisten Fällen nur selten verwendet werden und sterben wie die Fliegen.

Vokalvariation ist ein prägendes Schema des Deutschen und nicht etwa eine siechende Kunst. Deshalb werden die starken Verben nicht untergehen.

Freilich segnet hin und wieder ein starkes Verb das Zeitliche, wie es jedem Wort passieren kann. Sie werden dann allerdings nicht schwach, sondern verschwinden ganz mit der Sache, die sie bezeichnen. Zum Beispiel *ich dinse, ich dans.* Das haben Sie gestern gemacht, wenn Sie sich heute *aufgedunsen* fühlen.

Alle Belege, die zum Untergang der starken Beugung angeführt werden, haben sich als Irrtümer erwiesen. So erging es uns auch beim Konjunktiv und beim Genitiv. Sogar der Eindruck, das Deutsche würde immer englischer, hat sich als Trug herausgestellt. Es gerät nicht einmal in Unordnung, wie wir beim Genus erkannt haben.

Deshalb kann auch die Summe all dieser Eindrücke nicht stimmen: Das Deutsche verschlechtert sich nicht, erst recht geht es nicht unter. Es passt sich fortlaufend an unser Dasein an und ist längst für den Rest Ihres Lebens gewappnet, ohne dass Ihr Verstand etwas davon ahnt.

Denn all die falschen Eindrücke sind Erzeugnisse unseres ungesunden Menschenverstands, und der liegt bekanntlich immer falsch.

Nichts ist in unserer Muttersprache,
wie es scheint.

5

Anhang

Herzlichen Dank an alle Zuschauer meines Podcasts. Ohne Euch wäre dieses Buch nicht möglich gewesen!

Unter

belleslettres.eu/denksport-deutsch

finden Sie Anmerkungen und Ergänzungen zu diesem Buch, zum Beispiel eine vollständige Liste mit starken Verben, außerdem Karten und Zusatztexte, die den Umfang dieses Buchs gesprengt hätten.

Die Literatur der historischen Sprachwissenschaft ist ohne Fachstudium nicht zugänglich. Darum begnüge ich mich mit dem Hinweis, dass ich die übliche Fülle an Fachliteratur ausgeschöpft habe.

Zitate aus der Zeit vor dem Buchdruck sind unmittelbar aus den Handschriften gewonnen und nicht aus Texteditionen mit normalisierter Schreibung.

Im Anschluss finden Sie einen knappen Wort- und Sachindex. Einen ausführlichen Index führe ich unter der genannten Adresse.

Indec·s

AKTANTEN

ABSTRAKTIONEN

PLURAL

ANDERES

AHD	althochdeutsch
ENG	englisch
FRZ	französisch
GOT	gotisch
GRC	griechisch
IDG	urindogermanisch
ISL	isländisch
LAT	lateinisch
MHD	mittelhochdeutsch
NHD	neuhochdeutsch
RUS	russisch
URG	urgermanisch
√	urindogerm. Wurzel
▹	wissenschaftl. Notation

DEUTSCH

ENGLISCH